심플, 강력한 승리의 전략

심플,
강력한 승리의 전략

가장 중요한 일에 집중하는 힘

리사 보델 지음 | 박영준 옮김

와이즈맵

옮긴이 | 박영준

단국대학교 영문학과를 졸업하고 연세대학교 경영대학원 국제경영 과정을 수료했다. 글로벌 IT기업에서
17년간 근무한 이후 국내 IT기업에서 임원으로 재직했다. 글밥아카데미 수료 후 현재 바른번역에서 전문
번역가로 활동하고 있으며 옮긴 책으로는 《최고의 리더는 사람에 집중한다》, 《훌륭한 관리자의 평범한
습관들》, 《애널리틱스》, 《자전거의 즐거움》, 《신뢰의 힘》, 《호모 이코노미쿠스의 죽음》 등이 있다.

심플, 강력한 승리의 전략

2018년 7월 20일 초판 1쇄 발행
2019년 3월 30일 초판 2쇄 발행

지은이 | 리사 보델
옮긴이 | 박영준

발행인 | 유영준
편집팀 | 오향림
교정교열 | 이숙
디자인 | 김윤남
발행처 | 와이즈맵
출판신고 | 제2017-000130호(2017년 1월 11일)

주소 | 서울 강남구 봉은사로16길 14, 나우빌딩 4층 쉐어원오피스 401호(우편번호 06124)
전화 | (02)554-2948
팩스 | (02)554-2949
홈페이지 | www.wisemap.co.kr

ISBN 979-11-961444-9-4 (03320)

이 도서의 국립중앙도서관 출판예정도서목록(CIP)은 서지정보유통지원시스템 홈페이지
(seoji.nl.go.kr)와 국가자료 공동목록시스템(www.nl.go.kr/kolisnet)에서
이용하실 수 있습니다. (CIP제어번호 : CIP2018018103)

나를 기쁨으로 채워주는 린지,
나의 가슴을 따뜻하게 해주는 잭,
나의 마음에 평화를 안겨주는 브라이언,

삶에서 가장 중요한 것은
단순한 기쁨이라는 사실을 항상 일깨워주어 감사합니다.
사랑합니다.

차례

6장 단순화를 위한 도구

7장 단순화를 위한 전략

8장 새로운 승부를 시작하라

가장 중요한 일에 집중하라

아침 8시. 마이크 매콜Mike McCall은 회사로 가기 위해 차들로 꽉 막힌 고속도로에 들어선다. 그는 요즘 자신이 회사 일에 왜 이렇게 만족을 느끼지 못하는지 곰곰이 생각한다. 업무가 많아서가 아니다. 글로벌 기술 기업의 부사장으로서 그 정도 열심히 일하는 것은 당연하다. 문제는 일에 진전이 없다는 것이다. 그는 매일 아침 출근할 때마다 오늘은 뭔가 의미 있는 결과를 만들어보겠다고 다짐하지만, 10시간 이상 힘들여 근무하고 난 후에는 언제나 '아무것도 하지 못했다'는 느낌을 받는다.

예를 들어, 마이크는 최근 일주일이 넘도록 한 가지 중요한 목표를 염두에 두고 회사에 일찍 출근했다. 자신의 사업부에 새로 부여된 실적 목표를 달성하기 위해 장기적인 제품 전략을 개발하는 일이었다. 비즈니스는 순조롭지 못했다. 새로운 계획이 필요했다. 그가 이끄는 사업부는 회사의 기대만큼 영업 목표에 기여하지 못했다. 조직의 관리자들은 실적 향상을 위해 지체없이 새로운 판로를 개척해야 했다.

회사에서 마이크를 채용한 것은 그가 전문 분야에서 많은 부가가치를 창출할 수 있으리라는 경영진의 전략적 판단 때문이었다. 마이크의 상사는 최근에 시장이 점점 경쟁적으로 바뀌고 있다면서, "넓게 생각하고 미리 생각하라"고 주문했다. 하지만 그렇게 많은 노력을 쏟아부었음에도 불구하고, 그는 복잡하고 불필요한 업무의 홍수에서 헤어나지 못하고 있다. 마이크는 이번 주에 전략 구상과 관련된 일을 얼마나 했을까? 전혀, 단 한 가지도 하지 못했다.

전날만 해도 마이크의 근무시간은 비생산적인 회의들에 온통 점령당했다. 첫 번째 프로젝트 회의에 들어간 지 5분 만에 그는 자신이 이 회의에 앉아 있어야 할 이유가 없다는 사실을 깨달았다. 그의 동료는 진행 중인 프로젝트에 대한 경과보고를 위해 많은 사람을 회의에 초대했다. 경과보고를 이메일로 했다면 여러 사람의 시간을 절약할 수 있었을 거라는 생각이 들었다. 그다음은 마이크의 부서에서 주도하는 새로운 기술 개발에 관한 회의였다. 이 프로젝트를 이끄는 관리자는 2시간 내내 사람들에게 현재의 상황을 설명하기에 급급했다(회의의 안건이 불명확했기 때문에 참석자들은 제대로 준비하지 못한 채 회의에 들어와 그저 앉아 있었다). 회의가 예정된 시간을 넘기자 몇몇 사람이 자리를 떴다. 다음 단계로 무엇을 해야 하는지, 그리고 언제까지 할 것인지 논의도 없이 회의는 흐지부지 끝나버렸다.

마이크는 다음 회의가 시작되기 전 10분 동안 수신함을 가득 채운 이메일들을 처리하느라 진땀을 뺐다. 마이크가 직접 관리하는 부하직원들은 전세계 5개국에 흩어져 있었다. 때문에 그는 밤이고 낮이고 쉴 새 없이 이메일을 받았다. 지난 밤사이 도착한 이메일만 70건이었다. 낮에 들어온 이메일도 100건이 넘었다. 고객이나 제품지원팀의 지원 요청, 영업·마케팅·재무부서의 현황보고 및 요청, 인사부나 경영진의 각종 공지사항, 그리고 셀 수도 없는 'FYIfor your information(참고만 하라는 의미-옮긴이)'.

그는 이메일 목록을 위아래로 넘기면서 어떤 메시지가 정말로 긴급한지 판단한 후에 가장 중요한 이메일부터 열어보기 시작했다. 이중 몇 건 정도는 오후에 전화회의를 하면서 처리할 수도 있을 터였다. 회의 중 무음 모드를 설정해두고 멀티태스킹을 하는 건 이미 모든 사람의 일상이 되어버렸다. 그러다 보니 회의에 참석한 사람들이 발언자에게 다시 말해달라고 부탁하는 경우가 자주 발생했다. 하나같이 다른 일을 하고 있으니 회의 내용이 제대로 들릴 리 만무했다.

점심시간쯤에 동료 짐Jim이 잠시 들러서 앞으로 나올 몇몇 제품의 개발비용을 줄이라는 최고경영진의 지시를 전해주었다. 최근의 저조한 실적 예상치 때문이라는 것이다. 마이크는 3일 안에 예상 개발비용을 뽑아서 다시 제출해야 했다. 그는 가장 최근에 작성된 제품 로드맵을 보면서, 부하직원들에게 어떤 비용을 줄여야 할지 묻는 이메일을 보내기 시작했다. 그는 혼자 수치를 정리할 수 없었다. 여러 시간대에 속한 부하직원들로부터 데이터를 받아야 했기 때문이다. 유럽과 중동 지역에서 근무하는 직원들은 이미 퇴근했기 때문에 집으로 전화를 해야 했다. 아시아 쪽 직원들은 잠시 후면 출근할 시간이니 그의 이메일을 곧 확인할 것이다.

심플, 강력한 승리의 전략

마이크는 거의 2시간 동안 자기가 할 수 있는 만큼 수치를 정리했다. 그리고 제품개발 책임자 조너선Jonathan에게 전화를 걸었다. 마이크는 조너선이 비용을 줄이는 데 반발할 거라는 사실을 알았다. 이미 제품개발이 많이 진행된 상태였기 때문이다. 마이크는 자신이 이 상황에 계속 수동적으로 대응할 수밖에 없다는 사실에 좌절감을 느꼈다. 그는 개발비용 문제를 보다 면밀하게 검토해보고 싶지만(전략적 대안을 찾거나 가격 옵션을 다시 만들거나) 시간이 없었다.

마이크는 오후 시간의 대부분을 새로운 비용계획을 작성하면서 보냈다. 근무시간이 끝나갈 즈음에 인사부에서 새로 바뀐 채용정책을 이메일로 보내주었다. 마이크는 자신의 팀에 세 명의 관리자를 채용하는 데 필요한 관련자들의 승인 절차를 이미 완료했다. 하지만 새로 발표된 정책 때문에 그는 법률 준수에 관한 내용이 포함된 새로운 채용 요청 양식을 작성해서 다시 제출해야 했다. 마이크는 바로 전날에 아주 훌륭한 후보자와 인터뷰를 했다. 그리고 그에게 정식으로 일자리를 제안하려고 곧바로 마음먹었다. 하지만 만일 마이크가 필요한 양식을 신속하게 다시 제출해서 또 한 번 승인을 받지 못한다면, 그 후보자는 이번 주말쯤에 다른 회사를 선택할 가능성이 컸다. 그러면 마이크는 사람 찾는 일을 처음부터 다시 시작해야 한다. 마이크는 1시간 내내 새로운 양식을 작성해서 관련자들에게 이메일로 보냈다. 그러다 보니 이미 6시가 넘었다. 마이크는 동료들에게 인사를 하고 집으로 향했다.

하지만 마이크의 일은 끝나지 않았다. 그는 밤늦게 아이들을 재우고 나서 여러 건의 이메일에 답을 했다. 대부분 아시아 지역에서 도착한 이메일들이었다. 그러고는 변경된 개발비용을 최종적으로 정리해서 최고 경영진에게 보냈다. 그리고 개인적으로 중요한 일도 하나 처리했다. 잘못 발행된 자신의 건강보험 영수증에 관해 보험회사의 고객서비스 담당자와 30분 동안 실시간 채팅으로 상담한 것이다. 또 최근에 받은 자신의 개인재무제표도 검토했다. 항상 느끼지만 이 서류는 길고, 혼란스럽고, 복잡했다.

참으로 길고 긴 하루였다. 하지만 여느 날과 그다지 다르지 않았다.

어제는 그렇게 흘러갔다. 이제 고속도로 램프로 진입해 회사로 향하고 있는 마이크는 더 심한 좌절감에 시달린다. 그에게는 전략적인 사고를 할 시간이 없다. 이른 아침이든 늦은 저녁이든 마찬가지다. 마이크가 현재의 일을 선택한 것은 훌륭한 프로젝트를 수행하고 최첨단의 제품을 개발하기 위해서였다. 그는 자신의 역할이 제품의 전반적인 전략을 수립하는 일뿐만 아니라, 더 훌륭하고 혁신적인 제품을 만들어낼 수 있도록 마케팅 조직과 함께 머리를 짜내는 것이라고 생각했다. 하지만 현실은 그렇지 못했다. 그가 쏟아부은 온갖 노력은 이 조직의 극도로 비효율적인 업무방식 때문에 번번이 벽에 부딪혔다. 과도한 업무체계, 시대에 뒤떨어진 시스템, 인사부나 IT부서, 회계부서 등이 요구하는 복잡한 양식들. 왜 부서 간 협업은 그렇게 어려울까? 왜 의사결정에는 그렇게 오랜 시간이 필요할까? 왜 회의나 이메일은 더 짧거나, 단순하거나, 아예 없어지지 않을까?

마이크는 한숨을 내쉰다. 교통정체가 심해진다. 시속 10킬로미터지만 앞으로 가고 있는 것만으로도 다행이라고 느껴진다. 앞차의 후미등을 바라보면서, 마이크는 지금 자신의 일이 바로 이런 상태라고 생각한다. 그는 빨리 가고 싶다. 하지만 아무리 '넓게 생각하고 미리 생각'하려고 해도 차선에 갇혀 천천히 갈 수밖에 없다. 생각 같아서는 마음껏 달리고 싶지만 자꾸 브레이크를 밟을 수밖에 없는 상황이다. 무언가 자신을 자꾸만 가로막는 느낌이다.

어떤 사람 때문인가? 무슨 일 때문인가?

모든 것 때문이다.

《심플, 강력한 승리의 전략》은 오늘날의 기업세계에서 수많은 비생산적인 업무에 좌절감과 허무함을 느끼는 리더들과 조직구성원들의 발전을 돕기 위해 쓴 책이다. 어떤 사람에게는 마이크의 이야기가 낯설게 느껴지겠지만, 누군가는 마치 자기 이야기처럼 생각될 것이다. 모든 사람이 의미 있는 일을 원하지만 그러기에는 우리 자신이 너무 무기력하다. 우리는 일하는 방식을 바꾸고, 업무를 단순화하고, 불필요한 일을 제거하고, 할 일의 목록을 가볍게 만들겠다고 항상 다짐하지만, 여전히 아무런 진전도 이뤄내지 못한다.

이 책은 당신이 가치 있고, 중요하고, 의미 있는 기업문화를 만들어낼 수 있도록 다양한 개념, 예제, 도구 등을 제공한다. 복잡성은 기업의 혁신과 적응력을 말살한다. 반면 단순화는 빠른 시간 내에 당신에게 경쟁우위를 구축해준다. 이 책을 읽은 개인과 조직은 중복된 일을 제거하고, 명료하게 소통하고, 단순화를 습관화하는 방법을 익힘으로써, 어떤 업무가 시간을 낭비하고 어떤 업무가 지속적인 가치를 창출하는지 구별하는 능력을 갖추게 될 것이다. 가치 없는 일이 사라지면 우리는 과도한 업무의 압박에서 벗어나고, 권한을 부여받고, 진정으로 중요한 일을 하며 하루하루를 보낼 수 있다.

내가 독자들에게 궁극적으로 전하고 싶은 메시지는, 단순화는 특정한 행위가 아니라 사고방식이라는 것이다. 우리는 자신도 모르는 사이에 복잡성의 사고방식을 받아들인다. 더 적은 일이 아니라 더 많은 일, 그리고 뭔가 제거하는 일이 아니라 추가하는 일을 가치 있게 생각한다. 우리는 더 '많은' 것(더 많은 제품과 서비스, 더 많은 제안, 더 많은 개발, 더 많은 창작)이 우리 자신, 동료, 고객, 그리고 여러 이해당사자들에게 더 '좋다'고 생각한다. 하지만 사실은 정반대인 경우가 대부분이다. '더 많은 것'은 사람들을 질리게 하고, 마비시키고, 불만족스럽게 만든다. 우리는 문제를 해결하기 위해 더 많은 업무를 추가하지만, 결국 그 때문에 생각지도 않은 괴물을 만들어낸다. 우리가 업무를 개선하기 위해서는 더 '많은' 것을 추구하는 사고방식을 더 '의미 있는' 것을 추구하는 개념으로 바꿔야 한다. 불필요한 업무 요소들을 제거하면 자기가 목표한 바를 빠르고 효과적으로 달성하는 데 집중할 수 있다.

당신은 자신과 동료들을 괴롭히는 복잡성이 조직 전체적인 문제이며, 개인의 통제를 벗어난 영역에 있다고 반박할지 모른다. 그런데 그 말이 진정으로 옳은가? 물론 일부는 정부의 규정이나 본사의 정책 같은 외부적 요인 때문에 발생하기도 한다. 하지만 많은 부분은(사실 대부분은) 우리 자신이 의도치 않게 만들어내고 있다. 그러므로 우리는 스스로 통제 가능한 업무영역부터 복잡성을 제거하고, 이를 통해 보다 중요한 일을

심플, 강력한 승리의 전략

추구할 수 있는 환경을 구축해야 한다. 우리는 이 단순화 작업을 쉽고 저렴한 방법으로, 그리고 자체적으로 수행할 수 있다.

사람들이 업무를 단순화하는 데 실패하는 이유는 대부분 어떻게 시작해야 할지를 모르기 때문이다. 어떤 일을 먼저 단순화할 것인가? 어떤 방법으로 해야 하나? 많은 사람이 그런 부분을 어려워하는 것은 놀랄 일이 아니다. 우리가 처음으로 복잡성에 대한 연구를 시작했을 때, 시중에 단순화에 대한 책이나 문서가 매우 부족하다는 사실에 큰 충격을 받았다. 게다가 단순화의 방법을 다룬 자료는 더욱 드물었다. 물론 기업들의 낭비 요소 제거에 도움을 주는 기존의 경영 혁신 프로세스들에 대해서는 우리도 잘 알고 있었다. 예를 들어, 많은 대기업(특히 제조업체)이 린 식스시그마Lean Six Sigma를 사용해서 체계적으로 낭비 요소를 줄임으로써 부서 간 협업을 증진하고 조직의 성과를 향상시켰다. 또 하나는 소프트웨어 개발 과정에서 많이 사용되는 애자일Agile 방식으로, '스프린트sprint'라고 불리는 단위시간 동안 신속하고, 점진적이고, 반복적인 개선을 강조하는 개발방법론이다. 애자일 방법론에서는 '스크럼scrum'이라는 짧은 회의를 매일 개최해서 직원들의 참여도를 개선하고 변화 관리 과정을 돕는다.

만일 당신이 방대하고, 범위가 넓고, 극도로 프로세스가 복잡한 환경에 놓여 있다면 위의 방법론들도 좋은 선택이 될 수 있을 것이다. 하지만 그렇게 규모가 크지 않은 기업들은 어떻게 해야 하나? 게다가 기존의 혁신방법론을 도입할 예산도 부족한 데다 조직구성원들에게 새로운 방법론을 제대로 교육할 형편도 못 된다면? 또 직원들에게 단순화의 습관을 길러줄 지속적인 방법이 필요할 때는?

　린식스시그마 같은 도구들이 유용하기는 하지만, 이 방법론들은 모두 특정한 목표를 달성하기 위한 최적의 수단이 공식적인 '프로세스 정립'에 있다는 개념을 바탕으로 한다. 하지만 단순화의 대상이 되는 기본적이고도 중요한 영역(회의, 이메일, 보고서, 전화회의 등)들은 그렇게 여러 단계의 공식적인 프로세스 없이도 관리가 가능하다. 사실 이 영역들을 단순화하기 위해 엄격한 프로세스를 적용하면 오히려 일이 복잡해지는 결과가 초래되기 십상이다. 개인과 기업이 단순화의 성과를 누리기 위해서는 직원들을 좌절시키는 지루하고, 불필요하고, 중복된 업무들을 빠르게 제거할 수 있는 간단한 도구들이 필요하다. 이 도구들은 12단계의 프로그램을 요구하지도 않으며 현장에 적용하는 데 수주일이 걸리지도 않는다. 또 복잡한 교육자료나 자격증 획득 과정도 필요 없다.

　우리는 주변에 이런 도구들이 있는지 오랜 시간 찾았지만 발견하지 못했다. 그래서 우리 스스로 만들기로 결정했다. 이 도구들이 수행하는 역할은 다양하다. 일단 당신이 복잡성의 문제를 지니고 있는지 알려주고, 단순화가 필요한 영역을 파악해주며, 단순화할 업무들의 우선순위를 설정하는 데 도움을 준다. 또 단순화를 실제로 수행하는 과정을 지원하고, 단순화를 습관화하는 일을 돕는다. 궁극적으로 이 도구들은 당신이 복잡성의 함정에서 벗어나 진정으로 중요한 일에 집중하는 데 전반적인 도움을 제공할 것이다.

　이 책은 먼저 복잡성의 문제를 검토하는 것으로 시작한다. 즉, 우리를 괴롭히는 복잡성의 원인을 설명하고, 복잡성으로 인해 우리가 너무도 자주 놓쳐버리는 '가장 중요한 일'이라는 주제를 조명한다. 또 책의 후반부에서는 단순화를 원하는 조직에서 최고경영진과 신참직원이 모두 쉽게 사용할 수 있는 단순화 도구들과 이에 관련된 조언을 제공한다. 마지막 부분에서는 정부의 강한 규제 속에서 결코 단순화가 쉽지 않아 보였던 어느 기업이 어렵게 단순화의 여정을 시작해서 우여곡절 끝에 마침내 단순화의 혜택을 맛보게 된 감동적이고 유익한 이야기를 들려준다.

세상에서 '단순화'만큼 사람들이 잘 활용하지 않는 기술도 드물다. 하지만 단순화는 누구나 쉽게 배우고 현실에 적용할 수 있다. 그러므로 우리는 모두 단순화의 역량을 갈고 닦아야 한다. 이런 복잡성의 시대에 단순화는 그 어떤 것보다 우리 삶에 큰 가치를 돌려줄 수 있는 강력한 전략이다. 우리는 단순화를 통해 조직을 보다 역동적이고 혁신적으로, 더 수익성 있게 만들 뿐 아니라, 직원들이 더 큰 보람을 느끼며 생산적으로 일하는 공간으로 탈바꿈시킬 수 있다. 또한 과거에는 업무에 도움이 됐지만 지금은 우리를 방해하기만 하는 전통적인 규범과 프로세스를 재정립할 수 있다. 그리고 직원들의 소중한 시간과 노력을 낭비하지 않음으로써, 모든 조직구성원에게 존경과 예의를 다할 수 있다.

무엇보다 단순화는 고객, 동료, 그리고 우리 자신을 위해 도덕적으로 '올바른' 길이다. 복잡성은 실패로 이어질 수밖에 없다. 하지만 단순함은 언제나 승리한다. 이 책은 단순함이 당신을 어떻게 승리로 이끄는지 보여줄 것이다.

1장

괴물을 만들어내다

인생은 참으로 단순하다.
하지만 우리는 자꾸 삶을 복잡하게 만들려고 한다.

— 공자孔子 —

그것은 우리에게 더할 나위 없이 귀한 자원이다. 그 소중함은 무엇에도 비할 바가 아니다. 바로 '시간' 얘기다. 당신이 방금 허비한 1시간은 영원히 돌아오지 않는다.

만일 시간이 그토록 소중하다면, 개인이든 조직이든 시간을 사용하는 데 보다 신중해야 할 것 같은데, 실상은 그렇지 못하다.

잠시 숨을 돌리고 당신이 오늘 해야 할 '필요'가 있는 모든 일, 즉 회의, 이메일, 전화통화, 그리고 신경을 써야 하는 온갖 서류와 절차들을 한쪽으로 밀어놓자. 그리고 당신이 진정으로 원하는 업무를 하며 오늘 하루를 보낼 수 있다고 상상해보자. 무슨 일을 하고 싶은가? 십중팔구 당신은 정말로 중요한 업무들을 고를 것이다. 중차대한 문제를 해결하거나, 경쟁사를 앞서기 위한 전략을 구상하거나, 회사의 미래 혁신을 위해 아이디어를 짜내는 일 등등.

만일 당신이 잠자리에 들 때 오늘 새로운 무언가를 배워서 일하는 데 진정으로 도움이 됐다는 생각이 들면 얼마나 만족스러울지 상상해보라. 그리고 그 상상 속의 만족감을 오늘 하루를 마감하면서 '실제로' 경험하는 느낌과 비교해보라. 하루 중 너무 많은 시간을 쳇바퀴를 돌리며 보낸다고 생각되지 않나? 일에 파묻혀 살지만 정작 중요한 업무는 처리하지 못해 늘 허덕이는 것 같지 않나? 100개쯤 되는 공으로 저글링을 하듯, 수많은 일을 하면서도 여전히 의미 있는 성과를 거두지는 못한다고 느껴지지 않나? 만약 하루 일과의 대부분을 차지하는 업무(잡다한 일? 일상적인 일? 의미 없는 일?)들이 마법처럼 사라진다면 더 좋은 결과를 만들어 낼 수도 있지 않을까?

바쁘다 바빠!

얼마 전만 해도 사람들에게 요즘 어떻게 지내느냐고 물으면 대부분 "아주 잘 지내!" 하고 대답했다. 몇 년이 지나자 주로 돌아오는 대답이 "그저그래"로 바뀌었다. 요즘 새로이 표준으로 등장한 대답은 "바빠!"다. 사람들은 마치 자신이 얼마나 바쁜지 자랑하는 시합이라도 하듯 열을 올린다. 대화를 할 때마다 가장 바쁜 사람으로 뽑히기 위해 서로 경쟁한다. 누군가 "나는 정말 바빠!"라고 말하면 으레 다른 사람이 이렇게 맞받아친다. "말도 마. 오늘 하루는 정신이 나갈 지경이었어. 하루 종일 급한 불을 끄느라 회의만 했지 뭐야.” “그건 아무것도 아냐. 난 아침 7시부터 전화회의를 했어, 그런 다음에…….”

우리는 이른바 ‘바쁜 일’, 즉 따분하고 생색도 안 나지만, 하루 일과를 끝내기 전에 급하게 마무리해야 하는 잡무들에 사로잡혀 지낸다. 이런 일들은 우리에게 좌절감과 스트레스를 주고 진을 뺀다. 뿐만 아니라 소중한 시간을 낭비하게 만들고 정작 중요한 일을 하는 데 방해가 된다. 2013년 갤럽Gallup 글로벌 여론조사에 참여한 수천 명의 근로자는, 자신이 너무 바쁘기 때문에 창의적인 사고나 의미 있는 활동을 할 시간이 없고, 정말로 좋아하는 일을 할 기회도 적으며, 자신의 업무에 대한 의미와 중요성의 기준조차 제대로 깨닫지 못한다고 응답했다.

우리는 왜 그렇게 쓸데없이 바쁘기만 한 일들로 허덕여야 할까? 눈에 띄는 이유 중 하나가 ‘복잡성’이다. 세상 어느 곳에서나 일은 예전보다 훨씬 복잡해졌다. 가장 간단한 일 하나를 처리하기 위해서도 수없이 복잡한 절차들을 거쳐야 한다. 무한정 계속되는 회의에 참석해야 하고, 일정을 잡아달라는 요청에 끊임없이 응답해야 하며, 수신함에 넘쳐나는 이메일을 처리하기에 급급하고, 수많은 규정 관련 점검표 작성을 서둘지 않으면 안 되는 이유는 모두 규칙이나 프로세스, 그리고 업무 절차 등이 너무 복잡하기 때문이다. 이는 팀과 조직을 침체시키는 요인이다. 그로 인해 생산성과 창의성은 추락하고, 혁신과 경쟁력은 바닥을 치며, 성공은 멀어진다. 직원 개개인도 자신이 당면한 문제들에 제대로 주의를 기울이지 못한다는 죄책감, 그리고 조직에 보다 많은 기여를 할 수 있는 잠재력이 낭비된다는 원망에 하루하루 시달린다.

기술, 두 얼굴을 가진 축복

＼

현대의 복잡성을 만들어낸 원인 중 하나는 명백하다. 바로 '기술'이다. 최근에 이루어진 기술적 발전은 우리에게 효율성을 선사했다. 어느 면에서 이 말은 사실이지만, 발전에는 대가가 따른다. 예를 들어, 사람들은 자신도 모르는 사이에 '이메일 기계'가 돼버렸다. 우리는 중국이나 유럽의 최근 실적 데이터에 대해 누군가 의견을 보냈을 때 그 사람에게 즉시 답을 해야 한다는 의무감을 느낀다. 그래서 이메일을 더 많이 작성하고, 더 많은 답장을 이끌어낸다. 그리고 그로 인해 더욱더 많은 메시지를 보내야 할 상황에 처한다. 디지털 방식의 소통 자체가 나쁘다는 말이 아니다. 단지 가장 사소하고 불필요한 메시지조차 값싸고 손쉽게 전달할 수 있다는 사실 때문에, 우리는 이렇게 결정해버리는 것이다. '왜 이메일을 안 보내?'

그 결과 우리는 업무시간 대부분을 (그러지 말아야 함에도 불구하고) 이메일로 모든 일을 처리하며 보낸다. 이메일의 신속성은 '이 사안은 내 관심사가 아니니 당신에게 넘긴다'는 식의 끝없는 악순환을 만들어낸다. 우리는 단체 이메일을 통해 보다 많은 정보를 공유할 수 있다는 사실만으로 이 사람 저 사람에게 메일을 보내 정보를 공유한다. 물론 수신자 대부분은 그 정보를 쓸모없다고 생각한다. 매킨지글로벌연구소McKinsey Global Institute는 사람들이 평균 일과의 4분의 1(일주일에 13시간)을 이메일에 사용한다는 사실을 밝혀냈다. 라이프이즈굿Life is Good이라는 의류회사를 공동 창업한 존 제이컵John Jacob과 버트Bert 제이컵의 경우는 이메일에 쏟

심플, 강력한 승리의 전략

는 시간이 훨씬 더 많았다. 그들은 회사가 직원 250명 규모로 성장하자 이메일을 감당할 수 없는 상태가 됐다고 말한다. "우리는 엄청난 시간을 이메일 수신함을 처리하는 데 소비했습니다. 밤마다 잠자리에 들며 상황을 개선하지 못하고 있다는 사실에 죄책감과 무기력함을 느꼈어요. 이메일을 보내면 보낼수록 더 많은 이메일이 넘치도록 되돌아왔으니까요."

이메일뿐만이 아니다. 우리는 화상회의가 가능하다는 이유만으로 지나치게 많은 화상회의를 한다. 또 대화를 하면서 동시에 문자를 보내고 걸으면서 동시에 음식을 먹는 일이 가능한 덕분에, 헤드세트를 쓰고 통화를 하면서 아이에게 문자를 보내고 회의실로 걸어가면서 허겁지겁 점심을 먹는다(도중에 페이스북 메시지를 확인하기도 한다). 에머슨일렉트릭 Emerson Electric 산하 소프트웨어 엔지니어링 자회사의 이사로 근무하는 밥 무어Bob Moor는, 언젠가 자신이 어느 정례회의에 참석했을 때 참석자의 80퍼센트가 2시간 내내 스마트폰에 코를 박고 있었다고 말했다. 베인앤드컴퍼니Bain & Company의 연구자들에 따르면, 회사 임원들이 소통하는 방식(전화, 이메일, 인스턴트 메시징 등)을 모두 합쳤을 때, 임원 한 사람이 수신하는 평균 메시지 수는 1970년대에 연 1,000건 정도에서 오늘날에는 3만 건으로 증가했다고 한다.

여러 가지 일을 동시에 처리하는 다중작업, 즉 멀티태스킹을 하면 자신이 뭔가 많은 일을 해내고 있는 것처럼 느껴진다. 적어도 그 일들을 순차적으로 처리하는 것보다는 더 많은 성과를 거둘 수 있다고 생각된다. 하지만 당신은 결국 모든 일을 다 해내기 위해 열심히 노력하느라 정작 진정으로 중요한 일은 심도 있게 처리하는 데 실패했다는 사실을 깨달게 된다. 한 번에 한 가지 일을 단순하고 집중적으로 처리한 후 다음 일로 넘어가는 방법이 멀티태스킹에 비해 훨씬 효과적이라는 사실을 입증하는 증거는 넘쳐난다.

기술이 만들어내는 복잡성은 업무의 초점을 분산시키는 데만 그치지 않는다. 모바일 장비 덕분에 우리는 언제 어디서나 항상 '스위치가 켜진' 삶을 살아간다. 과거에는 저녁에 사무실 불을 끄고 퇴근하면(심지어 낮에 점심식사를 위해 잠깐 외출하면) 회사 일에 대한 걱정은 잠시나마 뒤로 미뤄둘 수 있었다. 하지만 지금은 아이폰, 태블릿, 블루투스 같은 기술들 덕분에 일이 언제 어디서나 쉽게 우리를 찾아내고, 우리도 일을 쉽게 찾아낸다. 따분하고 짜증나는 직업을 가진 사람도 퇴근 후만큼은 즐거운 시간을 보내게 해주었던, 일과 삶의 분명한 경계는 무너졌다. 당신이 토요일 저녁에 근사한 저녁식사를 하고 있을 때도, 아이들을 재우고 나서 새로 나온 영화를 즐기고 있을 때도, 직장 상사는 모바일 기기를 통해 끊임없이 업무에 대한 질문을 던진다. (그리고 빠른 답장을 기다린다.)

기술은 인간의 휴식을 침범했다. 그로부터 안전한 장소는 세상 어디에도 없다. 컨설팅 전문기업 액센추어Accenture는 최근 영화나 텔레비전 프로그램을 시청하는 사람의 87퍼센트가 시청 중에 다른 장비를 함께 들여다본다는 조사 결과를 발표했다. 예전에 우리가 진정으로 중요한 일들, 즉 집에서 아이들 숙제를 돕거나 함께 저녁을 먹는 일, 그리고 일터에서 향후의 전략적 기회를 활용할 방안에 대해 심사숙고하는 일 등에 쏟던 시간은 이제 온갖 잡동사니 같은 업무들로 방해를 받는다. 내일까지 제출할 보고서에 '혹시 필요할지 모르니' 새로운 숫자 몇 개를 추가

심플, 강력한 승리의 전략

할지 고민하는 일, 또는 줄리언이 캘리포니아에서 밤비행기를 타지 않아 내일 오전에는 출근을 못하게 됐으니 회의시간을 오후로 변경해야 하나 생각하는 일 따위가 그 소중한 시간을 망치는 것이다.

이렇게 끝없는 복잡성의 소용돌이에서 우리를 벗어나게 해줄, 일과 삶의 확고한 경계선은 더 이상 존재하지 않는다. 기술의 장점은 점점 퇴색되어간다. 기술은 따분하고 반복적인 업무를 제거하기보다 오히려 중요한 일들에 집중할 수 있는 시간을 없애버렸다. 삶을 이루는 모든 요소가 스트레스만 일으키는 복잡함의 잡탕찌개처럼 엉망으로 뒤섞여버렸다.

시간과의 전쟁

기술의 발전은 우리에게 '의도치 않은 복잡성'이라는 문제를 안겨주었다. 우리가 스스로를 곤경에 빠뜨리기 위해 기술을 개발한 것은 아니지만, 기술은 심각한 부작용을 낳았다. '의도치 않은 복잡성'은 기술의 영역을 뛰어넘어 사람들에게 영향을 미친다. 예를 들어, 우리는 너무 많은 시간을 영양가 없는 회의에 소모한다. 때로는 자발적으로 쓸모없는 회의에 참석하고, 때로는 우리 자신이 그런 회의를 개최하면서 보다 가치 있는 활동에 투자할 시간을 희생한다. 《시간을 돈처럼 투자하는 법 How to Invest Your Time Like Money》의 저자 엘리자베스 G. 손더스Elizabeth Grace Saunders는 이렇게 말한다. "'회의를 합시다'라는 말은 전세계 사람들이 모든 비즈니스 문제에 공통으로 나타내는 반응이 돼버렸다. 프로젝트를 어떻게 진행해야 할지 모른다고요? 회의를 합시다. 다른 사람들과 나누고 싶은 아이디어가 있나요? 회의를 합시다. 특정한 조치를 취하기가 어려운가요? 일단 회의를 합시다."

조직분석 전문기업인 볼로메트릭스Volometrix는 2013년 시게이트 Seagate(미국의 하드디스크 전문 생산 회사-옮긴이)의 근로자 7,600명을 대상으로, 직원들이 어떤 식으로 근무시간을 소비하는지 조사했다. 연구 결과는 자못 충격적이다. 시게이트의 직원 중 상당수가 1주에 20시간 이상을 회의로 보낸다는 사실이 드러났다. 하지만 그런 현상이 발생하는 곳은 시게이트뿐만이 아니다. 볼로메트릭스가 베인앤드컴퍼니와 함께 19개의 기업을 대상으로 수행한 조사에 따르면, 중간관리자 한 사람이 불필요한 회의로 낭비하는 시간은 1주 평균 8시간에 달했으며, 자신의 직무와 전혀 상관없는 이메일을 읽고 답하는 데 흘려보내는 시간도 4시간이 넘었다. 여기에 온갖 잡동사니 같은 일로 낭비하는 시간들을 더하면, 그 관리자가 정작 자신의 핵심 업무를 수행하는 데 전념할 수 있는 시간은 11시간에 불과한 것으로 집계됐다.

베인앤드컴퍼니의 연구자들은 1주에 평균 47시간을 일하는 중간관리자나 실무자들은 4명 이상으로 구성된 회의에 참석하는 데 평균 21시간을 소비하며, 이메일을 포함해 기타 디지털 방식으로 소통하는 데 11시간 정도를 쓴다고 밝혔다. 그렇다면 그들이 자신의 핵심 업무와 관련된 일들을 처리하기 위해 사용할 수 있는 시간은 15시간에 불과하다. 게다가 회의와 회의 사이에 흘려보내는 비생산적인 시간까지 뺀다면, 우리는 다음과 같은 충격적인 결론에 도달하게 된다. "보통의 관리자가 고유 직무를 처리하는 데 투자할 수 있는 시간은 1주에 6시간 30분에 불과하다." 이는 일주일 중 '하루'에도 미치지 못하는 시간이다.

직장인들이 귀중한 시간을 필요 없는 회의에 낭비하는 것은 별로 새삼스러운 일이 아니라고 말하는 사람도 있을 것이다. 물론 그럴지도 모른다. 문제는 이런 현상이 갈수록 악화되어간다는 것이다. 클라리즌 Clarizen(미국의 클라우드 기반 프로젝트 관리 기업-옮긴이)과 해리스인터렉티브Harris Interactive(미국의 여론조사 기관-옮긴이)가 공동으로 진행한 조사에 의하면, 미국의 근로자들은 '프로젝트 경과보고 회의'에 참석하느라(자신들을 위해 준비된 회의든, 아니면 의미 없이 그저 앉아만 있는 회의든) 일주일에 평균 9시간 정도를 보낸다고 한다. 이는 4년 전과 비교해서 14퍼센트 증가한 수치다. 펜실베이니아대학교 와튼스쿨과 버지니아대학교의 연구자들은 "지난 20년 동안 관리자와 직원이 공동으로 수행하는 활동에 소비한 시간이 50퍼센트 이상 증가했다"고 밝혔다.

그중에서도 상황이 가장 심각한 곳은 대기업이다. 베인앤드컴퍼니가 2008년 이후로 대기업 관리자들이 업무시간을 어떻게 보내는지 추적 관찰한 결과, 보통의 관리자가 하루 일과 중 회의에 참석하는 데 소비하는 시간이 매년 15퍼센트 이상 늘어나고 있다는 사실이 드러났다. 상위 직급일수록 회의에 소비하는 시간이 많았다. 이 조사에 따르면, 기업의 경영진 대부분은 3명 이상의 동료가 함께하는 회의에 참석하는 데 일과 시간의 40퍼센트를 보낸다고 한다.

이 문제의 심각성을 보다 정확히 이해하기 위해, 특정 기업에서 임원 회의 하나가 개최될 때 조직 내에 어떤 일이 벌어지는지 말해주는 사례를 하나 살펴보자. 베인앤드컴퍼니는 어느 대기업에서 11명의 사업부문장이 참여하는 정례 임원회의 하나가 조직 전체적으로 얼마나 많은 시간을 낭비하게 만드는지 계산했다. 11명의 사업부문장은 이 회의를 준비하기 위해 각 사업부문별로 수석고문들과 사전회의를 한다. 그리고 수석고문들은 자신의 사업부문장과 회의하기 위해 각자의 부하직원들과 또 회의를 한다. 그러다 보면 매주 개최되는 정례 임원회의 하나를 위해 회사 전체적으로 130개의 회의가 열리게 된다. 이를 노동력으로 환산하면 30만 시간, 비용으로는 1,500만 달러에 해당한다고 한다.

물론 회사에서 회의를 하지 말라거나 전략기획회의가 중요하지 않다는 뜻이 아니다. 직원들은 당연히 직접적으로 또는 디지털 방식으로 자신의 아이디어를 동료들과 공유할 필요가 있다. 연구에 따르면, 기업의 임원들은 회사의 전략을 구상하는 데 평균 업무시간의 3분의 1, 즉 연간 근무일 240일 중 80일 정도 할애하기를 원한다. 하지만 회의, 이메일, 전화통화, 대화 등이 미래의 문제를 해결하는 일에 쓰이지 못하고 온갖 잡다한 사안들만을 처리하는 데 사용된다면, 이는 결코 효과적이지 못하며 회사를 올바른 방향으로 발전시키는 데도 도움이 되지 않을 것이다. 조직기획 전문가 빌 스타벅Bill Starbuck 박사는, 회사의 장기적인 미래를 논의하기 위해 많은 회의를 하는 기업들이 회의를 별로 하지 않는 기업들에 비해 더 나은 성과를 거두는 것은 아니라는 사실을 발견했다. 요컨대 계획을 얼마나 많이 하느냐가 아니라 얼마나 좋은 실적을 내느냐가 중요한 것이다.

심플, 강력한 승리의 전략

회계에 목숨 걸기

＼

기술과 회의 외에도 '의도치 않은 복잡성'을 야기하는 또 하나의 요인
은 업무 중에 발생하는 문제를 해결하고자 하는 우리의 '정당한' 욕구다.
우리는 위험을 피하고, 리스크를 줄이고, 문제를 해결하기 위해 새로운
업무 프로세스를 추가하거나 언뜻 합리적으로 보이는 관료적 절차를 만
들어낸다. 하지만 그것이 또 다른 위험과 리스크, 그리고 문제를 발생시
킨다. 그러면 우리는 이를 해결하기 위해 또 다른 프로세스를 도입한다.
이런 과정이 거듭되면서 더욱더 많은 프로세스가 끊임없이 추가된다. 그
러다 보면 무언가를 개선하고자 하는 우리의 욕구가 자기도 모르는 사
이에 흉측한 괴물을 만들어냈다는 사실을 깨닫게 된다.

언젠가 내 고객은 자신이 '세탁비 포고령The Laundry Decree'이라고 이름
붙인 사례를 들려주었다.

어느 대형 금융서비스 회사의 임원들은, 일부 컨설턴트가 출장에 가
족을 동행하고는 가족의 세탁비용까지 회사에 청구한다는 사실을 발견
했다. 다시 말해 자신의 세탁물과 함께 가족의 세탁물까지 회사 비용으
로 호텔에 맡겼다는 것이다.

임원들은 얼마나 많은 컨설턴트가 회사의 선의를 이용해 이런 이득을
취했는지 알지 못했다. 다만 아무리 많아야 전체의 2~3퍼센트를 넘지
않으리라는 사실은 확실했다. 그럼에도 불구하고 회사는 강경한 조치를
취했다. 그들은 출장을 떠난 직원이 호텔에 세탁을 맡길 수 있는 셔츠의
수에 제한을 두었으며, 특히 장기 출장을 가는 관리자들에 대한 혜택을

줄였다. 언뜻 보면 그럴듯한 조치인 것 같다. 그렇지 않은가?

이 규칙으로 인해 호텔 세탁 서비스에 지출되는 회사의 비용은 줄었다. 하지만 예상치 못한 문제가 발생했다. 먼 지역으로 출장을 가는 컨설턴트나 직원들(개중에는 아시아로 몇 주간이나 출장을 가는 사람들도 있었다)이 지저분한 셔츠를 끝까지 입고 있거나, 아니면 자기 비용으로 세탁을 맡겨야 했다. 아무 잘못도 저지르지 않은 95퍼센트 이상의 직원들이 출장을 위해 짐을 꾸리면서 옷가지의 수를 세는 데 신경을 곤두세우거나 칼라에 풀을 먹인 셔츠를 너무 많이 가져가는 것은 아닌지 걱정해야 했다. 잘못을 저지른 일부 직원 때문에 대다수의 삶이 갑자기 더욱 복잡해진 것이다.

이런 사례는 기업들의 세계에서 매우 흔히 발견된다. 이 회사의 임원들이 '세탁비 포고령'을 발표했다는 사실 자체가 놀라운 게 아니다. 그들은 정당한 문제를 제기함으로써 상황에 대응했을 뿐이다. 하지만 잘못을 저지른 직원이 극히 일부에 지나지 않았음에도 굳이 규칙을 제정할 필요가 있었는지 생각해볼 필요가 있다. 이 사례처럼 어떤 문제에 대한 해결책 때문에 생겨난 의도치 않은 문제가 그 해결책으로 인한 장점보다 훨씬 큰 경우가 흔히 있다. 자신에게 주어진 혜택을 악용한 직원은 극히 일부에 불과하지만, 회사는 혜택을 전부 없애버리는 조치를 취함으로써 모든 직원을 불편하게 만들었다. 아무리 좋은 의도에서 비롯됐어도 불필요한 복잡성을 초래하는 정책은 규칙을 지키며 정직하게 근무하는 직원들에게 피해를 주게 된다.

의미 없는 인사고과

＼

기업들이 당면한 문제를 해결하는 과정에서 본의 아니게 일을 더욱 복잡하게 만드는 대표적인 업무가 '인사고과'다. 처음에 인사고과라는 제도가 도입됐을 때는 모든 산업분야에 속한 대부분의 기업이 이를 원래의 목적에 부합하는 방식으로 잘 운영했다. 그러나 기업의 인사부서가 데이터 지향적인 조직으로 변함에 따라 업무적 기술, 대인관계, 매출과 수익, 친절함, 조직 지향성, 업무 태도, 포용성 등 양적·질적 평가항목이 점점 늘어나면서, 직원이 회사에 기여한 바를 단순하게 평가했던 인사고과 시스템이 엄청나게 복잡해졌다.

관리자들은 이런 변화로 인해 더 많은 데이터를 준비해야 하고, 더 많은 질문과 답변을 해야 하며, 인사부에 제출할 서류를 준비하는 데 더 많은 시간을 쏟을 수밖에 없다. 동시에 직원들 입장에서는 상사의 인사고과가 자신의 직무 성과를 개선하는 데 전혀 도움이 되지 않는다고 느끼게 됐다. 예컨대 마리아Maria라는 직원은 기계적인 공식을 통해 계산된 인사고과 등급을 올리기 위해 어떻게 해야 할까? 팀의 활동에 더 협조적이어야 한다고? 회의에 더 적극적으로 참석하라고? 상사의 지시에 더 잘 따르라고? 보다 솔선수범하는 자세를 보이라고? 이렇게 판에 박히고 상충되는 조언들은 직원들을 혼란에 빠뜨리고, 좌절시키고, 의기소침하게 만들 뿐이다.

조사에 따르면 10개 중 9개의 기업이 직원들에 대한 인사고과를 시행한다. 하지만 인사고과 제도가 효과적이라고 생각하는 기업은 그중 절반에 불과하다. UCLA의 경영학 교수 새뮤얼 컬버트Samuel Culbert는 이렇게 말했다. "(인사고과는) 사기고, 가짜며, 정직하지 못한 방법이다. 이 제도는 나쁜 관리 시스템을 대변하고 뒷받침하는 역할을 한다." 그동안 인사고과의 영향을 조사하기 위해 진행된 607개의 연구를 분석한 결과, 이 제도로 인해 직원의 실적이 오히려 후퇴했다고 응답한 기업이 10개 중 3개에 달했다고 한다.

인사고과가 기업에 직접적인 해를 미치지는 않는다고 하더라도, 우리로 하여금 많은 시간을 낭비하게 만든다는 사실은 분명하다. 전설적인 임상 심리학자이자 성과관리 전문가인 오브리 대니얼스Aubrey Daniels는 미국 인적자원관리협회Society for Human Resource Management가 수행한 연구의 결과를 빌려, 기업의 인사고과 시스템이 재난의 수준까지 전락했다고 역설한다. 기업들이 수행하는 인사고과의 90퍼센트가 성공적이지 못하다는 것이다.

게다가 회사의 규칙을 잘 따르는 직원들 위주로 보상을 제공하는 평가 시스템 때문에 의욕적으로 실적을 개선하고자 하는 직원들의 열정이 좌절된다고 한다. 딜로이트Deloitte(영국의 다국적 컨설팅 그룹-옮긴이)의 연구부문 공동대표를 맡고 있는 존 헤이글John Hagel III은 '열정'이란 미국의 근로자 중 12퍼센트만이 소유한 귀중한 노동 자원이라고 말한다. 문제는 열정적인 근로자들일수록 규칙을 곧이곧대로 따르지 않는 경우가 많다는 것이다. 결국 '의도치 않은 복잡성'이 조직의 중요한 일을 어떻게 방해하는지 다시 한번 확인할 수 있는 대목이다.

심플, 강력한 승리의 전략

철의 장막

＼

　인사고과 사례에서도 알 수 있듯이, 복잡성은 기존에 해오던 일을 과 감히 포기하고 단순한 방식을 도입하는 것이 아니라, 이미 구축된 업무 체계 위에 손쉽게 새로운 절차를 추가함으로써 생겨난다. 우리는 복잡 성을 '선택'하지 않는다. 그리고 스스로 복잡성을 '원하는지' 질문하지도 않는다. 다만 우리는 자신에게 이렇게 묻는다. 현재의 과업을 수행하는 데 가장 쉬운 방법은 무엇이지? 어떻게 하면 우리가 처리해야 할 일을 가장 편하게 해낼 수 있을까?

　이렇듯 우리는 진정으로 중요한 일에 '제때' 시간을 투자하는 데 실 패함으로써 복잡성을 발생시킨다. 다시 말해, 핵심적인 업무를 처리해 야 하는 올바른 시기를 포착하지 못하고 기존의 업무 위에 새로운 절차 들을 계속 추가해나감으로써, 깊이를 가늠할 수 없는 복잡성의 수렁으로 스스로 걸어들어가는 것이다.

　변화의 물결이 지속적이지 않았던 수십 년 전만 해도 복잡성은 그다 지 큰 비용이 드는 문제가 아니었다. 기업가들은 새로운 시장을 정복하 기 위해 항상 눈을 부릅뜨고 있을 필요가 없었다. 경쟁자들이 새로운 기 술을 들고 나올까 노심초사하지 않아도 되었다. 시장의 변화에 따라 계 속 모든 것을 바꿔나가지 않아도 상관없었다. 하지만 오늘날 우리는 끊 임없는 변혁과 파괴의 물결을 헤쳐나가야 한다. 그런 변화의 시대에는 더 이상 유용하지 않은 제도를 과감히 버리기보다, 기존의 업무나 프로 세스 위에 새로운 것들을 더해나가고 싶은 그릇된 유혹에 빠지기 십상이다. 단순화를 고려하는 일에 투자할 시간이 어디 있겠는가? 다른 사람을 따라가기에도 벅찬데 말이다.

관료주의의 늪

＼

　앞에서 복잡성의 원천은 바로 우리 자신이라고 말했지만, 외부적인 힘의 강요에 의해 복잡성이 생겨나는 경우도 드물지 않다. 우리 대부분은 병원의 대기실에서 낡은 잡지를 뒤적이며 예약시간이 훌쩍 지났는데도 오지 않는 의사를 기다려본 경험이 있을 것이다. 그렇다면 의사들은 왜 그렇게 자주 늦는 것일까? 물론 앞서 시작한 노인 환자의 진료가 늦어져 그럴지도 모른다. 하지만 많은 경우 의사가 복도의 카운터 앞에 서서 정부 규정이나 보험회사의 요식 절차를 충족하기 위한 서류를 작성하느라 시간을 보내기 때문이다.

　정부의 규정은 기업의 복잡성을 야기하는 가장 핵심적인 원인 중 하나다. 이는 의료, 금융, 제조를 포함해 어느 산업분야에서나 마찬가지다. 딜로이트오스트레일리아의 조사에 따르면, 이 나라에서 광업에 종사하는 근로자 11명 중 1명은 규정 준수에 관련된 일을 한다. 또한 어느 은행은 규정 준수에 소요되는 비용이 지난 3년간 3배로 급증했다는 통계를 내놓기도 했다. 정부기관에서 계속 새로운 보고서를 요구하기 때문이라는 것이다. 이 은행은 1년에 3,000개의 보고서를 작성해서 제출했으며, 그 서류들은 총 8만 쪽에 달했다고 한다.

지난 몇 년간 정부의 규정이 특히 강력하게 적용된 분야는 금융산업이지만, 다른 산업분야에서도 크게 다르지 않았다. 최근 전미제조업자협회National Association of Manufacturers는 미국 기업들이 연방 규정을 준수하기 위해 지출한 비용을 조사했는데, 그 결과는 실로 충격적이다. 기업들이 정부의 규정에 따른 요식행위를 지키느라 소비한 비용은 매년 2조 달러를 넘었다. 근로자 한 사람당 2만 달러, 그리고 기업당 233,000달러에 해당하는 금액이다. 세금 관련 규정 준수에 들어간 비용만 해도 거의 1,600억 달러에 달했다. 전미제조업자협회의 CEO 제이 티몬스Jay Timmons는 이렇게 말했다. "이는 매우 놀라운 사실이다. 미국 기업의 총 매출액 중 3분의 1이 넘는 금액이 규정 준수와 관련된 일에 지출된다는 의미이기 때문이다."

또 밴더빌트대학교에서 수행한 연구에 따르면, 미국의 대학교들이 연방 규정을 준수하기 위해 지출하는 금액은 연 270억 달러가 넘으며, 이는 총 비용의 11퍼센트에 해당하는 액수라고 한다.

기술의 발전이 정부 규정을 준수하는 일의 부담을 덜어주지 않을까 생각하는 사람도 있을 수 있다. 물론 컴퓨터 알고리즘이나 데이터베이스에서 관리자들이 필요로 하는 데이터가 자동적으로 만들어진다면 기업들 입장에서는 편리할 수 있다. 하지만 기업들이 규정 준수를 위해 전체적으로 소비하는 시간과 돈을 따져보면, 우리가 지닌 기술적 도구에도 불구하고 정부의 규제는 우리의 삶을 점점 복잡하게 만들 뿐이라는 결론이 나온다. 회사가 정부의 규정을 준수한다는 사실을 입증하는 일의 부담은 갈수록 가중되는 추세다.

만일 그 업무부담을 규정 준수 업무를 전담하는 직원들로 한정한다면 이야기는 달라진다. 정부의 규정이 강화된다고 해도 규정 준수 부서의 규모를 늘리면 그만이니 말이다. 나머지 직원들은 본래의 직무에 충실할 수 있을 것이다.

　하지만 현실은 그렇지 않다. 규정은 마치 나무뿌리처럼 모든 부서와 업무 프로세스를 향해 뻗어내려간다. 회사의 모든 직원은 규정과 관련된 사항들을 낱낱이 파악해야 한다. 규정을 지키기 위해 무엇을 주의해야 하는지, 어떤 일을 할 수 있거나 없는지, 어떤 기록을 얼마 동안 보관해야 하는지, 지난해에 규정이 어떻게 바뀌었는지, 정부기관에 제출할 보고서를 어떻게 작성해야 하는지, 언제까지 제출해야 하는지, 누가 보고서에 서명을 해야 하는지, 해당 규정에 관련된 직원들은 새로운 개선안을 어떤 방식으로 숙지해야 하는지 등등.

　세상에 자질구레하고 시시콜콜한 일을 좋아하는 사람은 별로 없다. 직원들은 지루한 서류작업을 하거나 규정 위반에 관련된 일을 보고하기 위해 회사에 출근하는 것이 아니다. 그들이 일터에 나오는 이유는 조직의 중요한 사명이나 목표에 기여하고 싶기 때문이다. 직원들은 회사에 자신의 가치를 더하고 싶어서 업무에 집중한다. 또한 자신이 쏟은 노력과 투자한 시간이 조직을 올바른 방향으로 발전시키는 데 기여했다는 사실을 확인하고 싶어 한다. 그런 면에서 정부의 규정으로 인한 복잡성이 직원들의 업무에 지장을 주는 정도라면 그래도 조금 나은 경우고, 최악의 경우에는 그들이 일을 포기하고 회사를 그만두게 만들기도 한다.

심플, 강력한 승리의 전략

글로벌화의 파도에 휩쓸리다

＼

앞서 말한 복잡성의 원인들보다 더 심각하고 피할 수 없는 문제가 비즈니스의 글로벌화 현상이다. 내 고객 하나는 자신의 팀에 소속된 사람들이 전세계 7개의 시간대에 걸쳐 거주한다고 말했다. 도대체 그는 이 팀을 어떻게 관리해야 할까? 여러 나라에서 근무하는 사람들이 함께 전화회의를 진행하기 위해서는 대부분 근무시간 외의 시간을 잡아야 한다. 또한 업무 관련 정보를 사람에 따라 맞춤형으로 제공하거나 직접 만나 공유하는 일이 불가능하기 때문에, 회의에서 전달하는 메모나 지시사항에도 최대한 포괄적인 내용이 담기도록 노력할 수밖에 없다.

기업과 제품이 갈수록 글로벌화되면서 회사의 보고체계도 더욱 복잡해지는 추세다. 마케팅, 영업, IT, 고객서비스, 재무, 인사 등 모든 조직의 권한이나 담당 업무는 대부분 중복된다. 특정한 프로젝트를 누가 주관해야 하는지, 또는 성공에 따른 보상이 누구에게 돌아가야 하는지 불명확한 상황도 종종 발생한다. 새로운 제품을 개발하는 과정에서 여러 부서의 인력이 참여했다면 이 제품에 관련된 의사결정은 누가 내려야 하나? 어느 특정 부서의 임원? 아니면 두 부서의 임원? 만일 다른 부서장들이 동의하지 않으면 어떻게 해야 하지?

보고체계가 불명확하다는 사실은 단순히 업무가 혼란스러워지는 문제만을 야기하지 않는다. 회사는 조직 내의 '모든' 사람이 동의하지 않으면 아무런 행동도 취하지 못하게 된다. 즉, 일을 신속하게 해내기는 고사하고 무슨 일이건 아예 처리할 수 없는 상황에 빠져버리는 것이다. 사람들은 모든 관련자를 의사결정의 과정에 끌어들이지 않으면 불안해한다. 또한 자신이 지닌 사소한 권한을 빼앗길까 전전긍긍한다. 그렇기 때문에 더 많은 회의를 소집하고, 더 많은 메일을 보내며, 필요 없는 사람들까지 줄줄이 '참조' 목록에 포함시킨다. 모든 관련자의 서면 동의를 받기 전에는 어떤 모험도 하지 않는다. 그들은 복잡함의 거미줄에 꽁꽁 묶여서 주변의 다른 사람들까지 그 덫에 끌어들인다.

악화일로

앞에서 복잡성을 야기하는 여러 원인을 살펴봤지만, 도대체 실제 업무 현장의 상황이 얼마나 심각한지 궁금해하는 사람이 많을 것이다. 그 질문에 답을 한다면, 오늘날 이 문제는 심각함을 넘어 거의 재난 상태다.

우리가 하루에 발송 및 수신하는 이메일은 1,000억 건이 넘는다. 하지만 그중 실제로 의미 있는 메일은 7분의 1에 불과하다. 또 어떤 연구에 따르면, 비즈니스 세계에서 발생하는 대화나 소통의 5분의 4는 그에 따른 후속조치가 필요하지 않거나, 상대방이 아무런 대응을 하지 않아도 별 문제가 없다고 한다. 그런 상황에서는 만일 어느 직원이 정말로 훌륭한 아이디어를 생각해냈다고 하더라도 누군가 그 사안에 대해 결정을 내려줄 때까지 마냥 기다릴 수밖에 없다. 매킨지글로벌연구소에 따르면, 일부 기업의 관리자들은 업무시간의 40퍼센트를 보고서를 작성하며 보낸다. 물론 보고서를 통해 다른 사람들과 소통하고 협업하는 일이 중요할 수도 있지만, 새로운 통찰력을 계발하거나 좋은 아이디어를 만들어낼 시간이 없는 사람이 작성한 보고서에 무슨 가치가 있을까?

보스턴컨설팅그룹Boston Consulting Group은 아메리카 및 유럽 지역의 100여 개 기업을 대상으로 과거부터 현재까지의 복잡성 현황을 추적 관찰한 결과 놀라운 결론을 도출했다. "지난 15년 동안 업무 절차, 조직 계층, 소통 구조, 협업에 참여하는 부서, 의사결정 승인자 등의 양이 회사에 따라 50~350퍼센트 늘었다. 또 지난 50년 동안 복잡성의 정도는 매년 평균 6.7퍼센트씩 꾸준히 증가했다."

이런 모든 복잡성은 기업의 성과를 훼손하는 요인이다. SAP(비즈니스 솔루션을 제공하는 독일의 다국적 소프트웨어 기업—옮긴이)가 2013년에 발표한 글로벌 복잡성 지수Global Complexity Index 연구에 따르면, 복잡성은 기업의 수익성을 10분의 1 이상 감소시킨다. 이는 세계 상위 200대 기업의 수익 2,370억 달러에 해당하는 금액이다. 복잡성으로 인해 엄청난 기회 비용이 허공으로 사라지는 것이다.

우리가 일터에서 개인적으로 시간을 낭비한다는 말은 비즈니스를 성장시키거나 제품을 개선하는 데 사용할 자원을 흘려버린다는 의미다. 우리가 소리 없는 좌절 속에서 헛되게 보내는 1시간은 바로 우리의 동료나 고객들의 소중한 재산이다. 그런 좌절은 회사가 직원들의 창의성을 활용하거나 경쟁자들에게 승리할 기회를 빼앗아간다. 또 조직의 구성원들에게 일을 접고 일찌감치 회사를 떠날 빌미를 제공함으로써 수백만 달러의 신규채용 비용을 유발하기도 한다.

여러 연구에서 드러난 바와 같이, 현대의 직장인들은 좌절과 불만에 사로잡혀 살아간다. 업무에 대한 적극성도 나날이 감소하며 생산성과 혁신도 줄어드는 추세다. 2013년에 시행된 갤럽 여론조사에서는 주어진 업무에 열성적으로 몰입하는 근로자가 전체의 13퍼센트에 불과하며, 나머지 87퍼센트는 직무로부터 만족감을 얻지 못하거나 회사를 위해 가치를 창조하는 일에 열중하지 않는다는 결과가 나왔다. 또한 5명 중 1명의 직장인이 자신의 직무를 싫어하며, 이에 따라 기업들이 저조한 직원참여도를 다른 방법으로 보충하기 위해 사용하는 비용이 한 해 5,500억 달러에 달한다고 한다.

복잡성 때문에 좋은 인재가 회사를 떠나는 과정을 이해하기는 어렵지 않다. 내 고객 하나는 자신이 일하는 회사의 직원들을 입사 시점부터 쭉 관찰한 결과 참으로 안타까운 패턴을 발견했다고 털어놓았다.

어떤 업무를 담당하는 직원이든 처음에는 희망에 부풀어 회사에 입사한다. 그들은 생기발랄하고, 들떠 있고, 힘이 넘친다. 처음 6개월 정도는 열심히 업무에 참여하면서 조직의 발전을 위해 기존의 시스템을 개선하려고 애쓴다. 옳은 일을 위해 싸워야 한다는 의욕에 모두가 충만하다. 그러다가 어느 순간 벽에 부딪힌다. 과도한 복잡성이 만들어낸 타성을 조금씩 경험하는 것이다. 입사 후 한두 해가 흐르면서 그들은 좌절감과 무기력함에 빠진다. 조직 내에서 어떤 식으로 게임이 이루어지는지 깨닫게 되면서 회사에 대한 흥미도 상실한다. 그리고 일을 쉽게 처리할 수 있는 편법을 찾기 시작한다. 활짝 피었던 열정의 꽃이 시들어버리는 것이다.

2년쯤 지나면 그 직원들은 복잡성의 현실에 완전히 굴복한다. 그리고 새로 입사하는 후배들에게 말한다. "일이란 게 원래 그런 거야." 말하자면 완전한 포기 상태다. 그들에게는 시스템을 개선하거나 새로운 뭔가를 시도하기 위해 싸울 시간이나 에너지가 없다. 시스템이야 어떻든 굳이 고치려고 애쓸 필요가 있을까? 그들은 지난번에도 어떤 사람이 업무방식을 바꾸기 위해 노력했던 일을 기억한다. 하지만 아무런 변화도 일어나지 않았다. 그래서 그들은 소리 없는 좌절 속에서 기존의 방식을 이어간다. 더 이상 견딜 수 없을 때까지. 그리고 스스로를 구원하기 위해 회사를 떠난다.

단순화, 그 절박한 지상과제

＼

대부분의 경영진이 복잡성의 폐해를 모르는 바가 아니다. 최근의 연구를 보면, 70퍼센트의 기업이 단순화를 중요한 목표의 하나로 꼽으며, 그중 4분의 1은 '매우 중요한' 경영상의 과제로 인식하고 있다. 하지만 실제 업무현장에서 단순화를 도입하기 위해 노력하는 기업은 극소수에 불과하다. 2014년에 SAP가 수행한 '노동의 미래Future of Work' 연구는 세 가지 통계를 통해 이 문제의 심각성을 진단한다.

첫째, 기업의 리더 중 업무의 단순화가 자사의 임원들에게 중요한 전략적 의미를 지닌다고 믿는 사람이 전체의 절반 이상이었다. 둘째, 향후 3년 이내에 이 사안이 '훨씬' 중요하게 대두되리라고 생각하는 이들도 전체의 3분의 2에 달했다. 셋째, 하지만 자사의 최고경영진이 이를 해결하기 위해 '적극적으로 개입'한다고 답변한 사람은 응답자의 4분의 1을 조금 넘는 정도였다. 이는 참으로 큰 문제가 아닐 수 없다.

　모든 기업이 현재의 비즈니스 방식에 만족하지 못한다는 사실은 분명하다. 일부 기업은 복잡성의 폐해를 줄이기 위해 업무를 단순화하는 프로세스를 도입하거나, 기술로 인해 야기되는 부담을 줄이는 방안을 실험하는 등 다양한 조치를 취하고 있다. 일례로 이탈리아 기업 게이블Gable은 한 주 동안 이메일 사용을 금지하는 실험을 했다. 소프트웨어 기업 인튜이트Intuit와 아틀라시안Atlassian은 직원들에게 '복잡한 업무로부터 자유로운 시간'을 부여하는 정책을 시행했다. 폭스바겐과 보스턴컨설팅그룹에서는 내부 규정을 고쳐 직원들이 근무시간 외에는 스마트폰을 '오프라인' 상태에 둠으로써 매일 매순간 자신들을 압박하는 업무의 사슬로부터 벗어나도록 했다. 블룸버그나 구글 같은 기업에서는 직원들이 잠시나마 업무에서 탈출해 자기 자신을 돌아볼 수 있는 물리적 공간을 회사 내에 마련했다.

　이런 사례들은 이미 적지 않은 기업들이 단순화 과정에서 소기의 성과를 달성하고 있다는 사실을 보여준다. 하지만 여전히 대다수의 기업은 복잡성의 문제를 외면하고 아무런 대책을 세우지 않는다. 2015년 기준으로 업무 단순화 프로그램을 전사적으로 가동하고 있는 기업은 10곳 중 1곳에 불과했으며, 단 하나의 프로그램이라도 운영 중인 회사 또한 전체의 절반에도 미치지 못했다.

　그동안 기업들은 직원의 성과에 대한 기대수준을 끊임없이 높여왔다. 즉, 직원들에게 가장 귀중한 자원은 시간이라는 인식하에, 모든 조직구성원으로부터 최선의 생산성을 이끌어내기 위한 성과 측정 도구를 만들

　심플, 강력한 승리의 전략

었다. 그러나 그런 측정방식은 상황을 더 악화시킬 뿐이다. 성과에 대한 기대치를 높이는 것은 이미 기진맥진해 있는 직원들에게 더 많은 스트레스를 떠안기며, 늘어나는 측정 도구는 업무를 더욱 복잡하게 만든다. 연구자들에 따르면, 기업들이 사용하는 측정 도구는 1950년대 중반에 비해 대략 6배 늘어났다고 한다. 무려 6배!

우리는 '데이터'를 문제에 대한 해결책으로 인식하는 경향이 많다. 하지만 사용하지도 않을 데이터를 끝없이 만드는 일은 오히려 우리를 실패로 이끄는 원인이 될 수 있다. 우리가 더 심도 있고 상세한 데이터를 얻어낼 수 있는 기술을 지녔다고 해서, 반드시 그 데이터를 만들어야 하는 것은 아니다. 더 많은 데이터가 더 좋은 성과를 보장하지도 않는다. 수많은 소음 중에서 제대로 된 신호를 골라내는 일이 갈수록 어려워지는 세상에서, 더 많은 데이터는 오히려 더 부정적인 결과로 이어지기 십상이다.

복잡성을 제거하는 일이 중차대한 전략적 지상과제라는 사실은 오늘날 그 누구도 부인할 수 없다. 우리는 이미 티핑포인트tipping point(어떤 현상이 서서히 진행되다가 작은 요인에 의해 한순간 폭발하는 단계-옮긴이)에 도달했다. 감당할 수 없는 복잡성의 수렁으로 우리 자신을 몰아넣은 요인은 한둘이 아니지만, 어쨌든 복잡성은 전체적으로 기업이 성공으로 향하는 길에 가장 커다란 장애물이 되어버렸다. 현대의 초超경쟁 시장에서는 빠른 자만이 살아남는다. 하지만 복잡성은 기업의 신속한 행보를 어렵게 만든다. 우리에게는 생각할 시간이 없다. 생각한다는 것 자체가 용감한 행동이 되어버렸다. 하지만 이런 현실은 복잡성의 굴레에서 어떻게든 빠져나와 단순화를 추구하려는 기업들 입장에서는 오히려 좋은 기회일지도 모른다.

직원들의 일과에서 복잡성을 완전히 제거할 방법은 없다. 사실 어떤 직원의 가치는 그가 생산적인 팀의 일원으로서 복잡한 업무환경을 얼마나 잘 헤쳐나가느냐에 달렸다. 그러나 이 책의 후반부에서 다시 다루겠지만, 최소한 부분적으로라도 단순화에 성공한 기업들은 지속적인 경쟁우위를 확보할 가능성이 크다. 서로 경쟁관계인 GE나 지멘스Siemens가 앞다퉈 조직 내의 복잡성을 줄이기 위해 노력해온 이유가 바로 여기에 있다. GE의 CEO 제프리 이멜트Jeffrey Immelt는 전사적으로 '단순화의 문화'를 도입하는 일에 뛰어들었으며, 지멘스는 중간관리자 계층 전부를 없애버렸다.

베인앤드컴퍼니가 조사한 어느 제조업체는 모든 기본 회의시간을 절반으로 줄여 30분으로 정했으며, 어떤 회의에도 7명 이상의 직원이 참석하지 못하도록 했다. 그 효과는 매우 강력했다. 다른 일에 방해받지 않고 자신의 고유 업무에 전념하게 된 직원들의 생산성은 크게 늘었다. 베인앤드컴퍼니의 계산에 따르면, 이 회사에서는 새로운 규칙을 통해 향상된 생산성 덕분에 수익성이 증가함으로써 직원 200명의 급여를 줄이는 효과가 발생했다고 한다. 이런 사례들은 기업의 경영진에게 단순화에 대한 강력한 동기를 제공할 것이다.

단순화를 실천에 옮긴 기업들은 수많은 혜택을 경험한다. 일단 새로운 제품이나 서비스를 시장에 더 빨리 내놓을 수 있다. 또 고객만족도 개선을 통해 직원의 업무참여도와 만족도를 함께 향상시킬 수 있다. 그에 따라 관리의 효율성과 수익성도 개선된다. 결과적으로 단순화에 성공한 기업들은 고유 영역에 충실하고 목표 지향적인 훌륭한 조직, 다시 말해 '제대로 된' 업무가 이루어지는 공간으로 변화할 수 있을 것이다.

그거 참 쉽네!

＼

만일 당신이 전세계 수많은 소규모 기업들을 대상으로 사무용품 비즈니스를 한다고 가정해보자. 당신은 어떤 장점을 내세워 그 회사들에 접근할 것인가? 저렴한 가격에 집중해야 할까? 제품들의 재고를 다양하게 확보해야 하나? 유통업체의 수를 늘려야 하나? 더 좋은 고객서비스를 제공해야 할까?

사무용품 전문 슈퍼스토어 스테이플스Staples는 바로 그런 고민을 해결하는 과정에서 탄생했다. 1985년 미국 독립기념일 주간의 어느 날, 톰 스템버그Tom Stemberg는 사업제안서를 작성하는 도중에 타이프라이터의 리본이 끊어져 더 이상 작업을 할 수 없게 됐다. '문제없어, 나가서 사오면 돼지.' 그는 이렇게 생각했다. 하지만 불행히도 타이프라이터 리본을 판매하는 동네 상점들은 휴일 주간 내내 문을 닫았다. 만일 상점이 열었다고 하더라도 자신의 타이프라이터에 맞는 특정 브랜드의 리본을 찾기는 쉽지 않았을 것이다. 이 얼마나 불편한 일인가! 슈퍼마켓 체인의 임원으로 일하던 스템버그는 이 일을 계기로 고객들이 찾기 쉽고 가격도 저렴한 사무용품 업체를 설립해서 틈새시장을 공략하기로 결심했다.

스테이플스 1호점이 매사추세츠 브라이턴에 개장한 후 10년 동안, 이 회사의 마케팅 담당자들은 스템버그가 고객들을 위해 줄곧 마음에 품어왔던 비전을 슬로건으로 내걸었다. 많은 사람이 '그거 참 쉽네That Was Easy'라는 광고 캠페인을 기억할 것이다. 이 말은 스테이플스라는 브랜드와 동의어가 되었으며 훌륭한 마케팅 전략의 상징으로 자리 잡았다. 그 이유는 무엇일까? 이 문구가 스테이플스의 가치 제안을 핵심적으로 표현할 뿐만 아니라, 그 가치를 새로운 영역으로 확장시키기 때문이다. 다시 말해, '그거 참 쉽네' 캠페인은 가격, 선택의 폭, 접근성 등 고객들의 기본적인 관심사를 충족시킴과 동시에, '단순함'이라는 보다 원초적인 욕구를 채워주는 역할을 했다.

요즘은 소규모 기업을 운영하는 사업주들도 단순화의 필요성을 실감하는 추세다. 최근에 발표된 연구에 따르면, 소규모 기업이 의사결정 프로세스를 단순화했을 때 소비자들의 브랜드 선호도가 86퍼센트 향상되며, 소비자들이 다른 사람들에게 그 브랜드를 권할 가능성도 115퍼센트 증가한다고 한다. 하지만 당시 대다수의 소규모 사업주들은 여전히 복잡성의 늪에 빠져 있었다. 비록 자본이나 자원, 그리고 시간은 부족하지만 그들에게는 사무용품을 주문하는 것과 같은 가치 없는 일보다 시간을 효과적으로 사용해야 할 중요한 일이 수없이 많았다. 복사기의 토너를 다시 채우거나 프린터 용지를 주문하는 일에 시간을 낭비해야 한다는 사실은 늘 그들을 골치 아프게 만들었다. 그러므로 소규모 사업주들은 그들의 시간을 아껴주는 사무용품 공급자에게 더 높은 가격을 지불할 용의가 있었다. 그들이 원한 것은 단순함이었다. 결국 스테이플스가

심플, 강력한 승리의 전략

시행한 '그거 참 쉽네' 캠페인은 100만 명 이상의 고객을 끌어모았으며, 이 비즈니스를 통해 발생한 수익금의 일부는 자선단체에 기부했다. 오늘날 전체 고객 중 96퍼센트가 그 광고문구를 스테이플스의 브랜드와 연결시켜 생각한다. 그리고 이런 성과는 이 회사의 획기적 성장의 바탕이 됐다.

우리가 복잡성으로 인해 침체기를 겪고 있다는 사실은 분명하다. 어떤 개인이나 조직을 막론하고 복잡성의 굴레에서 벗어나지 못하고 있다. 이 문제는 반드시 해결되어야 하지만, 그렇게 간단한 일이 아니다. 우리는 회사의 어느 곳에 복잡성이 존재하는지 파악하고, 정말로 중요한 일이 무엇인지 이해할 필요가 있다. 그리고 업무현장에서 쓸모없는 일을 제거하는 새로운 시스템과 접근방식을 도입해서 업무를 단순화해야 한다. '그거 참 쉽네'라는 문구는 필기구를 구입할 때나 생각하는 말이 돼서는 안 된다. 우리가 보내는 하루, 한 주, 한 달, 한 해, 그리고 인생 전체에 걸쳐 이 글귀가 늘 함께해야 한다. 우리는 할 수 있는 만큼 복잡성의 굴레에서 벗어나도록 노력해야 할 것이다. 요컨대 중요하지 않은 일을 일터에서 몰아내고, 우리가 수행하는 업무에서 시간과 의미를 되찾음으로써, 단순화를 새로운 일의 원칙으로 만들어가야 한다.

2장

복잡성은 어디에서 오는가

인류가 잠재력을 극대화하는 일에 실패해온 이유,
그리고 앞으로도 실패할 수밖에 없는 이유를 단 하나의 단어로 표현한다면,
그것은 바로 회의會議다.

— 데이브 배리Dave Barry —

그건 단순한 뉴스레터에 불과했다. 복잡할 일은 하나도 없었다. 어느 대형 은행이 기존 고객이나 잠재 고객에게 주기적으로 발송하는 이메일에 대한 개선작업을 우리 회사에 의뢰했다. 이 은행의 마케팅팀은 자사와 금융거래를 하고 있는 기존 고객들의 충성도를 강화하고 동시에 새로운 고객을 끌어들일 방법을 모색했다. 우리 회사의 뉴욕 지사는 고객에게 이메일 뉴스레터를 만들어 보내면 훨씬 많은 관심을 끌 수 있을 거라는 아이디어를 제시했다. 그리고 두 회사 모두 이 프로젝트가 양사의 좋은 협업 모델이라는 데 동의했다.

이메일 뉴스레터를 제작하는 일 자체는 그리 대단한 프로젝트가 아니었다. 기껏해야 4주 정도면 충분한 작업이었다. 이를 두고 두 회사가 협상을 오래 할 이유도 없었다. 우리는 새로운 고객 접근방식을 은행에 제

공하고, 그 대가로 적당한 서비스비용을 받으면 그만이었다. 모든 면에서 단순한 일이었다. 그렇지 않은가?

하지만 실제 상황은 그렇지 않았다. 우리가 이 대형 은행을 상대로 비즈니스를 하기 위해서는 일단 그 회사의 정식 공급자가 되어야 했다. 다시 말해, 이 은행의 임원이 우리를 고용하기를 원했더라도, 먼저 그 고객사 내부적으로 우리 회사를 공급업체로 승인하는 절차가 진행되어야 했다. 그로 인해 어떤 일이 발생했나? 아니, 더 정확히 말해 어떤 일이 발생하지 못했나?

배우 스티브 마틴Steve Martin이 출연한 영화 〈LA 이야기LA Story〉를 보면 유명한 장면이 하나 나온다. 어느 레스토랑의 부유한 고객들이 저녁을 예약하려는 그 식당에 상세한 재무기록을 제출하도록 요구한다. 그러자 웨이터 주임 퍼듀Perdue가 이렇게 묻는다. "이렇게 재무제표를 확인해야만 손님은 오리고기 요리를 드실 수 있는 건가요?"

물론 영화 속의 우스꽝스러운 장면이지만, 그런 식의 무의미한 배경 확인이 얼마나 쓸모없는 일인지 생각하게 해주는 대목이다. 레스토랑의 고객들은 특권층만이 누릴 수 있는 배타적인 권리를 지키기 위해 터무니없는 절차를 요구했다. 내 생각에 그 은행에서 우리를 공급업체로 승인하는 일도 이와 다르지 않았다. 우리는 은행의 요식 절차라는 점 외에 달리 특별한 이유도 없는 번거로운 과정을 수없이 거쳐야 했다.

공급업체 승인 과정은 몇 가지 양식을 작성하는 일부터 시작됐다. 먼저 우리 회사에 대한 정보를 제공하는 문서와 우리가 은행의 기밀을 지키는 일이 중요하다는 사실을 이해했음을 입증하는 서류를 제출해야 했

심플, 강력한 승리의 전략

다. 거기까지는 평범한 과정이었다. 문제는 두 번째 서류뭉치였다. 이번에는 결코 평범하지 않았다. 일단 양이 엄청났다. 우리는 깨알 같은 글씨로 인쇄된 두툼한 문서의 수많은 페이지마다 이름을 쓰고, 사인을 하고, 날짜를 적어야 했다. 이 두 번째 서류뭉치의 양은 우리가 작업하기로 한 이메일 뉴스레터 전체의 양보다 많으면 많았지 결코 적지 않았다. 작성해야 할 서류는 끝도 없었다. 물론 이 과정이 대형 프로젝트를 위한 공급업체 등록 절차였다면 그 정도는 이해할 수도 있었다. 서비스를 제공할 업체가 특정한 기준을 충족하는지 고객사가 관심을 갖는 것은 당연한 일이니까. 하지만 우리 프로젝트처럼 소규모 계약을 위해서라면 이건 좀 너무하다 싶었다.

하지만 진짜 문제는 따로 있었다. 우리가 수행할 사업은 총 비용이 1만 달러도 되지 않는 작은 프로젝트에 불과했지만, 이 대형 은행의 규칙에 따르면 우리 회사가 500만 달러 상당의 종합배상 책임보험에 들었다는 증명서를 제출해야 했다. 당시 우리가 가입되어 있던 책임보험의 배상 한도는 200만 달러였다. 평소에는 한도를 늘릴 일이 전혀 없었다. 하지만 우리는 갑자기 그 한도를 150퍼센트 늘려 그 프로젝트의 매출액 중 절반을 보험료로 지급해야 하는 상황에 처했다.

내가 은행의 담당자에게 이 문제를 제기하자 그는 이 규칙을 실시하는 이유가, 서비스를 제공하는 업체의 직원이 직접 은행에 와서 일할 때 발생할 수 있는 위험으로부터 자사를 보호하기 위해서라고 말했다. 나는 우리가 제공할 서비스가 '가상virtual' 프로젝트이기 때문에 모든 일은 이메일로 이루어진다고 설명했다. 우리 회사의 어느 누구도 은행에 직접

가서 일하지 않는다. 아무런 위험이 없는데 위험으로부터 보호하는 조치가 왜 필요한가? 추가 보험을 가입하는 문제는 좀 넘어가주면 안 될까? 하지만 그 담당자는 그럴 수 없다고 말했다. 규칙은 규칙이니까.

그렇게 책임보험 문제를 두고 옥신각신하고 있는 상황에서, 은행 담당자는 우리 회사가 기술에 대한 보안감사를 '현장실사'로 받아야 한다고 덧붙였다. 다시 말해, 은행의 정보가 우리에게 이메일로 제공될 예정이기 때문에, 어떤 사람을 우리 회사로 보내 모든 장비의 보안 상황을 직접 점검하겠다는 것이었다. 나는 이해할 수 없었다. 우리 회사의 컴퓨터가 은행의 컴퓨터와 직접 연결되거나, 우리가 은행의 데이터베이스를 통해 작업할 일이 없었다. 우리는 우리 회사 안에서 주로 마이크로소프트 워드를 사용해 뉴스레터의 내용을 처음부터 새롭게 작성할 예정이었다. 다시 말해, 우리가 모든 내용을 만들어 그들에게 이메일로 보내주면 그만이었다. 우리는 이미 고객의 기밀보호 문서에 서명했다. 하지만 그 정도로는 충분치 않았던 모양이다. 그 담당자는 어떻든 우리 회사를 직접 실사할 필요가 있다고 했다. 만일 은행의 직원이 실수로 우리에게 회사의 기밀정보가 담긴 이메일을 보냈을 경우, 우리가 이를 보호하기 위한 은행의 보안 기준을 적절히 갖추고 있음을 확인해야 한다는 것이었다.

그 담당자가 은행의 규정을 지켰다는 사실은 의심할 바가 없었다. 모든 일을 꼼꼼하게 처리해야 한다는 업무 규칙을 따랐을 뿐이니까. 그도 자신들이 요구하는 절차가 좀 과하다는 생각을 하고 있었을지 모른다. 하지만 규칙을 어길 수는 없었다. 결국 우리 회사는 그 은행과의 비즈니스를 모두 포기하기로 했다. 우리 입장에서는 좋은 프로젝트를 하나 놓

심플, 강력한 승리의 전략

쳤고 은행은 우리의 전문성을 활용하지 못했다. 공급업체 등록 절차의 복잡성은 두 회사가 훌륭한 협업관계를 맺을 수 있는 기회를 가로막았다. 이 회사 전체에 만연한 복잡성의 문제는 인식되지도, 해결되지도 않은 채 흉한 모습을 드러냈다.

직장의 스톡홀름 신드롬

1970년대를 산 사람들은 패티 허스트Patty Hearst라는 젊은 재벌 상속녀를 기억할 것이다. 그녀는 한 급진 무장단체에 납치되어 그들에게 세뇌를 당한다. 그리고 얼마 후에 스스로 급진운동에 뛰어들어 납치범들과 은행을 터는 일에 동참한다. 허스트가 경찰에 의해 구출된 후 사람들은 그녀가 과연 그 범죄행위에 책임이 있는지를 두고 논쟁을 벌였다. 어떤 심리학자들은 그녀가 스톡홀름 증후군Stockholm syndrome, 즉 인질이 납치범에게 동화되거나 연민을 느끼는 현상의 희생자일 뿐이라고 주장했다.

물론 복잡성 문제와 납치사건은 여러모로 다르겠지만, 내 생각에는 직장에서 일하는 많은 근로자가 스톡홀름 증후군과 비슷한 현상을 경험하고 있는 듯하다. 모든 사람이 이미 복잡성의 인질이 되어버렸다. 그리고 이메일 뉴스레터 프로젝트에서 자사의 규칙을 따르라고 고집했던 은행 담당자처럼, 우리 모두는 자신도 모르는 사이에 다른 사람을 인질로 만드는 일에 동참하고 있다. 위로는 임원들부터 현장 실무진까지 매일같이 똑같은 행동을 반복하고 있다. 그 모습은 마치 패티 허스트를 닮았다(실제로 그녀는 납치되어 있는 동안 자신이 일종의 좀비 같았다고 회상했다). 때로 우리는 자신이 쓸모없는 일에 시간을 낭비하고 있다고 생각한다. 또 아무리 열심히 일해도 원하는 성과를 달성하지 못한다는 데 좌절하기도 한다. 하지만 아무리 크게 좌절한다고 해도, 우리는 테일러 스위프트 Taylor Swift(미국의 작곡가이자 가수이며 배우-옮긴이)의 노래 제목처럼, 이 문제를 '셰이크 잇 오프shake it off(홀홀 털어버린다는 의미-옮긴이)'하는 방법을 알지 못한다.

1장에서 언급한 대로 복잡성은 어떤 문제를 해결하는 과정에서 예상치 못하게, 그리고 간접적이고 은밀하게 생겨난다. 그리고 이로 인해 문제는 더욱 심각해진다. 복잡성이 우리 삶에 이토록 단단히 자리 잡은 이유는, 그 원인의 상당 부분이 우리 자신에게 있기 때문이다.

뒤에 다시 이야기하겠지만, 우리는 비즈니스의 특정 부분에 편협하게 집착하는 인지적 편향 현상 때문에 자기 스스로 무심코 복잡성을 만들어낸다는 사실을 깨닫지 못한다. 또한 우리는 강력하고 원초적인 정서적 필요에 따라 복잡성을 받아들이지만, 그로 인해 우리 삶이 얼마나 많이 복잡성의 통제를 받게 될지는 생각하지 않는다. 안전, 지속성, 통제, 권력 등은 인간의 보편적 욕망이다. 하지만 우리는 그런 욕망의 존재를 인식하지 못하며, 그것이 어떻게 우리의 행동을 좌우하는지 알지 못한다. 우리가 그런 욕망을 지니고 있다는 사실을 인정하는 일 자체가 스스로를 불편하게 만든다. 하지만 그 존재는 부인할 수 없다. 그러므로 그런 욕망에서 벗어나기(또는 셰이크 잇 오프하기) 위한 첫 단계는 진실을 받아들이는 것이다.

단순화란 무엇인가

＼

복잡성의 문제를 정확히 파악하기 위해서는 먼저 단순화의 개념을 분명하게 이해해야 한다. 비즈니스에서 빚어지는 실수의 상당 부분은 핵심적인 용어를 정확하게 정의하지 않음으로써 발생한다.

예를 들어, 당신은 직장생활을 하는 동안 누군가에게 "혁신해야 해"라는 말을 들은 적이 있을 것이다. 그런데 그러고는 대부분 다음 말을 덧붙이지 않는다. 당신은 의아했을 것이다. 무엇을 혁신하라는 말인가? 어떤 목표를 향해 혁신하라는 뜻인가? 우리가 자주 하는 농담 중에, 만일 기업의 임원 두 사람에게 혁신의 정의를 말해달라고 부탁하면 대개 세 가지 다른 답변이 돌아온다는 이야기가 있다. 혁신이라는 말은 본질적으로 애매한 용어.

단순화simplification라는 말의 의미는 언뜻 분명해 보인다. 뭔가 불필요한 것을 제거하는 상황에 관련된 용어라고 생각된다. 하지만 무엇을 어느 정도 단순화해야 한다는 말인가? 너무 지나치게 단순화하는 경우도 발생할 수 있을까? 조직 전체를 생각해볼 때, 단순화의 범위를 얼마나 확장해야 할까? 모든 업무 프로세스를? 아니면 가장 중요한 업무에 한해서만?

다음의 도표를 살펴보면 단순화를 정의하는 일이 얼마나 '복잡'해질 수 있는지 이해하는 데 도움이 될 것이다. 이 표는 어느 '포춘 500대 기업'의 한 사업부에서 업무 단순화를 '시도'할 수 있다고 생각하는 모든 영역을 나열한 것이다.

문서Documentation 단순화	생산Manufacturing 단순화
디자인Design 단순화	절차Process 단순화
총무General 단순화	프로그램Program 단순화
시스템Systems 단순화	절차적Procedural 단순화
출장Travel 단순화	플랫폼Platform 단순화
계획Initiative 단순화	제품개발Product Development 단순화
보고Reporting 단순화	포장Packaging 단순화
재무관리Financial Management 단순화	교육Training 단순화
작업장Workplace 단순화	작업Work 단순화

한 가지 질문해보자. '작업장 단순화'와 '작업 단순화'는 어떻게 다른
가? '절차 단순화'와 '절차적 단순화'는 무슨 차이인가? 이 표를 만든 사
람은 아마 나름대로 의미를 두고 여러 항목을 나열했을 것이다. 그러나
이런 복잡한 분류체계는 우리의 머리를 혼란스럽게 할 뿐이다. 요컨대
기업에서 복잡성의 문제를 인지하더라도, 이 회사처럼 그 문제의 범위와
내용을 정확하게 파악하지 못하는 이유는 단순화의 의미를 정확히 알지
못하기 때문이다.

최소한으로, 이해할 수 있게, 반복적으로, 접근하기 쉽게

＼

이제 단순화의 개념을 정확히 알고, 이를 바탕으로 복잡성의 본질을

심플, 강력한 승리의 전략

이해해보자. 제대로 된 단순화는 다음의 조건을 충족해야 한다.

- **가능한 한 최소한으로**: 단순화된 일은 목표를 완수하는 데 필요한 절차, 문서의 양, 제품의 특징, 기능, 서명, 요구사항, 기타 여러 장애물이 최소화된 상태를 의미한다. 그런 일에는 불필요한 요소가 없는 동시에 업무를 완수하는 데 필요한 것은 충분히 존재한다. 우버Uber 택시가 성공한 이유는 무엇인가? 그 비결은 무엇보다도 이용하기 쉽다는 데 있을 것이다. 사용자들은 자동차가 필요할 때 스마트폰의 우버 앱만 사용하면 금방 차를 구할 수 있다. 소비자 입장에서는 노력이 훨씬 덜 든다.

- **가능한 한 이해할 수 있게**: 단순화된 일은 분명하고 쉬운 언어로 정의되기 때문에 해당 영역에 전문적인 지식이 없는 사람도 이해할 수 있다. 그리고 초심자도 금방 따라할 수 있다(물론 일정 수준의 상식은 필요하다). 작가 마이클 루이스Michael Lewis의 책《플래시 보이스Flash Boys》에서 브래드 카추야마Brad Katsuyama는 고객들을 이해하기 쉽게 만드는 일이 다른 금융서비스 기업에 비해 자기 회사가 지닌 차별점이라고 말했다. "사람들은 자신이 이해할 수 있는 것을 신뢰한다. 이해하지 못하면 믿지도 못한다. 우리는 복잡한 개념을 이해하기 쉽게 만드는 데 많은 시간을 소비한다."

- **가능한 한 반복적으로**: 단순화된 일은 반복하거나 범위를 조정하기 쉽다. 또한 한 번으로 끝나거나, 상황에 따라 바뀌지 않으며, 다른 사람도 되풀이해서 수행할 수 있다. 조종석에 앉는 비행사를 생각해보라.

비행기를 바꿔 탈 때마다 계기판 버튼이나 계측기의 위치와 기능을 새로 파악해야 할까? 그렇지 않다. 경우에 따라 약간의 차이가 있지만, 모든 비행기 조종석의 기기들은 대부분 같은 장소에 위치한다. 쉽고 '단순하게' 사용하기 위해서.

• **가능한 한 접근하기 쉽게:** 단순화된 일은 모든 사람이 접근할 수 있고 투명하다. 외부 사람들도 최소한의 절차를 거쳐 활용할 수 있다. 프로그레시브인슈어런스Progressive Insurance(미국의 보험회사 – 옮긴이)가 새로운 보험상품을 출시할 때마다 고객들에게 경쟁사들의 비슷한 상품 가격을 인터넷에서 검색할 수 있도록 허용하는 이유는 무엇일까? 고객이 다른 회사의 보험에 가입하기를 원해서는 물론 아니다. 고객에게 편리하게 정보를 제공함으로써 고객이 스스로 정보를 찾는 수고를 덜어주었으므로, 자기 회사를 선택할 거라는 자신이 있기 때문이다.

반대로 복잡성은 위의 네 가지 요소가 결핍된 상태를 말한다. 다시 말해 최소화되지 않고, 이해하기 어려우며, 반복적이지 않고, 접근하기 어려운 프로세스, 제품, 소통, 업무 절차 등을 의미한다.

단순화의 최적 지점

위에서 언급한 단순화의 조건에 '가능한 한'이라는 표현을 쓴 이유가 무엇일까? 복잡성이 해악적인 요소임은 분명하지만, 반대로 단순화

심플, 강력한 승리의 전략

가 지나쳐서 문제가 되는 경우도 종종 발생하기 때문이다. 예를 들어, 제품을 너무 단순하게 만들면 소비자들에게 쓸모없는 물건이 돼버릴 수도 있다. 또한 업무현장에서 프로세스를 과도하게 단순화하면(대개 필수 요건이나 확인 절차 등을 생략함으로써), 품질에 문제가 발생하기도 한다. 그러므로 우리는 제품이나 업무 프로세스가 너무 복잡하지도 않고 너무 단순하지도 않은, 단순화의 '최적 지점sweet spot'을 잘 찾아야 한다. 이 말이 이해되지 않는 사람은 이케아IKEA(스웨덴의 세계적 가구기업-옮긴이)에 가서 멋진 가구를 하나 구매하라. 그리고 방에 들어앉아 공구를 들고 조립해보라.

물론 이케아는 내가 좋아하는 회사다. 스칸디나비아의 한 기업이 발음하기도 어려운 이름의 가구 제품들을 세계적인 브랜드로 키울 수 있었던 것은 그 기업이 고객에게 큰 가치를 제공하기 때문이다. 이케아의 가구들은 단순하고, 기능이 훌륭하고, 가격도 싸다. 만일 당신이 새 아파트로 이사해서 제한된 예산으로 가구들을 들여놓아야 한다면, 이케아 매장을 방문해 한번에 해결할 수 있다. 하지만 집에 돌아와 흥분된 마음으로 제품 상자들을 개봉한 사람들이 옷장, 식탁, 캐비닛을 새로 조립하면서 푸념과 욕설을 늘어놓지 않는다면 뭔가 이상한 일이다. 내 친구 하나는 이케아에서 물건을 살 때마다 무료 결혼상담 쿠폰을 함께 받아야 한다고 농담을 하기도 했다.

왜 소비자들은 이케아의 가구를 조립하면서 머리를 쥐어뜯을까? 조립 설명서가 너무 복잡해서가 아니다. 사실은 그 반대다. 너무 간단하기 때문이다. 설명서의 그림은 상세하지 못하다. 조립 단계도 명확하게 기술

되어 있지 않다. 소비자들은 눈을 부릅뜨고 어느 나사가 어느 구멍에 맞는지 잘 확인해야 한다. 실수로 짧은 나사를 긴 구멍에 끼우는 경우도 종종 발생한다(물론 나중에 긴 나사가 짧은 구멍에 맞지 않을 때에야 그 사실을 깨닫는다). 그러면 전체를 분해해서 처음부터 다시 조립해야 한다. 기쁜 마음으로 구입한 가구의 조립설명서가 너무 단순하다는 사실 때문에 당신의 하루는 매우 복잡해졌다.

알베르트 아인슈타인은 다음과 같은 유명한 말을 남겼다. "모든 물건은 가능한 한 단순하게 만들어야 한다. 하지만 지나치게 단순해선 안 된다." 일부 기업은 그 사실을 깨닫지 못한다. 지나치게 많은 정보를 제거하면, 남은 정보가 쓸모없어진다. 세상에는 반드시 복잡해야 하는 일도 있다. 당신의 담당의사는 인체해부학에 정통해야 한다. 그가 당신에게 시행할 수술에는 그 해부학적 지식이 별로 필요하지 않다고 해도 말이다. 또 당신이 탑승한 비행기의 조종사는 항공역학을 잘 이해해야 한다. 비록 그가 조종석에서 하는 일은 운항 시스템을 자동조종 장치로 바꾸는 것이 전부라 하더라도.

따라서 당신은 복잡함과 단순함의 사이에서 적절히 균형을 맞춰야 한다. 만일 당신이 100페이지의 문서를 단 한 장으로 줄일 수 있다면, 멋진 일이다. 하지만 그 때문에 문서의 내용을 계속해서 다른 사람들에게 보충설명해야 한다면 일을 더욱 복잡하게 만든 것에 불과하다. 이 경우, 100페이지보다는 단순하고 1페이지보다는 복잡한 10페이지 정도는 어떨까.

고의적인 복잡성

＼

복잡성과 단순화의 개념에 대해 어느 정도 이해했으니 이제 사람들이 어떤 이유로 복잡성을 지원하고 방조하게 되는지 좀 더 자세히 살펴보자. 극단적인 사례이기는 하지만, 일부 개인이나 기업은 더 많은 수익이나 기타 다양한 혜택을 얻기 위해 다분히 고의적으로 복잡성을 조장하기도 한다. 이런 행위들은 여러 산업분야에 걸쳐 나타나지만, 대표적인 영역은 금융거래 분야다.

IEX 증권거래소가 설립된 것은 2012년의 일이다. 이 거래소는 "전통적인 월스트리트의 증권거래소, 다크풀dark pool(투자자들이 익명으로 주식을 거래할 수 있는 트레이딩 네트워크-옮긴이), 기타 거래 시스템들에 만연한 의심스러운 거래 관행을 바로잡기 위해 설립됐다"고 한다. 마이클 루이스의 책《플래시 보이스》에 따르면, IEX의 트레이더와 기술자들은 업계의 기존 트레이더들이 다양한 거래소에 '접속'해 온라인에서 주식을 거래하는 일반 투자자들의 정보에 접근한다는 사실을 발견했다. 다시 말해, 그들은 복잡한 알고리즘을 사용해서 특정한 주식을 매입하려는 사람에 대한 정보를 미리 캐낸다. 그리고 이 정보를 이용해 구매자의 주문이 실제로 처리되기 전 1,000분의 1초라는 짧은 시간에 그 주식을 사들여 가격을 올린 다음, 아무것도 모르는 그 구매자에게 되파는 것이다.

예컨대 어느 한 기업의 주식은 나스닥, 뉴욕증권거래소, 다이렉트에지Direct Edge, 배츠BATS 등 여러 증권거래소에서 동시에 거래된다. 그러므로 어느 주식중개인이 몇 개의 증권거래소에 동일한 가격으로 그 기업의 주식 구매 주문을 했을 때(예를 들어, 나스닥에 1만 주, 다이렉트에지에 2만 주, 배츠에 5만 주), 이론상으로는 그 주문이 위의 증권거래소들에 같은 시간에 도착해야 한다.

하지만 실제로는 그렇지 않다. 전자신호가 다양한 케이블, 통신망 교점, 지리적 위치를 통과하는 과정에서 주문이 각 증권거래소에 도달하는 시점에는 1,000분의 1초, 때에 따라 100만분의 1초 정도 미세한 차이가 발생한다. 트레이더들은 이 시차를 틈타 첫 번째 구매가 완료된 후 '다른' 증권거래소들에서 자신들이 개발한 알고리즘을 사용해 자동적으로 해당 기업의 주식을 사들인다. 그들은 그 짧은 시간에 새로 매입한 주식을 바탕으로 주가를 올려서 이를 원래의 구매자에게 순식간에 판매한다. 물론 그 구매자는 무슨 일이 일어났는지 알지 못한다. 원 투자자는 주식거래가 이루어지는 복잡한 과정을 잘 모르는 데다 중개인에게 그 복잡성의 처리를 일임함으로써 다른 사람에게 웃돈을 얹어주고 주식을 구매하는 결과가 발생하는 것이다.

하지만 그게 전부가 아니다. 트레이더들은 일반 투자자들을 위한 증권거래소에서도 어떤 투자자가 주식을 사고팔려 하는지에 대한 정보를 미리 입수해 비슷한 수법을 쓴다. 그러나 투자자 중에 자기가 실제 구매한 가격이 원래 구매하려던 가격보다 조금 비싸다는 사실을 눈치채는 사람은 거의 없다. 그들은 그 차이가 단순한 기술적 문제 때문이라고 생각한다. 하지만 시간이 지나면서 그 작은 차이는 어마어마한 금액으로 불어난다.

루이스에 따르면 트레이더, 증권거래소, 은행 등은 이런 방법으로 수십억 달러를 챙긴다. 말하자면 일종의 차원 높은 도둑질을 위해 고의적인 복잡성이 활용되고 있는 것이다. 금융기관들은 이처럼 투명성이 부족한 영역을 이용해서 많은 수익을 거둬들인다.

물론 모든 조직이 그렇게 비도덕적이지는 않겠지만, 수많은 기업이 복잡성을 활용해 교묘하게 진실을 감추고 자신들의 이익을 추구한다. 예를 들어, 기업들이 보내는 광고성 이메일 뉴스레터를 수신 거부하는 일이 얼마나 어려운지 생각해보라. 많은 경우 그들은 처음에 광고메일 수신 수락 여부를 선택하는 항목이 미리 체크된 채로 사람들에게 메일을 발송하는 꼼수를 쓴다. 수신자가 스팸메일을 받지 않으려면 처음에 그 항목의 선택을 취소해야 한다. 만일 사후에 메일 수신을 거부하려면 그 작업에 해당하는 버튼이 어디 있는지 찾기가 매우 어렵다. 여러 곳을 클릭하고, 이메일 주소를 적고, 메일 수신을 거부하는 이유를 설명해야 한다. 심지어는 그런 과정을 완료했더라도 해당 기업이 보내는 여러 뉴스레터의 일부만이 수신 거부되었을 뿐, 나머지는 계속해서 받게 되는 경우도 있다.

더욱 보편적인 사례는 우리 주변에서 매일 마주치는 깨알 같은 글씨로 인쇄된 문서들이다. 최근 진행된 연구에 따르면, 우리가 흔히 사용하는 제품이나 서비스에 관련된 개인정보 보호 정책 인쇄물을 다 읽으려면 1년 중 한 달이 꼬박 소요된다고 한다. 다시 말해, 우리가 모든 개인정보 보호 정책 관련 문서를 전부 읽는다면 1년에 244시간, 대충 훑어만 보는 데도 154시간이 걸린다는 것이다. 물론 난해한 법률용어가 꼭 필요한 경우도 있을 것이다. 하지만 대부분의 경우 이는 고객들을 혼란에 빠뜨릴 목적일 뿐이다.

우리가 비행기표를 구입할 때, 근저당을 설정할 때, 또는 신용카드를 만들 때 담당자가 내미는 그 깨알 같은 글씨의 인쇄물들은 엄청나게 길어서 감히 읽을 엄두가 나지 않는다. 그 결과 우리는 자신이 어떤 문서에 서명했는지, 이 거래를 통해 받게 될 혜택이 무엇인지 잘 모른다. '법률, 과학, 기술에 관한 스탠퍼드 프로그램Stanford Program in Law, Science & Technology'의 사무총장 롤런드 보글Roland Vogl은 이렇게 주장한다. "일부 기업은 스스로를 법률적으로 정당화하기 위해 문서들을 복잡하게 만든다. ……이는 인위적인 복잡성이다. 고객들을 일부러 힘들게 만드는 것이다."

백번 양보해서 기업들이 일부러 고객들을 속일 의도는 없다 하더라도, 그들은 계약서를 간단하게 만드는 일을 그다지 서두르지 않는다. 나는 그 이유가 궁금하다.

유명 기업의 계약서 약관 단어 수 (셰익스피어의 희곡보다 긴 기업도 있다.)

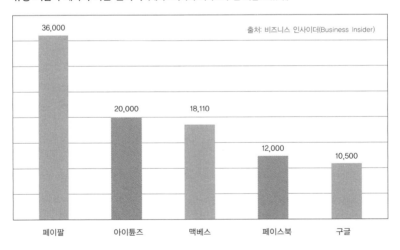

출처: 비즈니스 인사이더(Business Insider)

페이팔	아이튠즈	맥베스	페이스북	구글
36,000	20,000	18,110	12,000	10,500

심플, 강력한 승리의 전략

끝없는 자기중심적 사고

\

물론 고의적인 복잡성은 혐오스러운 일이다. 하지만 우리의 조직에 만연한 수많은 복잡성 가운데 그 비중은 그렇게 크지 않다. 대부분의 복잡성은 개인이나 조직이 자신도 모르는 사이에 만들어낸다. 그리고 그 뒤에는 이를 부추기는 다양한 인지적 편향 현상이 존재한다. 그중 가장 중요한 두 가지 편견에 대해 이야기해보고 싶다. 바로 우리의 '내부자 사고방식insider mindset'과 '더 많은 것'을 향한 추구다.

먼저 내부자 사고방식이라는 편견은 무엇을 말하는가? 오늘날 우리는 진솔한 자신의 모습을 드러내는 일에 찬사를 보내는 시대를 살고 있다. 뮤지컬 배우들은 자신이 성공한 이유가 '진정한 나의 모습에 충실했기 때문'이라고 말한다. 학교 졸업식에서 축사를 하는 연사는 성공하려면 '스스로에게 진실하라'고 아이들에게 조언한다. 우리는 모든 중요한 의문에 대한 최고의 답은 자신의 내면 깊은 곳에서 발견할 수 있다는 말을 수없이 듣는다. 이렇게 자신의 내면을 탐구하는 일은 분명히 유익하며 올바르다. 하지만 비즈니스 세계에서는 내부에 집착하는 일이 오히려 심각한 결과를 초래할 수 있다. 외부를 바라보는 시야를 가리기 때문이다. "공에서 절대 눈을 떼면 안 된다." 우리는 이렇게 말한다. 또 '핵심 비즈니스'에 집중하고, '기본'에 충실하라고 강조한다. 우리는 회사 내부에서 벌어지는 일에 정통하면 미래를 통제할 수 있다고 생각한다.

물론 어느 면에서는 옳을지도 모른다. 당신이 통제할 수 있는 일의 대부분은 회사 내부에 존재한다. 고용하는 사람, 구매하는 원자재, 제조하는 제품의 디자인, 고객에게 제공하는 서비스의 품질 등은 모두 당신의 통제 아래 있다. 하지만 조직 내부에서 일어나는 일에만 과도하게 집중하면 더 중요한 일, 즉 고객의 경험을 관리하는 일에 소홀해질 수 있다. 그리고 그 때문에 당신 회사의 제품과 서비스를 구매하는 소비자들이 복잡성의 피해를 고스란히 떠안는 결과가 발생한다.

한 가지 예를 들어보자. 몇 달 전 가족여행을 앞두고 나는 항공사 마일리지 전담 부서 수신자 부담 번호로 전화를 했다. 그동안 적립해둔 마일리지를 사용해 비행기표를 예약하기 위해서였다. 담당자와 몇 가지 선택을 두고 상담한 끝에 여행 일정을 결정하고, 내 계정에서 필요한 마일리지를 공제했다. 거기까지는 간단했다. 나는 항공편 예약이 끝난 후 같은 담당자에게 좌석 배정을 도와달라고 부탁했다. 공항에 도착한 후에야 남편과 우리 아이들이 따로 떨어져 앉아야 한다는 사실을 알게 되면 난감한 일이기 때문이다. 하지만 예약을 도와준 담당자는 좌석 배정 업무는 자기 부서 소관이 아니라고 말했다. 같은 항공사의 또 다른 수신자 부담 번호로 전화해서, 오랜 대기시간을 다시 한번 거친 후에, 우리 가족 모두가 긴 비행시간 동안 함께 앉아서 갈 수 있는지 문의해야 한다는 것이었다.

그래서 나는 다시 전화를 걸었다. 그리고 담당자가 응답할 때까지 한참을 기다렸다. 통화 대기 음악이 반복되는 동안 이메일 몇 개에 답을 했다. 이 항공사가 올 가을부터 개통할 아시아 직항 노선을 홍보하는 광고가 흘러나올 때는 누군가 전화를 받은 걸로 착각하기도 했다. 그러다가 마침내 어느 담당자와 연결이 됐다. 그 사람이 뭐라고 말했는지 아는가?

내가 예약한 항공편은 파트너 항공사 소속의 비행기이기 때문에 좌석 배정은 출발 날짜에 임박해서야 가능하다는 것이었다. 그래서 나는 나중에 다시 전화를 해야만 한다는 것이었다.

나는 항공사의 관료적인 행태에 분통을 터뜨리지 않을 수 없었다. 하지만 왜일까? 왜 항공사는 마일리지 관련 항공편 예약 업무와 좌석 배정 업무를 별도로 운영하는 걸까? 그 이유는 '항공사 입장'에서 그것이 보다 효율적이고 효과적이기 때문이다. 그들은 좌석 배정 담당자들에게 항공편 예약 시스템 사용법을 교육시킬 필요가 없었다. 항공사의 관리자들은 두 업무를 분리함으로써 각 부서에 개별적으로 할당된 업무가 보다 효율적으로 수행되게 만들었다.

하지만 그 과정에서 희생되는 것은 '고객 경험'이다. 우리 고객들은 한 명의 담당자를 통해 빠른 시간 안에 필요한 모든 일이 완료되기를 바란다. 우리는 각기 다른 번호로 여러 차례 전화를 걸고 싶지 않다. 전화를 받은 담당자들이 서로 상반되는 이야기를 하는 것도 듣고 싶지 않다. 우리는 기업들이 '고객'의 삶을 복잡하게 만드는 요소들을 제거해 보다 나은 고객 경험에 투자하기를 희망한다.

기업의 구성원들이 지닌 내부자 편견은 단지 고객에게만 복잡함을 안겨주는 것이 아니다. 같은 조직 안에서 일하는 '내부 고객'들의 삶도 복잡해진다. 일례로 회계부서는 직원들의 경비보고서를 처리하는 시스템을 운영한다. 그런데 그 시스템은 경비를 청구하는 직원들의 업무를 단순화하기 위해 구축됐을까, 아니면 직원들이 청구한 비용을 처리하는 회계부서의 일을 효율화하기 위해 만들어졌을까? 답은 뻔하다. 사람들은 대부분 자기가 봉사하는 대상의 필요가 아니라 '자기 자신'의 필요에 따라 업무 프로세스를 설계한다. 이는 모든 계층의 조직, 모든 부서, 그리고 모든 산업분야에서 똑같이 나타나는 모습이다.

'더 많은 것'을 향한 추구
\

우리가 자신도 모르는 사이에 사람들의 삶을 더욱 복잡하게 만드는 두 번째 인지적 편향 현상은 '보고'와 '측정'에 대한 욕구와 관련이 있다. 기업들은 항상 자신들의 위치를 평가하려 한다. 그리고 현재 발생하고 있는 모든 일을 기록하기를 원한다. 그들은 좋은 성과를 거둔 사람에게 보상을 제공하고, 성과가 부진한 사람에게 불이익을 주고 싶어 한다. 또한 내부적으로 수행되는 모든 업무와 그 결과로 벌어지는 일들을 전부 추적하고자(가능하면 실시간으로) 한다. 하지만 그들은 단순화를 이뤄낸 사람에 대해서는 보상을 하지 않는다. 오직 '더 많은 것'을 추구한 사람에 대해서만 혜택을 제공할 뿐이다.

그러나 보고와 측정을 강요하는 것은 경영진과 일선 실무직원 사이에 단절을 일으키는 주된 요인이다. 큰 조직의 맨 윗자리에 앉아 있는 사람들은 이사회로부터 분기 실적에 대해 압박을 받는다. 그러므로 임원들은 회사의 성과를 올리기 위해 더 많은 데이터를 얻고 싶어 하고, 조직의 운영 현황을 실시간으로 파악하기를 원한다. 그들은 매출이나 비용에만 관심이 있는 것이 아니라 규정 준수, 품질, 안전 등 자칫 법률적인 문제를

심플, 강력한 승리의 전략

일으킬 수 있는 영역에 대해서도 많은 신경을 쓴다. 아피니온Affinion(미국의 고객 모니터링 관리 회사-옮긴이)의 인사책임자 짐 댈리Jim Daly는 이렇게 말한다. "대부분의 회사에서는 기존의 프로세스나 업무행위를 바꾸고 개선하기보다는 이미 존재하는 관행에 새로운 것을 계속해서 추가해나가는 길을 택한다. 예컨대 어떤 보고서에 제시된 데이터 중 다섯 개가 유용했다면, 일곱 개의 데이터라면 더욱 쓸모가 있고 아홉 개는 더더욱 좋다는 식으로 생각하는 것이다. 정보를 포착하고 저장하는 기술이 나날이 개선되면서, 사람들에게 더욱 많은 데이터를 요구하고자 하는 유혹이 우리를 사로잡고 있다."

그 결과 일선 직원들(고객을 직접 상대하고, 서비스를 제공하고, 제품을 생산하고, 자재를 구매하고, 회사를 마케팅하는 사람들)은 '측정'이라는 이름의 괴물에 먹이를 주기 위해 더욱 많은 시간을 쏟아부어야 한다. 때문에 그들에게는 핵심적인 업무를 처리하거나 불필요한 복잡성을 제거할 수 있는 시간이 점점 줄어든다. 뿐만 아니라 직원들은 심리학자들이 '의사결정 피로decision fatigue'라 부르는 심리 상태에 빠지기 쉽다. 즉, 중요한 선택을 앞두고 문제에 집중할 수 있는 힘이나 에너지가 고갈된 나머지, 잘못된 결정을 내리거나 아무런 결정을 내리지 못하게 되는 것이다.

보고서가 너무 복잡해지면 무용지물이 될 가능성이 커진다. 조직에서 보고의 빈도가 갈수록 증가하는 오늘날, 그 내용은 수없이 복잡한 측정 지표들로 채워진다. 브랜드별 실적, 국가별 실적, 지역별 실적, 유통채널별 실적 등 온갖 데이터가 도출되고, 비교되고, 제시된다. 이 모든 일에는 많은 시간이 소요된다. 게다가 그 데이터들이 가리키는 방향은 서로 충돌하기 일쑤여서, 그 보고서를 통해 의미 있는 실행계획을 만들어낼수 있는 사람은 거의 없다. 예를 들어, 어떤 관리자가 다음과 같은 데이터를 접했다고 치자. '특정한 브랜드는 매출이 증가했지만, 다른 브랜드는 감소했다.' '특정한 지역에서는 실적이 좋았지만 다른 지역에서는 그렇지 못했다.' '온라인에서는 매출이 올랐지만 오프라인 매장에서는 부진했다.' '어떤 할인 프로그램은 성과를 거뒀지만 다른 프로그램들은 효과가 없었다.' '주중에는 실적이 올랐지만 주말에는 저조했다.' '어떤 광고가 시행된 지역에서는 판매가 증가했지만, 광고를 하지 않은 지역에서는 그렇지 못했다.' 이 관리자가 보고서를 읽고 시장에서 어떤 일이 일어나고 있는지 해독하려고 애쓸 때쯤이면, 또 다른 통계들이 도착해서 분석을 기다리기 마련이다.

보고 및 측정 프로세스를 발전의 동력으로 여기는 회사는 드물지 않다. 더욱더 많은 보고 자료를 만들어내는 직원들은 보상을 받는다. 반면더 적게 만들어내는 사람은 불이익이나 징계의 대상이 된다. 모든 직원은 자신이 만들어내는 보고서가 조직의 사명을 달성하는 데 큰 기여를한다고 생각한다. 하지만 실제로는 그렇지 않은 경우가 대부분이다. '더많은 것'이란 그 자체로 뭔가 가치 있어 보이는 개념이다. 직원들은 자신이 더 많은 매출을 올리고, 더 많은 사람들을 관리하고, 더 많은 사업부를 통제하고, 더 많은 제품을 개발하고, 더 많은 서비스를 제공하고, 더많은 보고서를 만들어내면 승진과 보상이 따를 거라는 사실을 알고 있다. 반면 낭비적인 요소나 중복되는 일들을 제거함으로써 진정으로 중요한 일에 집중할 수 있는 환경을 만드는 사람에게 인센티브를 제공하는

심플, 강력한 승리의 전략

기업은 거의 없다. 이렇게 더욱더 많은 것을 지향하는 원초적 충동을 제어하지 못하는 조직에서 복잡성은 끝없이 증가하기 마련이다.

진짜 적은 우리 자신이다

\

조직에서 극명하게 드러나는 인지적 편향 외에, 복잡성이 만들어지는 또 다른 주요 원인은 우리 자신의 '정서적 욕구'라는 보다 근본적인 이유다. 그 많은 쓸모없는 회의를 생각해보라. 회의를 좋아하는 사람은 아무도 없다. 그런데 왜 우리는 계속 회의를 하려고 할까? 우리는 어떤 일을 계획할 때 가능하면 그 일에 관련된 모든 이해당사자를 끌어들이고 싶어 한다. 그리고 계획을 실행에 옮기기 전에 그들이 그 계획에 동의한다는 사실을 먼저 확인하기를 원한다. 다시 말해, 나중에라도 그 계획이 실수로 판명되는 상황에 대비해 모든 사람을 회의에 초대함으로써 사전에 몸조심을 하는 것이다. 물론 회의에 참석한 사람들은 논의에 거의 끼어들지 않는다. 우리는 그저 실패에 대한 두려움 때문에 미리 숨을 곳을 만들어서 만일의 사태에 대비한다.

우리가 여러 이해당사자를 회의에 초대하는 또 다른 이유는 자신이 현재 진행 중인 사안에 대해 충분한 통제력을 유지하고 있음을 입증하고, 조직 내에서 자신의 권력을 과시하려는 무의식적(또는 의식적) 욕구 때문일 것이다. 우리의 이런 정서적 욕구가 아무도 모르는 사이에 우리 자신을 망치고 있다.

또 우리가 다른 사람이 주최하는 불필요한 회의에 참석하는 이유 역시 두려움을 잠재우기 위해서다. 우리는 회의에 참석한 다른 부서의 동료가 내 부서와 관련된 결정을 내리는 상황을 원치 않는다. 결국 우리는 자신의 밥그릇을 지키기 위해 이 회의실 저 회의실을 끊임없이 오가며 소중한 시간을 낭비하는 것이다. 그러다 보면 정말 중요한 일은 회의와 회의 사이에 잠깐 짬이 날 때 처리할 수밖에 없다.

요컨대 의식적이든 무의식적이든 사람들이 일을 더욱 복잡하게 만드는 이유는 대부분 인지된 위협으로부터 자신을 보호하기 위해서다. 당신은 동료들에게 전문가로(즉, 누구도 당신의 책무를 대신할 수 없는 사람으로) 인정받기를 바란다. 그렇지 않으면 자신이 쓸모없는 존재가 될지도 모른다는 두려움 때문이다. 그래서 10장이면 충분한 파워포인트 슬라이드를 40장도 넘게 만들어낸다. 간단한 이야기도 복잡한 전문용어를 사용해서 어렵게 말한다. 학자나 교수들은 그런 측면에서 특히 악명이 높다. 그들은 학문과 상관없는 사람들이 자신들의 영역을 넘보지 못하도록 과도하게 복잡한 언어들을 사용해서 소통한다. 작가 빅토리아 클레이턴Victoria Clayton은 잡지 《애틀랜틱Atlantic》에 기고한 글에서 이렇게 썼다. "학문적인 글들을 읽고 좌절한 독자들은 '학자들은 자기 영역을 침범하는 주제넘은 침입자들을 몰아내기 위해 자신들끼리만 통하는 언어를 사용해 엘리트 게임을 한다'고 생각한다."

관리자들이 의사결정을 내리는 데 그토록 오랜 시간이 걸리는 이유가 무엇일까? 그들은 자신이 잘못된 의사결정을 내렸다는 사실을 다른 사람들이 알게 될까 두려워한다. 그래서 끊임없이 더 많은 정보, 더 많

심플, 강력한 승리의 전략

은 데이터, 더 많은 보고서를 요구한다. 당신은 A라는 제품에 대한 투자를 어디에 집중해야 할까? 아시아? 아니면 아프리카? "각 국가의 시장에 대한 상세 정보를 보고하라. 그 시장들은 지난 24개월 동안 어떻게 변했나? 지난 10년간은? 그 시장에서 우리 제품들의 실적은 대체로 어떤가? 어떤 식으로 변화되어왔나? 그 시장들은 앞으로 어떻게 바뀔까? 앞으로 있을 선거는 각 국가의 경제와 각 산업영역의 성장에 어떤 영향을 미칠까? 의사결정에 영향을 미칠 인구통계학적 경향이 존재하나? 그리고 각각의 하위 시장에서 그런 경향이 어떻게 변화할까?" 관리자들은 자신이 잘못된 선택을 할지도 모른다는 우려 때문에 부하직원들의 삶을 매우 복잡하게 만든다. 하지만 과도한 정보의 홍수는 오히려 최선의 선택에 필요한 순수한 직관을 방해할 수도 있다.

두려움의 정서는 주로 개인적 차원에서 복잡성을 유발하지만, 두려움과 방어적인 심리에 사로잡힌 사람들이 상호작용하는 과정에서 집단적인 복잡성이 형성되기도 한다. 앞서 조직의 보고서가 갈수록 복잡해진다고 했는데, 그런 면에서 한 제조업체에 근무하는 내 고객의 사례는 생각해볼 만하다. 이 기업의 임원들은 회사의 수익이 감소하면서 더 많은 매출을 올려야 한다는 압박이 가중되는 상황에서, 조직의 실적을 실시간으로 측정할 수 있는 방법을 찾다가, 핵심적인 성과지표만으로 구성된 보고서를 고안해냈다. 그 아이디어는 아주 훌륭했다. 이 보고서에 반영된 숫자들은 대여섯 개가 전부였다. 게다가 실적이 좋고 나쁨에 따라 색깔로 구별되어 누구나 한눈에 쉽게 알아볼 수 있었다.

하지만 이곳에서도 복잡성이 그 흉측한 모습을 드러내는 데는 그리

오랜 시간이 걸리지 않았다. 물론 그 이유는 두려움 때문이었다. 어떤 사람들은 이 보고서에 반영하기로 선택한 숫자들이 회사 운영상의 중요한 측면을 제대로 보여주지 못하는 것은 아닐까 우려하기 시작했다. "우리가 뭔가 놓치는 게 없을까요?" 또 그 보고서를 통해서는 회사의 상황을 정확하게 이해할 수 없다고 주장하는 이들도 있었다. 그들은 사람들의 이해를 '보충'하기 위해 몇 가지 숫자를 추가하자고 임원들에게 제안했다. 그래서 고위급 임원들은 더 많은 지표들을 보고서에 포함시켜 보다 상세하게 회사의 현황을 들여다볼 수 있도록 하라고 지시했다. 그들은 일자리를 잃지 않기 위해, 또는 승진에서 누락되지 않기 위해, 이런 식으로 스스로를 똑똑해 보이게 만들고 동료들에게 깊은 인상을 주는 길을 택한 것이다.

하지만 그 때문에 모든 것이 달라졌다. 더 많은 정보, 더 많은 색깔, 더 많은 데이터가 보고서를 메우기 시작했다. 그로부터 6개월쯤 지나자 보고서는 쓸모없는 천덕꾸러기로 전락했다. 보고서 작업을 하는 직원들은 글자 크기를 줄여 모든 숫자가 해당 페이지 안에 들어가도록 만들어야 했다. 이 보고서를 통해 회사의 전반적인 상황을 파악하기는 불가능했다. 심지어 제대로 해독하기조차 어려웠다. 회사의 임원들이 자초한 악몽이었다.

두려움의 정서는 이른바 '더 많은 것을 추구하는 사고방식'으로 이어져 결국 복잡성을 악화시키는 결과를 낳는다. 이는 어느 기업에서나 흔히 볼 수 있는 현상이다. 우리는 '더 많은 것'이 '더 좋다'고 믿는다. 그러므로 더 많은 권력, 더 많은 명예, 더 많은 통제력, 더 많은 소득, 더 많은

심플, 강력한 승리의 전략

책임을 추구한다. 우리는 성공에 만족하지 않고 더 높은 시장점유율을 원한다. 자신이 뭔가를 충분히 가졌다는 사실을 결코 인정하지 않으며, 여전히 경쟁자들에게 회심의 일격을 날려 그들을 굴복시킬 방법을 찾는다. 배고픈 자만이 살아남는다는 생각에, 자신이 이미 충분한 권력과 돈과 명예를 가졌음에도 불구하고, 더 많은 것을 끊임없이 지향한다. 그리고 나보다 더 많이 가진 사람을 부러워한다. 하지만 우리가 더 많은 것을 찾아 여기저기 문을 여닫을 때, 문틈으로 복잡성이라는 문제가 비집고 들어온다는 사실을 잊어서는 안 된다.

우리가 '더 많은 것'을 향한 추구에 너무 집착하다 보면 생각보다 덜 복잡해 보이는 대상에 대해 의심의 눈초리를 보내게 된다. 다시 말해, 어떤 문제에 대한 해결책이 너무 빠르고 간단하면 우리는 그 방법이 효과가 없을 거라고 지레짐작한다. 또는 그 해결책에 우리가 지급한 비용만큼의 가치가 없다고 여긴다. 전설적인 CEO 잭 웰치Jack Welch는 이렇게 말했다. "사람들은 단순함이 어렵다는 사실을 믿지 않으며, 단순하게 산다는 사실 자체를 두려워한다. 자신이 단순한 삶을 산다면 남에게 멍청한 사람으로 비치지 않을까 염려하는 것이다. 물론 현실에선 그 반대다. 확고하고 강인한 정신력을 지닌 사람들이야말로 가장 단순하게 살아간다."

한 자물쇠수리공 역시 사람들이 '더 많은 것'을 가치 있다고 생각하는 현상 때문에 골치를 앓았다. 그는 긴 세월 동안 수많은 자물쇠를 다뤘기 때문에 자물쇠를 고치는 일에는 달인이었다. 아무리 복잡한 자물쇠라도 순식간에 고칠 수 있었다. 하지만 손님들은 그 점을 별로 달가워하지 않았다. 저렇게 금방 해내는 일에 왜 그렇게 많은 돈을 내야 하지? 아무나 할 수 있는 일 아냐? 그래서 이 문제를 해결할 방법을 찾아냈다. 그는 간단히 끝낼 수 있는 자물쇠 수리라도 일부러 필요 없는 작업을 하며 적당히 시간을 끌었다. 그럼으로써 그 일을 위해서 정말로 전문적인 능력이 필요하다는 느낌을 손님들이 갖도록 했다. 그는 왜 그래야 했을까? 사람들은 '더 많은 것(더 많은 시간, 더 많은 전문성, 더 많은 복잡성)'에 가치를 느낀다. 그러므로 수리공이 자물쇠를 고치는 일에 몇 분을 더 소비하면, 자신들이 비로소 그 가치를 얻었다고 생각하는 것이다.

복잡성 제거하기

╲

앞서 살펴본 대로, 복잡성은 대부분 우리 스스로 만들어내는 골칫거리다. 하지만 이 문제에 손을 쓰지 않고 수십 년을 그대로 방치하면, 때에 따라 수십억 달러를 공중에 날리는 일이 발생할 수도 있다. 복잡성이 얼마나 큰 문제를 야기할 수 있는지 극명하게 보여주는 사례 가운데 하나가, 전설적인 B-52 폭격기를 다른 기종으로 대체하려고 미국 정부가 헛된 노력을 쏟아부은 일이다.

B-52는 〈사랑의 오두막Love Shack〉이라는 노래를 부른 뉴웨이브밴드의 이름으로만 유명한 것이 아니다. '하늘을 나는 요새Stratofortress'라는 공식 명칭이 붙은 이 폭격기는 1952년에 처음 등장했다. 그로부터 4년 후에 수소폭탄을 투하한 최초의 폭격기가 됐으며, 50년 후에는 레이저 유도 폭탄을 처음 떨어뜨린 폭격기라는 영예를 얻었다. 가장 최근에 제작된

심플, 강력한 승리의 전략

B-52는 케네디 행정부 시절에 만들어졌다. 이 폭격기는 미 공군을 대표해 여전히 임무를 수행하고 있다.

왜 B-52는 세계 역사상 최강의 군대인 미군에서 가장 오래된 장거리 폭격기의 위상을 유지하고 있을까? 물론 이 비행기의 내구성이 훌륭하다는 사실은 분명하다. 하지만 그보다 더 중요한 이유는, 그동안 B-52를 대체하기 위해 설계됐던 비행기들이 실전에 투입하기엔 너무 복잡하다고 판명되는 일이 반복됐기 때문이다. 〈뉴욕타임스〉는 2015년에 다음과 같이 보도했다. "이 폭격기가 아직 제작되고 있을 때부터 국방성 관리들은 이를 다른 기종으로 대체하려는 계획을 수립했다. 하지만 그 계획들은 모두 자체적인 복잡함 때문에 무산됐다. 첫 번째는 공중에서 수주일 머무를 수 있는 핵 추진 폭격기였지만, 방사능 유출 문제가 제기됐다. 그리고 다트 모양의 날개를 부착한 초음속 폭격기 B-58이 등장했지만 안정성이 부족해 사고가 잦았다. 그 후에 더욱 빠른 B-70 폭격기가 나왔다. 이번에는 유독성 배기가스를 배출하는 문제가 발목을 잡았다."

마지막 B-52가 제작된 지 4년 후에, 전문가들은 이 기종의 퇴역 시기를 1975년으로 예상했다. 하지만 미군은 1975년에도 이 폭격기와 동일한 임무를 수행할 수 있는 새로운 기종을 내놓지 못했다. 레이건 행정부 시절에 각광을 받았던 B-1 폭격기의 초기 모델은 1985년의 시험비행에서 하늘을 나는 데 실패함으로써 행사장에 모인 3만 명의 관객을 충격에 빠뜨렸다. 그 후 수십 년 동안 아무도 B-1 기종의 설계 문제를 해결하지 못했다. 또 역사상 가장 정교하게 제작된 무기라 불리는 B-2 '스텔스' 폭격기는 레이더를 피할 수 있는 기능을 탑재했지만 열이나 습기, 비 등에 취약했다. 한 대에 20억 달러에 달하는 이 폭격기가 처음 모습을 드러냈을 때 많은 사람이 찬사를 보냈지만, B-52가 지난 60여 년 동안 수행해온 임무를 대신하기에는 내구성이 떨어졌다.

핵심은 바로 이것이다. 무슨 일이든 너무 복잡하면 목표를 이루지 못한다. 미 공군이 2040년까지 B-52를 연장 사용하기로 한 이유는 '최소한으로, 이해할 수 있게, 반복적으로, 접근하기 쉽게' 이 기종을 대체할 폭격기를 제작하는 일에 수십 년 동안 실패했기 때문이다.

미국 정부가 복잡성의 문제를 지니고 있다는 사실은 별로 새로운 소식이 아니다. 그리고 이는 모든 개인과 조직에서도 다를 바가 없다. 비록 그 문제가 수십억 달러를 지출하게 하고 수십 년을 허비하게 만들 만큼 중대하지는 않더라도, 복잡성은 우리에게 많은 비용을 요구하며, 날이 갈수록 문제를 악화시킨다. 당신이 복잡성의 해악을 지속시키는 데 일조하고 있는 이유는, 당면한 문제를 해결하려는 욕구와 함께 당신의 두뇌, 인식, 그리고 정서가 함께 작용하기 때문이다.

이제 뭔가를 해야 할 때다. 단순화를 받아들이기 위한 첫 번째 단계는 '나 자신'을 보다 면밀히 관찰하는 것이다. 심호흡을 하고 다음 페이지를 넘겨보라. 당신이 대답해야 할 질문들이 준비되어 있다.

심플, 강력한 승리의 전략

3장

복잡성 측정하기

가장 중요한 일이
가장 중요하지 않은 일에 좌우되어서는 안 된다.

— 요한 볼프강 폰 괴테 Johann Wolfgang von Goethe —

지금까지 사람들이 복잡성을 만들어내는 여러 가지 요인을 살펴봤으니, 이제 당신 자신의 이야기를 해보자. 아마 당신은 이 책의 앞부분에 나온 이야기를 읽고 '맞아, 우리 회사에도 그런 일이 있었어'라고 생각했을지 모른다. 하지만 당신이 속한 조직에 정말 복잡성의 문제가 존재하는가 하는 질문은 너무나 중요하기 때문에 단지 몇 개의 단편적인 경험을 바탕으로 답변할 수는 없다. 일단 자신의 경험을 솔직하고 객관적으로 돌이켜보라. 그리고 자문해보라. 나에게 복잡성의 문제가 있는가? 우리 회사는 불필요한 복잡성의 폐해에 시달리는가? 복잡성은 어느 영역에서 가장 심각한가?

이 질문에 답하기 위해서는, 먼저 회사 내에서 발견되는 다양한 경고의 징후들을 유심히 관찰할 필요가 있다. 일례로 '현상 유지'의 사고방식이 그중 하나다. 당신 회사에서는 어떤 사람이 새로운 아이디어를 제시하면, 그 아이디어가 현실성이 없는 이유를 모든 사람이 앞다퉈 이야기하는가? 그들은 "그건 효과가 없을 거야"라든가 "그건 불가능해, 우리가일해온 방식과 다르니까"라고 말하는가? 새로운 아이디어를 내놓으려는 사람이 점점 줄어드는가? 그 이유가 어차피 참신한 발상을 제시해도조직에서 제대로 평가받지 못할 거라는 냉소적 심리 때문인가?

물론 이런 견고한 전통주의적 분위기가 복잡성 문제의 직접적인 증거는 아닐지 모르지만, 한번 냉정하게 생각해보라. 조직을 구성하는 요소들이 기존의 전통과 강하게 결합되어 있으면 이를 떼어내기가 매우 어렵다. 변화에 저항하는 조직일수록 프로세스나 규칙이 많다. 물론 그것들도 처음에는 조직의 목표를 달성하는 데 유용한 도구였겠지만 더 이상은 그렇지 못한 경우가 대부분이다. 이런 쓸모없는 프로세스와 규칙은매일의 업무에 압박을 주고 복잡성을 불러일으킨다. 그 본래의 의미와목적이 유명무실해졌기 때문이다.

또 하나의 경고 표시는, 시작은 요란하지만 결과는 보잘것없는 사업계획들이 도처에서 출몰하는 현상이다. 예를 들어, 최근에 어느 대형 금융기관은 100만 달러를 들여 전사적으로 '혁신 추진' 시스템을 구축했다. 조직 간에 단절된 분위기를 지양하고 부서의 경계를 넘어 다양한 아이디어를 유도하려는 목적이었다. 하지만 직원들 가운데 이 시스템의 존재를 아는 사람은 전체의 50퍼센트에도 미치지 못했다. 더욱이 이 시스템을 통해 새로운 아이디어를 제안하는 방법을 익힌 직원은 고작 1퍼센트에 불과했다. 그 이유는 무엇인가? 회사가 이 시스템의 사용을 장려하기 위해 직원들을 대상으로 홍보하고 교육하는 일에 예산을 배정하지 않았기 때문이다. 왜 그랬을까? 시스템이 너무 복잡하게 만들어졌기 때문이다. 다시 말해, 시스템을 구축하는 데 돈과 노력을 집중하다 보니, 정작 그 시스템을 '사용할 수 있게' 만드는 일은 간과한 것이다. 하지만 이 회사의 혁신 담당 부서는 의도했던 투자수익률ROI을 달성하는 데 실패했음에도 불구하고 이 시스템 구축 사업을 성공사례로 발표했다.

위에서 살펴본 두 가지 현상 외에도 복잡성의 문제가 존재한다는 사실을 드러내는 몇 가지 경고 표시는 다음과 같다.

- **너무 많은(또는 너무 긴) 결재 프로세스**: 별로 중요하지 않은 의사결정에 몇 주 또는 몇 달이 걸리거나, 직원들이 누구에게 결재를 받아야 할지 모르는 상황이 자주 발생하면 그 조직은 복잡성의 문제에 시달리고 있을 가능성이 높다. 훌륭한 아이디어는 신속하게 받아들여지고 현실화되어야 한다.
- **좌절한 고객들**: 어떤 회사의 제품을 좋아해서 오래 사용한 고객들조차 그 회사와 일하기가 어렵다는 불만을 지속적으로 제기한다면, 그 조직은 십중팔구 고객들에게 불필요한 복잡성을 강요하고 있을 것이다. 실험을 해보라. 동료들에게 "우리는 보다 고객중심적인 접근방식이 필요해"라고 이야기해보는 것이다. 그들은 눈만 껌뻑거리고 앉아 있지 않은가?
- **과도한 협업**: 당신이 같은 일을 여러 번 반복해야 하는 이유는 회사의 시스템에 부서 간 호환성이 부족하기 때문인가? 다른 부서에서 자기

들 입장에서만 업무를 편하게 수행할 수 있는 시스템을 도입한 경우가 있는가? 물론 어느 정도의 협업은 필요하지만, 부서 간의 협업에 너무 많은 시간이 소요되는 것은 과도한 복잡성의 증상 중 하나다.

• **너무 잦은 규칙 변경:** 당신 회사의 직원들은 얼마나 자주 새로운 내부 규정에 대한 지침을 받나? 법률부서는 영업이나 마케팅과 관련한 직원들의 업무에 얼마나 정기적으로 관여하나? 직원들은 자신이 어린 아이처럼 관리받는다고 느끼나? 물론 모든 기업은 변화하는 시장에 적응하기 위해 표준 운영 절차를 지속적으로 경신해야 한다. 하지만 회사의 정책이 스마트폰 앱처럼 지나치게 자주 바뀌지는 않는지 주의해서 살펴보라.

• **난해한 업무:** 당신의 회사나 팀은 얼마나 원활하게 업무를 진행하나? 만일 기본 사무용품을 요청하는 데 20페이지의 서류를 작성해야 한다거나, 모든 사람이 자신만 아는 용어를 사용하면서 대화한다면, 또는 모든 법률문서가 30페이지 정도의 두께에 깨알 같은 글씨로 인쇄되어 있다면, 당신 조직의 업무 흐름은 복잡성이라는 오물로 꽉 막혀 있는 것이다.

• **수수께끼 같은 규칙:** 당신 회사의 직원들은 특정한 규칙, 프로세스, 업무 절차의 존재이유를 설명하는 데 어려움을 겪나? 물론 조직의 운영 방식에 다소 혼선이 있다든가, 또는 관리자들이 직원들과 제대로 소통하지 못하고 있을 수도 있다. 하지만 더 중요한 원인은 그 규칙, 프로세스, 업무 절차가 더 이상 존재할 이유가 없기 때문일 것이다. 다시 말해, 그것들은 오직 복잡성을 불러일으키는 요소일 뿐이다.

심플, 강력한 승리의 전략

- **약어의 전시회:** 당신이 일하는 회사에서는 대화 중에 온갖 약어_{略語}가 난무하는가? 당신이나 동료들은 그 약어들의 절반도 이해하기 어려운가? 게다가 수많은 전문용어들은 또 어떤가? 모든 비즈니스 대화가 애매모호한 상투적 단어들로 이루어져 있나? 그렇다면 이미 복잡성이 당신 일터의 곳곳에 잠복해 있다고 봐도 무방하다.

자신이 일하는 회사에서 위와 같은 경고 표시를 포착한 사람이라면 누구나 이 현상들을 보다 체계적이고 심도 있게 파악해보고 싶을 것이다. 우리 회사는 그런 사람들을 위해 조직의 복잡성을 진단할 수 있는 조사 도구를 만들었다. 즉, 사업부나 회사를 이끄는 비즈니스 리더들이 조직 내에 복잡성이 존재하는지, 그 원인은 무엇인지, 복잡성을 제거하거나 줄이려면 어떻게 해야 하는지 이해하는 데 도움을 줄 목적으로 이 방법론을 디자인했다. 우리는 이 도구 개발의 첫 번째 단계로, 우선 조직에 잠복해 있는 복잡성의 정체를 밝혀줄 질문들의 목록을 작성했다. 그 과정에서 두 종류의 복잡성, 즉 '조직적 복잡성'과 '개인적 복잡성'을 구별하는 일이 대단히 중요하다는 사실을 깨달았다.

조직적 복잡성은 정책이나 규정에 따라 좌우되는 업무영역들, 또는 두 개나 그 이상에 해당하는 하위 조직들에 영향을 미치는 복잡성이다. 그에 비해 개인적 복잡성은 특정한 개인(예를 들면 5시간 동안 회의를 주재하거나 불필요한 이메일을 수없이 보내는 사람)이나 단일 사업부서가 만들어내는 복잡성과 관련된다.

처음에 우리는 OX 형식의 질문들을 개발했다. 하지만 그런 흑백론적 접근방식으로는 조직의 실상을 정확하게 파악하기 어렵겠다는 생각이 들었다. 우리는 특정한 복잡성 현상이 심각하고 영속적인 문제인지, 아니면 간단하고 일시적인 문제인지 구분할 수 있는 방법을 찾았다. 그래서 설문 응답자가 이도저도 아닌 어중간한 답변을 하지 않도록 측정값을 4단계(0=지속적으로 단순함, 1=가끔 단순함, 2=별로 단순하지 않음, 3=전혀 단순하지 않음)로 구성했다.

이 분석 설문지는 복잡성의 요인을 간단히 살펴보고자 하는 사람, 또는 조직에서 이 문제를 제대로 뿌리뽑기 위해 심도 있는 해결책을 찾는 사람 모두에게 도움이 될 것이다. 또한 스타트업이든 다국적 기업이든 규모에 상관없이 모든 조직에 적합한 분석방법이라고 믿는다. 이 설문지는 복잡성을 야기하는 개인적 습관이나 조직적 문제가 무엇인지 파악할 수 있는 도구이며, 모든 직급의 직원이 사용할 수 있도록 설계되었다. 복잡성 진단 설문 도구를 전부 완료하는 데는 3~4시간 정도 소요되겠지만, 조직에서 가장 중요한 문제가 무엇인지 파악하기 위해서라면, 그 정도 시간을 투자할 가치가 충분하다는 사실에 모두 동의할 것이다.

1단계, 설문지 작성하기 (20분)

동료들과 회의를 하기 일주일 전에 먼저 설문지(94~98쪽)에 대한 답변 작성을 완료한다(어렵다면 회의를 할 때 작성해도 무방하지만, 귀중한 시간을 허비할 수도 있다). 설문지에서 분류된 하위 카테고리들(법무, 인사, 제품/서비스 등등)은 대부분의 조직에서 복잡성이 자주 발견되는 영역이다. 조사

심플, 강력한 승리의 전략

에 참여한 사람들은 자신의 개인적인 의견이나 자신이 속한 사업부 및 팀의 견해를 바탕으로 각각의 질문에 답한다. 예를 들어, '우리 조직에서는 단순화에 대한 논의가 진행되고 있으며, 구성원들이 단순화를 기대한다'라는 질문에 대한 솔직한 답이 '별로 그렇지 않다'라면, 그 질문의 '별로 그렇지 않다' 칸에 2라는 점수를 기재한다. 만일 그 질문이 자신의 팀에 해당되지 않는다면 '전혀 그렇지 않다' 칸에 '해당 없음'이라고 적는다. 하지만 전체적으로 '해당 없음' 답변은 5개 이하인 것이 바람직하다. 조사 참여자들은 자신이 매일 경험하는 업무환경을 생각하며 질문에 허심탄회하게 답변해야 한다.

2단계, 점수 집계 및 분석하기 (10분)

각 항목의 점수를 카테고리별로 합산하고('해당 없음'은 0점) 카테고리 점수를 모두 더해 총 합계를 낸 후, 다음의 내용을 참고해서 당신 조직의 복잡성을 분석해보라.

• **0점:** 매우 단순화된 상태. 축하한다! 당신의 조직은 복잡성의 문제에 시달리지 않는 건강한 조직이다. 회사 전체적으로 단순화가 장려되고 이에 대한 칭찬과 보상이 이루어지며, 관리자들이 전달하는 메시지는 일관성과 진정성을 갖췄다. 중요한 일에 집중하고 목적이 불명확한 프로세스에 문제를 제기하는 자세를 계속 유지함으로써 복잡성에 대한 면역을 강화하라.

카테고리	우리는 복잡성을 중시하는가, 아니면 단순함을 중시하는가?	얼마나 자주 그러한가?				카테고리 점수
조직 영역		항상 그렇다 0	가끔 그렇다 1	별로 그렇지 않다 2	전혀 그렇지 않다 3	
비전/ 소통	1. 단순화에 대한 논의가 진행되고 있으며 직원들이 단순화를 기대한다.					
	2. 직원들은 회사의 비전과 가치를 이해한다.					
	3. 리더들의 메시지는 분명하고 진정성이 있다.					
	4. 관리자들의 메시지는 최고경영진의 메시지와 일관성이 있다.					
	5. 나는 단순화가 우리 회사의 핵심 운영 원칙이라고 믿는다.					
	6. 나는 팀 멤버들에게 단순화를 염두에 두라고 독려한다.					
조직구조	7. 우리의 조직구조는 이해하기 쉬우며, 내가 속한 사업부와 다른 사업부의 연관성을 명확하게 정의한다.					
	8. 우리의 보고체계는 나와 내 팀이 신속하게 의사결정을 내리거나 상부의 승인을 받는 데 도움이 된다.					
	9. 조직 내 여러 사업부 사이에 발생하는 협업은 생산적이다.					
	10. 내가 속한 사업부에는 중복되는 기능이 없다.					
인사	11. 나 자신과 동료들의 직무를 한두 문장으로 쉽게 설명할 수 있다.					
	12. 나 또는 내가 속한 조직이 직원을 채용할 때 과도한 승인 절차가 필요치 않다.					
	13. 나는 우리 회사가 단순화를 위해 노력한 직원에게 보상을 한다고 믿는다.					
	14. 인사고과가 간단하다.					
	15. 인사고과가 의미 있으며, 직원들이 자신의 성과를 높이는 데 도움이 된다.					
전략/ 기획	16. 우리는 한 분기 또는 그보다 이른 시간 내에 연간 전략 수립을 완료한다.					

심플, 강력한 승리의 전략

카테고리	우리는 복잡성을 중시하는가, 아니면 단순함을 중시하는가?	얼마나 자주 그러한가?				카테고리 점수
조직 영역		항상 그렇다 0	가끔 그렇다 1	별로 그렇지 않다 2	전혀 그렇지 않다 3	
전략/ 기획	17. 우리는 한 분기 또는 그보다 이른 시간 내에 차기 연도의 예산계획을 완료한다.					
	18. 우리는 예산 대비 비용 집행 현황을 실시간으로(보고서나 온라인 시스템을 통해) 쉽게 추적할 수 있으며, 필요하다면 계획을 조정하거나 변경할 수 있다.					
	19. 우리는 전략계획을 항상 참조하며, 이를 실제적인 운영계획과 직접 연결시킨다.					
	20. 우리는 직원의 행위와 그 결과를 평가하기 위해 균형성과평가제도 또는 이와 유사한 시스템을 활용한다.					
	21. 나와 내 팀이 수행한 단순화 노력은 분명한 측정 기준에 따라 평가받는다.					
법무	22. 법무부서는 나와 내 팀의 업무에 도움이 된다.					
	23. 우리 회사의 계약서는 이해하기 쉽다.					
	24. 우리 회사의 계약서는 길이가 적절하다.					
	25. 법무부서는 필요한 경우 문서를 수정할 수 있는 융통성을 부여한다.					
	26. 법무부서는 계약서나 기타 법률적 문서(기밀유지협약서, 인수합병문서 등)를 검토하는 기한을 지킨다.					
운영 및 관리	27. 나의 직무수행 능력은 회사의 업무적 규칙으로 인해 저하되지 않는다.					
	28. 우리는 중복되거나 불필요한 정책을 파악하고 제거하는 일에 적극적이다.					
	29. 우리 회사의 비용 결재 단계는 합리적이다. 관리자들은 비용 승인처럼 중요하지 않은 일에 시간을 낭비하지 않는다.					
	30. 특정한 사항(직원 채용, 운영 경비 등)에 대해 일단 관리자의 승인을 받았으면, 같은 사안에 대해 다시 결재를 요청할 필요가 없다.					

카테고리	우리는 복잡성을 중시하는가, 아니면 단순함을 중시하는가?	얼마나 자주 그러한가?				카테고리 점수
조직 영역		항상 그렇다 0	가끔 그렇다 1	별로 그렇지 않다 2	전혀 그렇지 않다 3	
운영 및 관리	31. 회사의 의사결정 프로세스는 확실하고 신속 하며, 결재 단계가 과도하지 않다.					
	32. 나는 어떤 일을 처리하는 방법이 확실하지 않을 때, 관련된 정보나 지원을 받는 방법을 정확하게 알고 있다.					
	33. 우리 회사의 기술 지원 프로세스는 쉽고 명 확하며 효과적이다.					
	34. 나는 직원들에게 보고서, 계약서, 프로세스 등을 최대한 표준화해서 효율성 및 적용범위 를 극대화하라고 독려한다.					
	35. 우리 사업부가 관리하는 공급업체의 수는 적 절하다.					
	36. 우리 회사의 고객들이 제기하는 불만사항들 은 대체로 적절한 시간 내에 해결된다.					
제품/ 서비스	37. 우리 회사의 제품개발부서나 연구부서 인력 들은 단순화를 염두에 두고 프로젝트를 수행 한다.					
	38. 우리는 제품개발 과정에서 고객의 입장을 무 엇보다 우선적으로 반영한다.					
	39. 우리는 새로운 제품이나 서비스 개발 계획을 검토해서 개발 효과가 불투명하거나 사업 목 표와 무관한 프로젝트가 있으면 폐기한다.					
	40. 우리 회사가 제공하는 제품이나 서비스의 수 는 적절하다.					
	41. 우리 회사는 기존의 제품과 서비스 중 성과 를 내지 못하는 영역은 제거한다.					
	42. 우리 회사의 제품개발 조직에서는 새로운 제 품, 서비스, 기능 등에 대해 직원들이 의견을 제시할 수 있다.					
	43. 우리 부서나 제품개발 조직은 자신들이 어떤 방향으로 특정 제품, 서비스, 기능 등을 개발 하기로 결정했는지 분명히 밝힌다.					

심플, 강력한 승리의 전략

카테고리	우리는 복잡성을 중시하는가, 아니면 단순함을 중시하는가?	얼마나 자주 그러한가?				카테고리 점수
개인 영역		항상 그렇다 0	가끔 그렇다 1	별로 그렇지 않다 2	전혀 그렇지 않다 3	
회의	44. 내가 일주일 동안 생산적이지 못한 회의나 전화에 낭비하는 시간은 전체 근무시간의 20퍼센트 미만이다.					
	45. 나는 내 팀원들에게 단순화를 지향하면서 업무에 임하라고 독려한다.					
	46. 내가 주관하거나 참석하는 회의는 제시간에 시작하고 끝난다.					
	47. 내가 속한 부서에서 진행되는 회의는 분명한 목적과 안건이 있다.					
	48. 내가 참석하는 회의에는 꼭 필요한 사람만 참석한다.					
	49. 나는 회의 초대를 거절하거나 다른 사람을 대신 참석시키는 일이 불편하지 않다.					
이메일	50. 내가 업무 때문에 수신하는 이메일이나 인스턴트 메시징의 수는 적절하다.					
	51. 나에게 이메일을 보내는 사람은 꼭 필요한 사람만 수신자로 지정한다.					
	52. 우리 팀에서 보내는 이메일은 간결하고 명확하다.					
보고서	53. 내가 작성하는 보고서는 분명한 목적과 가치, 그리고 조직에 대한 통찰이 있다.					
	54. 우리가 작성하는 보고서의 수와 빈도는 적절하다.					
	55. 우리 부서에서 작성하는 보고서에 필요한 데이터는 쉽게 얻고 정리할 수 있다.					
프레젠테이션	56. 우리가 작성하는 파워포인트 또는 기타 발표용 자료의 수는 적절하다.					
	57. 우리가 작성하는 파워포인트 또는 기타 발표용 자료는 팩트 중심의 간결한 데이터를 시각화하기 때문에 이해하기 쉽다.					

카테고리	우리는 복잡성을 중시하는가, 아니면 단순함을 중시하는가?	얼마나 자주 그러한가?				카테고리 점수
개인 영역		항상 그렇다 0	가끔 그렇다 1	별로 그렇지 않다 2	전혀 그렇지 않다 3	
프레젠 테이션	58. 우리가 작성하는 파워포인트 또는 기타 발표용 자료는 간결하기 때문에, 토론을 하거나 향후 계획에 대해 생각할 시간이 충분하다.					
	59. 나는 우리가 작성한 프레젠테이션이 시간을 투자할 가치가 있는 자료라고 생각한다.					
시간 관리	60. 우리 회사는 직원들에게 문제를 해결하고 고객의 요구를 만족시키기 위한 현명한 해결책이나 시간 절약 방법을 찾으라고 독려한다.					
	61. 우리 회사는 문제를 해결하고 고객의 요구를 만족시키기 위한 현명한 해결책이나 시간 절약 방법을 찾은 직원에게 보상을 한다.					
	62. 우리 회사는 업무를 빨리 진행하려는 목적으로 불필요한 위기감을 조성하거나 거짓된 마감시간을 설정하지 않는다.					
	63. 나는 바쁘기만 하고 쓸모없는 일을 할 필요가 없다. 내가 바쁜 이유는 무언가 의미 있는 일을 하기 때문이다.					
2단계: 카테고리 점수 합산	• 각각의 카테고리별 점수를 합산해서('해당 없음'은 0점으로 계산) 맨 오른쪽 칸에 기재하라. 그리고 카테고리 점수를 모두 집계해서 분석에 활용하라. • 당신이 집계한 총점을 바탕으로 다음의 분석 내용을 살펴보라.					총점:

• **1~20점:** 단순화의 여지가 있음. 당신의 회사는 대체로 원활하게 기능하고 있지만, '전혀 그렇지 않다' 또는 '별로 그렇지 않다'는 답변이 나온 일부 영역 때문에 전체적인 생산성이 저하되거나 직원들의 사기에

심플, 강력한 승리의 전략

부정적인 영향이 초래되고 있다. 상황이 더 악화되기 전에 3단계를 진행하라.

- **21~50점:** 복잡함. 당신 회사의 하나 또는 그 이상의 영역에 복잡성으로 인한 병목현상이 존재한다. 뭔가 조치를 취하지 않으면 더 많은 곳으로 전파될지도 모른다. 당신 조직의 운영은 과도한 정책과 프로세스로 인해 제약을 받는다. 또 최고경영진과 직원들 사이에 단절이 발생되고 있을 가능성이 크다. 3단계를 진행하면서 복잡성이 존재하는 영역을 정확하게 파악해보라.

- **51~70점:** 매우 복잡함. 고위급 경영진과 관리자들이 현실에 안주하려는 마음가짐에 사로잡혀 있으며, 회사의 핵심 가치는 좌절, 공포, 무기력함 같은 요소들에 점령당했다. 회의나 메시지 전달, 그리고 직원 채용이나 기술 지원을 포함해 회사에서 이루어지는 모든 업무가 매우 복잡하다. 3단계를 진행함으로써 치유책을 찾아보라.

- **71점 이상:** 극도로 복잡함. 당신의 조직은 복잡성으로 마비된 상태다. 회사의 모든 영역이 복잡성의 영향을 심각하게 받고 있다. 그로 인해 조직 내에서 엄청난 자원이 낭비되지만, 직원들은 현재 상황을 유지하라고 교육받는다. 조직의 일부 분야만이 겨우 기능을 수행하는 상황에서, 회사는 도산이나 인수합병의 위험에 빠지기 십상이다. 복잡성이라는 질병을 원천적으로 치료하려면 서둘러 3단계를 진행하라.

점수가 높을수록 해당 사업부나 회사 전체가 복잡하다는 증거다. 응답자에 따라 점수의 편차가 있을 수 있지만, 특정 질문에 점수가 부여됐다는 사실 자체가 해당 영역에 문제가 존재한다는 점을 말해준다. '가끔 그렇다'나 '별로 그렇지 않다' 같은 답변들 때문에 특정 카테고리의 점수가 높아지는 경우도 바람직하지는 않지만, '전혀 그렇지 않다'는 대답이 반복적으로 나오는 상황은 훨씬 심각하다. 이는 해당 영역의 비즈니스가 심각하게 마비되어 있다는 의미이기 때문이다. 3단계와 4단계에서는 가장 높은 점수가 나온 카테고리를 집중적으로 검토하고, 5단계에서는 보다 철저한 관심을 기울일 필요가 있는 '전혀 그렇지 않다' 항목에 초점을 맞춘다.

3단계, 점수가 높은 카테고리 파악하고 토론하기 (20분)

이제 당신의 조직에 대한 평가가 완료됐으니, 가장 점수가 높은 세 카테고리를 골라 나열해보라. 그리고 팀장을 한 명 뽑아 팀의 응답을 분석해서 다음의 질문에 답하게 하라.

- 가장 높은 점수를 받은 세 카테고리에 대해 모든 사람의 의견이 일치하는가? 만일 그렇다면 그곳이 당신 회사에서 가장 복잡성이 심한 영역이다.
- 만일 그렇지 않다면, 사람들의 의견은 각각 어떻게 다른가? 앞으로 가장 집중해서 복잡성의 문제를 해결할 영역이 결정될 때까지 토론을 계속하라.

심플, 강력한 승리의 전략

4단계, 핵심적인 문제 파악하고 토론하기 (60~90분)

앞서 진행한 단계를 통해 파악된 세 카테고리에서 '전혀 그렇지 않다' 또는 '별로 그렇지 않다'는 응답이 나온 항목들이 무엇인지 파악하고, 그 항목들에 복잡성을 야기한 핵심적인 원인에 대해 토론하라.

어떤 카테고리도 다른 카테고리에 비해 더 중요하거나 덜 중요할 수는 없다. 단순화의 문제는 조직 전체 차원에서 논의되어야 한다. 어떤 한 부서에 국한된 복잡성이라도 이를 방치하면 회사 전체에 심각한 영향을 초래할 수 있다. 때로는 사소한 일들(예를 들어, 회의나 이메일 등)이 큰 문제로 작용하기도 한다. 사실 일상적인 업무를 수행하는 데 점점 더 많은 시간이 소요되도록 만드는 문제가 직원들의 사기를 훼손하는 주범인 경우가 많다.

5단계, 문제의 해결책 토론하기 (60~90분)

이번에는 가장 높은 점수를 받은 10개의 질문을 골라보라. '전혀 그렇지 않다' 또는 '별로 그렇지 않다'는 대답을 '항상 그렇다'로 바꾸기 위해서는 어떤 해결책이 필요할까? 복잡성을 제거할 방안을 논의할 때는 다음 사항들을 염두에 두라.

- 우리가 즉시 해결할 수 있는 문제는 무엇인가?
- 만일 문제를 제거할 수 없다면, 어떻게 최소화하거나 줄일 수 있을까?

- 문제가 되는 업무를 외부에 아웃소싱할 수는 없을까? 아니면 비슷하거나 관련이 깊은 다른 업무들과 통합할 방법은 없을까?
- 어떻게 하면 이 문제를 효과적으로 해결해서 보다 빠른 시간 안에 결과물을 만들어낼 수 있을까?

현장에 적용하라

우리 팀은 이 복잡성 진단 설문지의 초안을 디자인한 후 여러 차례 수정하고 점검했다. 또 많은 고객과 전문가들에게 의견을 요청했다. 그리고 이 설문지를 업무현장에 실험적으로 적용하는 단계를 밟았다. 우리는 이 도구가 개인과 조직에 만연한 복잡성의 숨겨진 원천을 파헤치는 데 조금이라도 도움이 되기를 원했다. 우리가 실험을 통해 파악한 결과는 매우 놀라웠다.

이 설문지를 처음 실험한 조직 중 하나는 어느 대형 다국적 기업의 제품부서였다. 이 회사가 속한 산업분야는 정부의 규제가 매우 심한 영역이었다. 복잡성 진단 설문조사의 결과, 이 기업에는 수많은 '조직적' 복잡성이 존재한다는 사실이 드러났다. 복잡성은 기업문화에서부터 인사, 그리고 IT에 이르기까지 조직 전체에 퍼져 있었다. 그중에서도 정부 규정 준수에 관한 업무영역은 특히 심각했다.

놀라운 사실은 회사의 어느 누구도 조직적 복잡성의 문제가 뭔가 싸워서 해결해야 할 사안이라는 생각을 하는 사람이 없었다는 점이다. 실험에 참가한 그룹의 직원들은 질문에 답을 하면서 눈알을 굴리고 한숨을 쉬었다. 그리고 질문의 주제가 바뀔 때마다 "전부 우리 얘기네요"라고 말했다.

어떤 사람은 이렇게 불만을 이야기하기도 했다. "무슨 업무든 법무부서에서 만들어주는 계약서는 모두 50페이지가 넘어요. 왜 그래야 할까요? 변호사는 언제나 매사를 철저하게 하는 게 자기들 일이라고 말해요. 계약서가 그런 내용으로 만들어지는 데는 그만한 이유가 있다는 거죠. 그 사람들이 단순하게 일하도록 만들기는 불가능할 것 같아요."

이 실험에 참여한 직원들은 현재의 상황을 변화시키려면 엄청난 돈과 에너지가 필요하다고 생각했다. 또한 그럼에도 불구하고 그 노력은 결국 별다른 성과를 거두지 못할 거라고 확신했다. 어떤 직원이 이렇게 말했다. "이런 상황을 바꾸려고 하는 건 바위를 산 위로 굴려 올라가는 일과 다를 바 없어요." 하지만 더 큰 문제는 직원들이 그런 시도가 성공하지 못할 거라고 생각할 뿐만 아니라, 업무를 단순화하려고 노력하면 오히려 '처벌'을 받게 될 거라고 믿는다는 사실이었다. 이는 많은 조직에서 드러나는 전형적인 문제였다. 리더들 중에 복잡성을 줄여야 한다는 의무감을 갖는 사람은 극히 드물었다. 그런 상황에서 부하직원들은 괜한 일로 평지풍파를 일으키고 싶어 하지 않았다. 오히려 업무를 단순화하려는 노력이 자신의 직무를 유기하는 모습으로 비춰질까 두려워했다.

그러나 조직적 복잡성이 전부가 아니었다. 이 거대한 기업에 존재하는 가장 핵심적인 문제는 '개인적' 복잡성이었다. 설문 참여자들은 이 점에 대해 본능적으로 의견이 일치했다. 자신의 상황을 설명하며 격앙된 모습을 보이는 사람도 있었다. 예를 들어, 설문에 참여한 직원들 중 많은 수가 이메일을 양날의 칼 같은 요소라고 생각했다. 그들은 이메일이 소중한 시간과 에너지를 낭비하게 만드는 커다란 문제라는 사실을 알고 있었다. 그리고 자신들 스스로 너무 많은 이메일을 보내고 있다는 점도 인정했다. 하지만 그 직원들이 이 문제에 대해 할 수 있는 일은 무엇일까? 자신의 메일함에 들어오는 이메일에 일방적으로 답변을 보내지 않을 수는 없다. 그랬다가는 상사가 자기를 게으르다고 생각할 테니까. 그들은 영원히 빠져나갈 수 없는 쳇바퀴에 갇혀 있었다. 만일 이메일을 단순화하는 작업을 하려면, 조직의 '모든' 사람이 소통의 습관을 바꾸지 않으면 안 된다. 그러나 이 회사의 직원들은 그런 일이 절대 불가능하다고 믿었다.

이 복잡성 진단 도구를 통해 밝혀진 가장 보편적인 사실은, 직원들이 느끼는 좌절감이 대부분 '다른 사람들의 행동'에서 비롯된다는 것이었다. 너무 많은 사람이 참석하는 너무 많은 회의, 특별한 결론이나 결과도 없이 끝나는 회의, 필요하지도 않은 보고서를 급하게 제출하라는 빗발치는 요청, 빽빽한 글씨의 파워포인트 자료, 지루한 프레젠테이션, 멈추지 않는 이메일의 사슬 같은 개인적 복잡성은 설문에 참여한 직원들이 가장 많이 토론하고 하소연한 주제였다. 다시 말해, 이 문제는 조직구성원들의 사기를 저하시키는 가장 핵심적인 원인이었다. 원래는 사람들을 불편함에서 해방시키려는 목적이었던 정보의 공유, 협업, 그리고 기술이 오히려 직원들을 힘들게 만들고 있었다.

우리는 이 복잡성 진단을 다른 조직에 적용하면 어떤 결과가 나올지

심플, 강력한 승리의 전략

궁금했다. 새로 실험할 대상은 작은 기업이었다. 직원 수, 규정, 시설, 관리체계, 컴퓨터 시스템 등도 훨씬 소규모였다. 이 회사를 대상으로 실시한 두 번째 실험에서 응답자들의 대답은 판이하게 달랐다. 일단 '해당 없음'이라는 답을 한 경우가 많았다. 왜 그랬을까? 무엇보다 일부 질문이 자신의 조직에 적용되지 않았기 때문이었다. 법률적 요구사항도 많지 않았고 인사부서도 규모가 작았다.

하지만 우리는 이 조직에서도 개인적 복잡성과 조직적 복잡성이라는 괴물들이 서서히 모습을 드러내고 있음을 발견했다. 그 원인은 다름 아닌 '성장'이었다. 회사가 규모를 키워나가면서 운영 프로세스가 걷잡을 수 없이 복잡해지기 시작했다. 어떤 방식으로 일해야 할지 몰라 갈팡질팡하던 직원들은 책임에 대한 두려움 때문에 모든 일을 통제하는 자세로 일관했다. 그들은 어떤 사안이든 관련자들의 의견일치를 추구했고, 더 많은 메일을 주고받았으며, 위험을 회피하기 위해 애썼다. 또한 효율성 극대화를 위한 지침이나 프로세스를 필요로 했고, 모든 의사결정을 내리기 전에 추가적인 보고서와 데이터를 요구했다. 그 과정에서 그들은 불필요한 회의를 했고 중복되는 보고 자료를 만들었다. 한마디로, 우리의 복잡성 진단 설문지를 통해 이 작은 회사가 '무사안일주의'라는 심각한 질병에 감염되어 있다는 사실이 밝혀졌다.

이렇게 두 번의 실험을 마친 후에 우리는 한 가지 실험을 더 해보기로 했다. 바로 우리 자신에게 복잡성 진단 설문지를 적용하기로 한 것이다. 우리 회사 퓨처싱크Future Think는 직원이 17명에 불과한 작은 조직이었다. 그러므로 어느 회사보다도 복잡성의 문제를 잘 관리하고 있다는 자신이 있었다. 그러니 퓨처싱크 역시 복잡성에 시달리고 있다는 결과가 나왔을 때 우리가 얼마나 놀랐겠는가. 물론 문제가 엄청나게 심각하지는 않았지만, 우리 회사에도 부분적으로 복잡성이 존재한다는 사실은 분명했다. 프로세스도 많았고, 결재 라인도 복잡했다. 그리고 물론 회의도 너무 잦았다.

우리는 개인이나 조직 차원에서 우리 자신의 행동이 동료들에게 부담을 주는지 생각할 시간이 부족했다. 어떤 직원이 새로운 프로세스를 만들면, 비록 그로 인해 업무에 불필요한 과정이 추가된다고 해도, 관리자는 다른 직원들에게 그 프로세스를 따르라고 지시했다. 또 경우에 따라 고객이 우리 회사에 자신들의 규정을 따라달라고 요구할 때도 있었다. 고객의 규정은 대부분 매우 복잡했다. 그러나 우리는 그 고객과의 비즈니스를 완료한 후에도 그 규정을 아무 생각 없이 계속 사용하곤 했다. 그 때문에 어떤 결과가 생겼는지는 뻔한 일이다. 그 모든 이유로부터 생겨난 복잡성이 많은 직원을 불만족스럽게 만들고 있었다.

만일 당신이 여러 지역에 걸쳐 기업활동을 하는 대형 기업에서 근무한다면, 복잡성 진단 설문지는 주로 조직적 복잡성을 파악하는 역할을 할 것이다. 직원 수가 많고 활동하는 시장이 다양할수록 더 많은 인사정책이 필요하다. 또한 지켜야 할 정부 규정도 많아지고, 조직의 구조도 복잡해지며, 보고서도 늘어나고, 매일의 일상적 업무 자체가 복잡해진다. 하지만 비교적 작은 규모의 기업들도 정부의 규제가 강하게 작용하는 산업분야에 속해 있다면, 법률적 요건을 충족시키는 과정에서 매우 높은 수준의 복잡성을 경험하기도 한다.

심플, 강력한 승리의 전략

개인적 복잡성은 대기업과 소기업을 가리지 않고 어디에나 존재하지만, 특히 대기업에서 더욱 심한 위험 회피 심리, 공포, 무사안일주의가 나타나는 경우가 많다. 또 회사의 규모에 상관없이 문화적인 요소도 개인적 복잡성을 높이는 데 영향을 미친다. 예를 들어, 일부 문화권에서는 회의에 많은 사람을 초대하지 않으면 예의에 어긋나는 행위로 받아들이며, 이메일을 길게 쓰는 것을 선호하기도 한다.

지금까지 기업에 존재하는 보편적인 경향을 이야기했지만, 각각의 조직에 따라 상황은 모두 다르다. 그러므로 당신이 얼마나 복잡한 조직에서 근무하고 있는지 정확하게 측정하기 위해서는 일단 복잡성 진단 설문지를 작성하고 동료들과 함께 그 결과를 분석해보라. 그것이 가장 효과적인 방법이다.

지속적으로 진단하라

복잡성 진단은 얼마나 자주 해야 할까? 복잡성과의 싸움에서 단숨에 승리하기는 매우 어렵다. 그것은 끊임없는 도전의 과정이다. 그러므로 복잡성을 적극적으로, 그리고 완벽하게 뿌리뽑기 위해서는 적어도 12개월에 한 번 정도 복잡성 진단 설문지를 사용하는 것이 바람직하다. 당신이 복잡성 문제를 해결하기 위해 일부 영역에 단순화의 노력을 기울였다 하더라도, 다른 분야의 복잡성은 그대로 남는다. 또는 비즈니스 모델이 변하면서 새로운 형태의 복잡성이 대두되는 경우도 드물지 않다. 그러므로 가능한 한 빠른 시간 안에 조직의 모든 사람이 단순화에 대해 새로운 관점을 갖도록 만들어야 한다. 오늘날 비즈니스의 속도는 갈수록 빨라지는 추세다. 그러므로 당신의 조직이 얼마나 발전하는지 평가하는 프로세스도 함께 빨라져야 할 것이다.

이렇게 정기적인 '단순화 유지보수 작업'도 물론 중요하지만, 동시에 조직에서 벌어지는 여러 가지 사건이나 상황도 잘 지켜봐야 한다. 최근 회사의 임원이 교체됐나? 당신이 새로운 팀을 맡았나? 당신이 속한 조직이 다른 사업부 또는 회사와 합병했나? 조직의 환경이 바뀌면 새로운 프로세스, 표준, 규범 등이 생겨나기 마련이다. 그러므로 일단 '새로운 규범'이 조직에 정착되면, 조직의 어떤 영역에 복잡성이 잠복해 있는지 진단하고, 이를 어떻게 단순화할 것인지에 대해 조직구성원들과 논의를 시작해야 한다.

또한 최근 당신 회사가 업무의 일관성을 강화하기 위해 업무 절차를 개선하는 작업을 했다면, 복잡성 진단을 해볼 필요가 있다. 업무 절차 개선 때문에 의도치 않은 복잡성이 발생하는 것은 매우 전형적인 현상이다. 일례로 어느 대형 컨설팅회사는 전사적 차원에서 경비 처리 시스템을 구축했다. 이 조직의 구매부서는 그 시스템을 통해 업무의 일관성이라는 혜택을 누리게 됐다. 하지만 일반 직원들과 외부 공급자들은 이 시스템을 사용하기 위한 교육을 충분히 받지 못했다. 때문에 그들은 예전에 비해 더 많은 데이터를 입력해야 경비를 지급받을 수 있었다. 이 시스템은 직원들에게 큰 부담으로 작용했으며, 업무에 지장을 주고 많은 불만을 불러일으켰다. 만일 당신의 팀이나 조직이 이런 시스템을 도입하려고 계획 중이라면, 몇 달만 참고 우선 복잡성 진단을 해보라. 그리고 그 시스템이 과도하고 예기치 못한 복잡성을 만들어내지 않으리라는 점을 먼저 확인하기를 권한다.

마지막으로 당신이 언제라도 복잡성에 대한 논의가 필요하다고 느낄 때 복잡성 진단 설문지를 활용하라. 설문을 통해 도출된 결과는 귀중한 '증거'로 활용될 수 있으며, 당신은 이를 통해 조직에 복잡성이 존재한다는 사실, 더구나 '특정' 영역에서 그 문제가 심각하다는 사실을 상사에게 설득할 수 있다. 또한 회사의 경영진을 대상으로 복잡성 진단 설문을 실시한다면, 복잡성의 문제를 논의하는 데 필요한 공통적 언어와 개념을 그들에게 심어줄 수 있을 것이다.

언젠가 나는 어느 다국적 제약회사의 임원들을 대상으로 리더십 교육을 진행하면서, 7개국의 시장에서 활동하는 200명의 참석자들에게 그들의 복잡성 문제에 대해 질문했다. 나는 복잡성이라는 주제를 꺼내기 위해 먼저 복잡성 진단 설문지를 활용했다. 참석자들은 이 진단 과정을 통해 복잡성이라는 주제에 대해 새로운 인식을 갖게 됐다. 그들은 예전에도 조직 내에 복잡성이 존재한다는 사실을 인지하고 있었지만, 동료들과 그 주제에 대해 논의할 수 있는 공식적인 기회가 없었기 때문에 의견을 모을 방법도 없었다. 이 회사의 리더들은 이제 '복잡성 문제'에 대해 모호한 용어를 사용하는 대신, 복잡성의 구체적인 카테고리와 이를 개선할 수 있는 방법에 관해 토론할 수 있게 됐다.

지금 당장 문제에 맞서라

＼

이 장의 목적은 당신이 속한 조직의 복잡성 문제를 파악하는 데 도움을 제공하는 것이다. 자신의 복잡성을 알아내는 작업이 얼마나 중요한지 이해하려면 다음 이야기에 귀를 기울여보라. 지난 수십 년 동안 수많은 기업가가 실리콘밸리로 모여들었지만, 사실 새너제이에서 샌프란시스코로 이어지는 이 지역이 원래부터 기술세계의 중심이었던 것은 아니다. DEC나 왕Wang 같은 기업이 기술혁신을 주도하던 때만 해도 컴퓨터산업의 중심지는 보스턴의 루트128Route 128(보스턴시 외곽을 지나는 국도명이자 보스턴 지역의 첨단산업단지를 가리키는 이름-옮긴이) 지역이었다. 당시 젊은 엔지니어들이 향했던 곳은 캘리포니아가 아니라 매사추세츠였다. 1988년 대통령선거에 출마한 마이클 듀카키스Michael Dukakis는 '매사추세츠의 기적'을 내세워 승리를 꿈꾸기도 했다.

캘리포니아주립대학 버클리 캠퍼스의 정보학부School of Information 학장을 맡고 있는 애나리 색서니언AnnaLee Saxenian은 동쪽 해안 지역에 밀집됐던 기술기업들이 1980년대를 거치면서 모두 짐을 싸 서쪽으로 옮긴 이유를 조사했다. 그녀는 그 원인의 대부분이 문화적 요소에 있다고 주장한다. 루트128 지역에 있던 회사는 거의 거대기업들이었다. 수많은 규칙과 법률용어들로 넘쳐나는 관료적 조직이었다. 한마디로, 그 회사들은 매우 '복잡'했다.

그 결과 루트128을 찾았던 인재들은 그곳에 머물기를 거부하고 서부 해안가의 문화를 선택했다. 실리콘밸리의 샌드힐로드Sand Hill Road에 모여

심플, 강력한 승리의 전략

든 스타트업 기업들은 자유롭게 넘쳐흐르는 아이디어를 함께 즐겼다. 그곳에는 조직에 대한 끝없는 충성심, 극심한 관료주의, 상사가 원한다는 이유만으로 쓸모없는 일을 해야 할 필요 따위가 없었다. 실리콘밸리에서는 아이디어를 가진 사람이 투자자를 만나 창업에 필요한 자금 조달에 성공했을 때 사업을 시작하면 그만이었다. 한마디로, 모든 일이 훨씬 '단순'했다.

반면 루트128을 둘러싼 기업들에게 복잡성은 일상이었다. 복잡성은 그들이 숨 쉬는 공기와 같아서, 아무도 그 문제를 인식하지 못했다. 그 결과 가장 뛰어나고 똑똑한 인재들까지 서쪽으로 향했다. 복잡성은 개별 기업의 문화로 파고들어 똑같은 방식으로 모든 회사를 망가뜨렸다. 사람들은 의식도 하지 못한 채 복잡성이 자신들에게 필수적인 요소라고 생각했다. 이 문제가 결국 일을 힘들게 만들고 업무적 성취도를 훼손하는데도 말이다. 사람들은 머리를 흔들며 이렇게 말할 뿐이었다. "일이란 게 다 그런 거지 뭐."

당신이 일하는 회사에서는 아무런 저항 없이 복잡성이 만들어지나? 앞서 언급한 인지적 편향 현상과 정서적 욕구가 만연한가? 직원들이 일상적인 업무에 새로운 복잡성을 추가하려는 충동을 느끼나? 회사가 수익을 추구하는 과정에서 복잡성이 만들어지는 걸 용인하나? 만일 그렇다면 당신 회사에는 복잡성의 문제가 존재하는 것이다. 그 문제를 종식시키고 단순화를 받아들일 시기는 바로 '지금'이다.

4장

가장 중요한 일

단순함, 선의, 진실이 없는 곳에서
위대함은 존재하지 못한다.

— 레오 톨스토이Leo Tolstoy —

나는 들떠 있었다. 대학을 졸업한 후 처음 갖게 된 직장에 첫 출근하는 날이었다. 내게 일자리를 제안한 회사는 시카고에 있는 광고회사 레오버넷Leo Burnett이었다. 윗사람들은 신입사원인 내게 부푼 기대감을 불러일으키는 방법을 잘 알고 있었다. 그들은 내가 출근하기 일주일 전에 소니, 펩시, 프록터앤드갬블 같은 고객들을 위해 이 회사가 제작한 광고 제품들을 보내주었다.

첫 출근 후 몇 개월 동안은 그럭저럭 괜찮았다. 올스테이트보험Allstate Insurance이라는 고객을 담당하는 부서에 배정된 나는 곧바로 온갖 흥미로운 일 속으로 빠져들었다. 상사는 내게 새로운 광고제품을 만들고 아이디어회의에도 참석하라고 지시했다. 텔레비전 광고 촬영을 주관하는 일을 맡기기도 했다. 팀원들은 모두 좋은 사람들이었다. 그들은 내가 새로운 문제로 도움을 요청할 때마다 손을 내밀어주었다. 조직에 흐르는 융통성 있는 분위기 덕분에 나는 거의 '모든' 일을 경험해볼 수 있었다.

일을 시작한 지 몇 달이 지난 어느 날, 상사는 나를 '자연재해 광고'를 제작하는 팀에 배속시켰다. 이 캠페인은 홍수나 토네이도로 피해를 입은 사람들을 위해 올스테이트보험이 보험금을 신속하게 지급할 수 있는 특별한 프로그램을 만들었다고 홍보하는 광고였다. 나는 삶의 터전이 무너진 사람들에게 이 프로그램이 얼마나 큰 의미가 되는지 토로하는 피해자들을 만나기도 했다. 비록 역할은 미미했지만, 나는 나 자신이 뭔가 보람 있는 일을 하고 있다는 기쁨을 느꼈다.

하지만 그 일을 하는 과정 자체는 완벽하지 못했다. 팀원들 중에 회계결산회의를 좋아하는 사람은 없었다. 나 역시 우리가 제작할 광고를 잡지의 적절한 위치에 게재하는 문제로 오랜 시간 씨름하는 일이 힘들었다. 하지만 전체적으로 큰 문제는 없었다. 일은 재미있었고, 사람들도 즐거웠으며, 우리는 계속 앞을 향해 걸어나갔다. 나는 매일 저녁 만족감을 느끼면서 집으로 돌아갈 수 있었다.

하지만 2년이 지나자 상황이 달라졌다.

상사는 내게 이 회사의 가장 큰 고객을 담당하는 팀으로 옮길 생각이 있느냐고 물었다. 그는 내가 이 자리로 옮기면 빠르게 승진하는 셈이지만, 반면에 다소의 위험이 따른다고 말했다. 이 고객을 담당하는 팀의 관리자는 직원들을 힘들게 하기로 악명이 높은 여성이라는 이야기였다. 그럼에도 불구하고 그 자리로 옮길 생각이 있느냐는 상사의 질문에 나는 그러겠다고 대답했다.

심플, 강력한 승리의 전략

새로 옮긴 자리에서도 시작은 나쁘지 않았다. 나는 제작 일정, 광고 순환 게재, 직원회의, 예산보고서 등 세부적인 업무를 맡았다. 어차피 모든 일이 새로운 데다, 아직 배울 것이 많다는 생각에 일주일에 80시간을 근무한다고 해도 문제 될 것이 없었다. 하지만 몇 주가 지나자 내 열정은 시들기 시작했다. 내가 담당하는 일은 전부 별다른 생각이 필요 없는 반복적인 업무였다. 내 상사는 동료들이 담당하는 중요하고 의미 있는 업무들을 유독 내게만은 맡기지 않았다. 그런데도 책상 앞에 붙여둔 해야 할 일의 목록은 계속 늘어만 갔다. 특별한 이유도 없이 모든 일에 '긴급'이라는 표시가 붙었다. 회의는 무계획적이고 비효율적으로 진행됐다. 이미 광고 게재 일정에 모든 사람이 서명했음에도 불구하고 광고 제작 마지막 순간에 내용이 마구 바뀌는 일도 한두 번이 아니었다. 우리는 아무도 요구하지 않은 제작보고서를 무수히 작성하고, 고객들에게 제시할 추가옵션을 끊임없이 만들어내면서 스스로를 수렁으로 몰아넣었다.

그렇게 하루하루를 보내면서 나 자신이 쳇바퀴 위에 서 있다는 느낌을 떨치지 못했다. '별 이유도 없는' 마지막 순간의 광고 수정, '만약의 경우에 대비한' 수많은 보고서…… 나는 레오버넷에서 근무하는 것이 정말로 가치 있는 일인지 나 자신에게 묻기 시작했다. 그리고 몇 개월 동안의 심사숙고 끝에 그렇지 않다는 결론을 내렸다. 나는 하찮은 일을 하며 끝없이 시간을 낭비하는 데 기진맥진해 있었다. 새로운 자리로 옮긴 지 8개월 후, 나는 얼마 전까지만 해도 상상할 수 없었던 일을 실행에 옮겼다. 미련없이 회사를 떠난 것이다.

'의미'라는 이름의 새로운 트렌드

\

요즘 사람들은 월급봉투만을 중요하게 생각하지 않는다. 그들은 의미 있는 일과 행복한 삶을 '함께' 추구한다. 또 자신이 중요한 존재라는 사실, 그리고 자신이 하는 업무가 중요한 일이라는 사실을 항상 확인하기를 원한다. 물론 이런 경향을 주도하는 사람들은 밀레니얼 세대 Millennials(1980년대 초부터 2000년대 초에 출생한 세대-옮긴이)의 젊은이들이다. 비즈니스 잡지 《패스트컴퍼니Fast Company》는 이런 기사를 썼다. "밀레니얼 세대 중 50퍼센트 이상의 응답자는 자신이 추구하는 가치와 일치하는 직업을 찾았을 때 급여를 줄여서라도 그 일자리를 선택할 의사가 있다고 대답했다. 또한 그들 중 90퍼센트가 자신이 소유한 기술을 계속해서 사용하고 싶어 했다."

하지만 그 젊은이들은 최근 기업들이 제안하는 일자리에 매우 실망하고 있다. 밀레니얼 세대 4명 중 3명은 기업들이 세상을 더 나은 곳으로 만드는 일이 아니라 회사의 목적을 달성하는 데 더욱 관심이 많다고 생각한다. 그리고 현재의 직업을 통해 자신의 기술을 최대한 활용하고 있다고 생각하는 사람은 전체의 4분의 1에 불과하다.

밀레니얼 세대의 젊은이들은 일에서 의미를 찾는 것을 당연시한다. 또 자신이 하는 일이 중요한 사명이나 목적과 관련이 없다고 판단되면 금방 직장을 그만둔다. 스테이트스트리트 글로벌 투자자문State Street Global Advisors에서 수행한 연구에 따르면, 전체 밀레니얼 세대의 2분의 1에서 3분의 2에 해당하는 사람들이 지난 5년간 1~4회 직장을 옮겼다. 그리고 3분의 2 이상이 향후 4년 안에 회사를 바꾸게 되리라고 예상했다. 조직 내에 밀레니얼 세대의 비중이 점점 높아지는 상황에서, 몇 년 안에 기업의 근로자들은 자신이 일터에서 시간을 보내는 방식에 대해 점점 더 많이 관심을 갖게 될 것이다. 그리고 자신의 재능이 낭비되는 상황을 매우 심각하게 받아들일 것이다.

물론 당신은 밀레니얼 세대가(의미 있는 일을 원하는 다른 사람들은 말할 것도 없고) 이상적인 꿈속에 빠져 있다고 일축해버릴 수 있다. 모든 업무가 암을 치료하거나, 소외계층 어린이들을 가르치거나, 기업의 탄소 배출을 줄이는 일처럼 큰 의미를 제공하지는 못한다. 누군가는 별로 중요하지도 않고 다른 사람을 돕는 일도 아닌 하급직 지원업무를 해야 한다. 그렇지 않은가?

하지만 그건 잘못된 생각이다. 의미 있는 업무환경을 구축한다는 말은 모든 사람을 상급자로 승진시킨다는 뜻이 아니다. 그것은 내가 힘들여 수행한 일이 중요한 결과로 이어진다는 사실을 모든 직급의 직원이 느끼게 만든다는 의미다. 연구자들의 조사에 의하면, 대학교의 장학기금 마련을 위해 전화로 모금을 하는 사람들은 그 장학금의 혜택을 받을 대상자를 직접 만나본 후에 더 열심히 모금활동에 임했다고 한다. 올가 카잔Olga Khazan 기자는 "장학금 수혜자를 만났다는 사실이 모금자들의 업무에 의미를 부여했다"고 말했다. 의미는 모든 사람에게 중요하다. 우리는 모두 자신이 하는 일이 어떤 방식으로든 공공의 이익에 기여하기를 바란다. 또한 그 일의 목적이 고결하기를 기대한다.

올바르게 일하면 올바른 문화가 형성된다

＼

기업의 경영진은 조직의 사명, 가치, 목적 등에 대해 이야기하기를 좋아한다. 그들은 고상한 내용이 담긴 글귀를 회사 로비에 걸어두고, 소셜미디어나 홈페이지에 게재한다. 젊은 회계사가 자신의 직무를 통해 회사가 사회적 이익에 기여하도록 어떻게 도울 수 있는지 물으면, 그들은 한 순간의 망설임도 없이 준비된 대답을 늘어놓는다. 하지만 조직에서 지나치게 많은 규칙, 프로세스, 관료주의가 업무를 방해한다면, 그런 말은 공허한 울림에 불과하다. 직원들이 자신의 업무에 대해 느끼는 가치를 무엇보다 많이 훼손하는 요소는 바로 복잡성이다.

복잡성은 당신의 에너지를 고갈시킨다. 아무런 득이 되지 않는 일을 진이 빠지도록 하게 만들기 때문이다. 물론 세상에 어느 정도의 스트레스나 압박이 따르지 않는 일은 없다. 심지어 밀레니얼 세대 젊은이들이 추구하는 의미 있는 직업(암 연구자, 소외 아동을 위한 교사, 환경 엔지니어 등)에도 책임과 업무 마감시한이 존재한다. 하지만 복잡성 때문에 생기는 스트레스는 그 종류가 완전히 다르다. 그것은 아무런 보상이 없는 스트레스다.

그런 점에서 현대의 '새로운 트렌드'에는 '의미'와 함께 '단순화'라는 가치가 추가되어야 한다. 오늘날 근로자들은 앞서 살펴본 단순화의 정의처럼 회사의 프로세스와 규칙이 '최소한으로, 이해할 수 있게, 반복적으로, 접근하기 쉽게' 만들어지기를 바란다. 그들이 진정으로 단순화를 성취했을 때, 세상이 어떻게 바뀔지 상상해보라. 단순화는 직원 개개인에게 모든 종류의 혜택을 안겨준다. 그리고 이런 현상은 조직의 위와 아래를 포함한 모든 방향으로 확산되면서 팀과 회사 전체의 문화를 바꾼다.

많은 사람이 문화란 그 무엇보다 우선적으로 형성되는 요소라고 생각한다. 하지만 그렇지 않다. 우리가 먼저 올바르게 일하면 올바른 문화가 형성될 것이다.

대단히 중요한 말이니 다시 반복한다. 당신이 올바른 방식으로 일하면, 올바른 문화가 형성된다. 단순화는 결국 모든 사람이 올바르게 일하도록 만드는 길이다. 그러다 보면 적절한 과정을 거쳐 올바른 문화가 자연스럽게, 그리고 유기적으로 만들어지는 것이다. 많은 노력이나 비용이 들지도 않는다. 사람들은 어느 순간 이렇게 말할 것이다. "우아, 많은 것들이 달라졌군. 이곳의 문화는 정말 훌륭해." 그리고 조직에 역동적인 분위기, 혁신, 활기가 넘치는 문화가 정착되었을 때 무슨 일이 벌어질지 우리 모두 알고 있다. 그 조직은 바로 승리를 쟁취하게 되는 것이다.

사고실험

\

단순화가 개인에게 미치는 영향을 이해하기는 그리 어렵지 않다. 다음과 같이 간단한 사고실험思考實驗을 하나 해보는 것만으로도 그 핵심을 파악하기에 충분하다. 당신이 조직의 어떤 직급에 위치해 있든, 일단 백지를 한 장 꺼낸 다음 한가운데 선을 그어 종이를 두 부분으로 나눈다. 그리고 당신이 일상적으로 수행하는 업무에 활용하고 싶은 자신의 재능과 열정을 구체적으로 떠올린다. 만일 당신의 직무를 보다 효율적이고 의미 있는 방식으로 다시 설계할 수 있다면(즉, 당신의 재능을 회사의 목표 달성에 기여하는 방향으로 좀 더 적절히 활용할 수 있다면), 어떤 일을 하면서 하루의 근무시간을 보내고 싶은가? 종이의 왼쪽 부분에 그 업무들의 목록을 나열한다.

그리고 자신에게 이렇게 질문한다. "현재 내 하루 일과의 대부분을 차지하는 업무는 무엇인가?" 그 대답을 종이 오른쪽 부분에 적는다.

이제 양쪽에 적힌 일들을 비교해보라. 어떻게 다른가?

마지막으로, 오른쪽에 나열된 업무(당신이 매일 수행하는 업무) 중 자신의 직무에 가치를 부여한다고 생각되는 일에 동그라미를 친다. 그리고 동그라미가 없는 일들의 목록을 바라보면서 이렇게 자문한다. "어떻게 하면 이 일들을 줄이거나, 간소화하거나, 또는 외부에 위탁함으로써 왼쪽에 나열된 일들을 수행할 시간을 더 확보할 수 있을까?"

예를 들어, 내 경우에는 업무를 보다 단순화해서 다음과 같은 일들을 하고 싶다.

- 우리 팀과 회사를 보다 효율적으로 만들 수 있는 방안을 생각한다.
- 우리 팀과 회사가 당면한 전략적 위협 요인과 이를 극복할 수 있는 방법을 파악한다.
- 시장의 숨겨진 기회를 파악하고 포착할 수 있는 방법을 구상한다.
- 새로운 제품과 그 제품들을 판매할 수 있는 새로운 전략을 세운다.
- 고객들과 대화를 함으로써 그들이 우리를 어떻게 생각하고 우리에게

무엇을 원하는지 이해한다.
- 우리 팀의 구성원들이 어떻게 기술을 발전시켜 직무를 더 효율적으로 수행할 수 있을지 고민한다.

당신은 이제 이 실험의 의미를 이해했을 것이다. 단순화는 우리 모두에게 어마어마한 미개척의 기회다. 우리가 격주로 개최되는 쓸데없는 회의에 참석해 인스타그램 메시지를 확인하며 낭비해버린 시간은, 현대의 일터에서 좀처럼 찾아보기 어려운 '생각'이라는 활동을 하며 보낼 수 있었던 소중한 순간이었다.

그뿐만이 아니다. 당신이 낭비하는 시간은 기술을 연마하고, 재능을 닦고, 사람들과의 관계를 구축하는 데 사용할 수 있는 자원이다. 또한 운동을 하고, 가족과 함께하고, 취미활동을 하는 데 투자할 수 있는 시간이다. 만일 당신이 소중한 일에 더 많은 시간을 할애할 수 있다면, 그리고 사소하고 의미 없는 일에 시간을 낭비하지 않을 수 있다면, 매일 아침이 얼마나 활기차고 의욕 넘치겠는가.

단순화가 해결책이다

이제 단순화를 도입한 후에 그 혜택을 톡톡히 누린 몇몇 기업의 사례를 살펴보자. 2002년 미국의 약국 체인점 CVS는 골치를 앓고 있었다. 이 분야의 시장은 경쟁이 치열했다. 많은 회사가 처방전을 약국에서 또는 우편을 통해 접수하는 기술과 서비스를 제공했다. 게다가 고객만족도 조사에서도 CVS는 급격히 떨어지는 추세였다. 이 회사가 경쟁력을 되찾기 위해서는 당면한 문제를 정확히 파악해 신속하게 해결해야 했다.

임원들은 문제의 원인을 찾기 위해 고심하던 끝에, CVS에서 조제되는 처방약 5건 중 1건은 '보험 확인' 절차 때문에 고객에게 늦게 제공된다는 사실을 발견했다. 보험 확인이란 약을 구매하는 고객이 가입한 보험과 CVS의 데이터베이스에 등록된 보험이 동일하다는 사실을 확인하는 일을 말한다. CVS에 근무하는 약사들은 종종 고객이 약국을 떠난 후에 보험 확인 작업을 했다. 그러다 보니 고객의 보험에 관해 정확한 정보를 얻지 못해서 우왕좌왕하는 경우가 발생하곤 했다. 그 결과 처방약을 조제하는 과정이 지연되기 일쑤였고, 고객들 입장에서는 약을 받는 과정에 불편함이 많았다.

그런데 이 문제를 개선하기 위해서는 많은 비용을 투입하거나 새로운 기술을 도입할 필요가 없었다. 새로운 직원들을 뽑거나 약사들을 다시 교육시키지 않아도 되었다. 임원들은 약국 운영에 관한 사소하면서도 중요한 절차를 변경했다. 그들은 보험 확인 작업을 고객이 약을 구매하는 과정의 맨 처음으로, 즉 약사가 고객과 약품 안전성 확인을 시작하기 직전으로 앞당겼다. 만일 보험 확인이 되지 않을 경우, 약사는 고객에게 "최근에 직장을 옮기셨나요?"같이 간단한 질문을 함으로써 문제를 금방 해결할 수 있었다.

CVS는 이 프로세스를 12개월 내에 4,000여 개의 전 지점으로 확대했다. 그에 따라 고객만족도가 86퍼센트에서 91퍼센트로 뛰었다. 대단한 성과였다. 어느 분석가는 이렇게 평가했다. "그들은 업무방식을 다시 설계함으로써 고객의 안전을 희생하지 않고도 고객만족도를 크게 향상시켰다. 특정 매장뿐 아니라 모든 매장에서 이런 성과가 달성됐다."

이 이야기는 단순화의 강력한 영향력을 단적으로 보여주는 사례다. 잭 웰치는 이렇게 말했다. "큰 기업을 효과적으로 운영하기 위해서는 단순화해야 한다." 더 훌륭한 성과를 원하지 않는 기업은 없다. 단순화는 그 목표에 도달하는 확실한 길이다.

단순화를 통해 탁월한 성과를 거둔 회사는 CVS뿐만이 아니다. 2014년 세계적으로 유명한 병원 클리블랜드클리닉Cleveland Clinic은 병원의 정보 시스템을 효율적으로 관리하기 위해 약 100명의 분석가와 프로그래머를 고용했다. 이 병원의 비즈니스인텔리전스business intelligence, BI(기업의 의사결정을 위해서 데이터를 분석해 의미 있고 효율적인 정보를 도출하는 기술-옮긴이) 팀은 수많은 데이터를 수집 및 분석해서 병원의 효율성을 개선하기 위한 수단으로 활용했다. 또한 환자들의 방문, 진료약속, 처방, 치료 등과 관련된 다양한 숫자들을 집계하고 기록했다. BI팀은 병원의 운영이나 치료에 관련된 광범위한 데이터를 바탕으로 웹 애플리케이션, 현황판, 데이터마트data mart(특정 사용자가 관심을 갖는 데이터들을 담는 비교적 작은 규모의 데이터 웨어하우스-옮긴이) 등을 구축했으며, 이를 통해 환자를 진료하는 일선 의사들에게 보다 정확한 정보를 제공했다. BI팀의 노력 덕분에 이 병원의 외과팀은 환자 진료의 다양한 경향을 분석해 치료 결과를 개선했으며, 더 많은 생명을 구하는 성과를 거둘 수 있었다.

클리블랜드클리닉이 제시한 지속적 개선 약속은 BI팀과 '지속적 개선

continuous improvement, CI'팀의 협업으로 이어졌다. CI팀의 크리스 쿠채릭 Chris Kucharik과 BI팀의 패트릭 데이Patrick Day는 병원의 의사결정에 핵심적인 역할을 할 수 있는 정보를 정확하고 효과적으로 생산하는 방법에 대해 고민했다. 그들은 스스로에게 어려운 질문을 던졌다. 소프트웨어를 개발하는 프로세스를 어떻게 단순화해서 정보의 생산 과정을 보다 효율적으로 개선할 수 있을까?

그건 쉬운 문제가 아니었다. 이 병원의 BI팀은 세계에서 가장 복잡한 정보 시스템과 가장 강력한 정부 규제의 중심에서 수많은 데이터와 보고서를 생산하고 있었다. 이 팀에서는 어느 시점이든 30~40개의 소프트웨어 개발 프로젝트가 진행 중이었다. 대부분 수백 시간의 작업량이 필요한 대형 프로젝트들이었다. BI조직의 소프트웨어 개발 프로세스를 간소화하는 일은 제트비행기가 공중에 떠 있는 상태에서 급유를 하는 일과 다름없었다. 쿠채릭과 데이는 자신들의 아이디어를 조직에 전파하기 전에 일단 새로운 개발방법론의 성공을 입증해야 했다. 쿠채릭은 이렇게 말했다. "우리는 일단 작은 일부터 시작해서 가시적인 증거를 보여주어야 한다는 사실을 알고 있었습니다. 당시 우리에게 가장 큰 장애물은 이렇게 말하는 사람들이었죠. '멋진 생각이지만 우리에겐 적합하지 않을 것 같네요.'"

BI부서 책임자들의 지원하에, 쿠채릭과 데이는 개발이 예정되어 있던 두 개의 프로젝트에 새로운 개발방법론을 적용하기로 했다. 그들은 단순하고 신속한 접근방식을 찾아내 개발 과정의 문제를 해결하는 데 성공한다면, 조직 내에 발전된 문화를 전파할 수 있으리라고 생각했다. 또한

심플, 강력한 승리의 전략

클리블랜드클리닉 입장에서도 보다 효과적으로 데이터를 활용함으로써 더 많은 환자의 생명을 구할 수 있을 터였다.

BI팀은 일단 '병원 이동hospital transfer' 작업, 즉 환자들이 병상에 들어오고 나가는 과정을 관리하는 기존의 소프트웨어를 개선하기로 했다. 데이터에 따르면, 환자의 이동 시간을 4시간 안쪽으로 줄일 경우 치료 성과가 개선된다고 했다. 그러므로 의사들에게는 이동 시간이 4시간에 근접해가는 환자들의 현황을 추적할 수 있는 도구가 필요했다. 과연 BI팀은 환자들의 병원 이동 시간을 단축시켜주는 소프트웨어를 개발할 수 있을까?

언뜻 듣기에는 이 일이 환자용 우버Uber 서비스를 개발하는 일처럼 간단하게 생각될 수도 있다. 하지만 이 소프트웨어는 몇 주 동안 코딩 기초과정을 공부한 사람이 바로 개발할 수 있는 그런 종류의 프로그램이 아니다. 환자 정보를 추적하는 시스템은 대단히 복잡하다. 다른 수많은 소프트웨어와 상호작용해야 할 뿐 아니라, 여러 부서와 장비로부터 데이터를 제공받아야 하기 때문이다. 또한 이 도구를 제대로 만들기 위해서는 기술적 능력뿐만 아니라 의료 분야에 대한 지식도 필요했다. "병원 이동을 담당하는 부서의 직원들은 오하이오 북동부 전역에 흩어져 있는 수많은 의료시설과 진료부서에서 환자를 정확한 장소에 신속하게 이동시켜야 했습니다. 그래야 환자가 적절한 치료를 받을 수 있고 치료 효과도 높아지니까요." 데이의 말이다.

클리블랜드클리닉 같은 큰 기업들은 대개 소프트웨어 개발을 위한 자체적인 프로세스를 갖추고 있다. 일단 소프트웨어 개발자들은 고객(이 경우에는 '병원 이동'을 담당하는 부서의 직원)들과 처음 만나 기존의 소프트웨어에서 가장 중요하게 개선해야 하는 문제에 대해 논의한다. 소프트웨어 기술에 대해 막연한 지식밖에 없는 고객들은 일상적인 언어로 자신이 원하는 바를 말한다. 반면 기술자들은 그 소프트웨어에서 구현할 수 있는 기능의 한계를, 고객이 완벽하게 이해하지 못하는 용어를 사용해서 설명한다. 양측은 밀고 당기는 협상을 통해 본인의 의견을 최대한 관철하려고 노력한다. 그러다가 기술자와 고객 양쪽의 의견이 어느 정도 반영된 듯이 보이는 개발계획이 만들어진다. 기술자들은 자기 사무실로 돌아가 고객이 원한다고 '생각되는' 소프트웨어를 개발하기 시작한다.

하지만 고객과 엔지니어 사이에, 또는 엔지니어와 다른 엔지니어 사이에 발생한 소통의 문제 때문에, 최종적으로 개발된 소프트웨어가 고객이 생각했던 제품의 모습과 완전히 다른 경우가 대단히 많다. 그러면 엔지니어는 처음으로 다시 돌아가 소프트웨어 전체를 다시 작업해야 하는 상황에 맞닥뜨린다. 때로는 고객이 만족할 때까지 여러 차례 그런 일이 반복되기도 한다. 결국 시간이 낭비될 뿐만 아니라 양측 모두 불필요한 좌절감을 경험하는 결과로 이어지기 일쑤다.

물론 전통적인 워터폴waterfall(개념화·분석·디자인·제작·테스트·구축·유지보수 등의 과정을 순차적으로 진행하는 소프트웨어 개발방식-옮긴이) 개발 프로세스를 린 생산Lean manufacturing(인력과 생산설비 등 생산능력을 필요한 만큼만 유지하면서 생산효율을 극대화하는 생산 시스템-옮긴이) 방식으로 바꾸면 기존의 프로세스를 표준화하는 데 어느 정도 도움이 될 수도 있을 것이다. 하지만 쿠채릭과 데이는 그것으로 충분하지 않았다. 그들은 패러다

심플, 강력한 승리의 전략

임을 완전히 바꿔, 시범 제품을 개발하는 팀에 린 소프트웨어 개발방식 (애자일스크럼Agile Scrum이라고도 불림)을 도입하기로 결정했다. 하지만 이 방식조차 거추장스럽고 복잡한 측면이 많았기 때문에 BI팀이 궁극적으로 원하는 개발환경에 완벽하게 적합하지는 않았다. 그래서 한 단계 더 나아가 새로운 전략을 채택했다. 바로 '단순화'였다. 그들은 애자일스크럼 개발방식의 가장 핵심적인 요소만을 사용해서 개발 프로세스를 최대한 유연하게 만들었다.

요컨대 BI팀은 '병원 이동' 소프트웨어를 새롭게 개발하면서, 애자일 스크럼의 기본 방법론을 따라 작은 단위의 프로그램들을 빠르게 개발하고, 이를 지속적으로 수정 및 개선하는 순환적인 방식을 사용했다. 말하자면 개발자들이 몇 달씩 눈앞에 보이지 않다가 어느 날 고객에게 새로운 프로그램을 불쑥 내미는 식이 아니라, 엔지니어들이 소프트웨어 최종 사용자인 실무진과 긴밀한 관계를 맺으며 함께 작업을 해나가는 방식이었다.

소프트웨어 개발자들은 전체 프로젝트의 한 부분에 해당하는 작은 프로그램을 개발할 때마다 이것이 실제로 효용성이 있는지에 대해 '병원 이동' 업무를 담당하는 실무진과 지속적으로 확인하는 작업을 진행했다. 모든 관련자가 함께 개발 과정을 모니터하며 소프트웨어 개발 작업에 참여했기 때문에, 전체 개발 프로세스는 훨씬 쉽고, 빠르고, 그리고 단순해졌다. 데이는 이렇게 말했다. "개발 진행 과정을 직접 확인하며(접착식 메모지나 플립차트 같은 도구를 활용해서) 관리하는 방법을 통해 개발팀과 일선 사용자들 사이에 더욱 효과적인 소통이 가능했으며, 이에 따라 고객들의 요구를 정확히 반영한 소프트웨어가 만들어질 수 있었습니다."

BI팀은 개발 프로세스 전반에 걸쳐 자신들이 수행하는 모든 일을 단순화하기로 결정했다. 개발팀원들은 불필요한 기능을 소프트웨어에 추가하고 싶은 유혹을 뿌리치고, 고객의 요구사항과 관련된 작업 외에는 어떤 일도 하지 않았다. 오히려 개발 과정이 진행되면서 고객이 처음에는 필요하다고 요청했던 특정 기능들(BI팀이 전통적인 개발방식을 사용했다면 만들었어야 할 기능들)이 결국 쓸모없는 것으로 판명되는 경우도 많았다. 쿠채릭은 이 '쾌속순환rapid cycling' 개발방식에 대해 이렇게 설명했다. "우리는 이 방법론을 통해 고객들이 원하는 프로그램만을 개발했습니다. 필요 없는 것은 만들지 않았죠. 우리에게는 대단히 중요한 발견의 과정이었습니다." 결국 BI팀은 이전보다 훨씬 직접적이고 효율적으로 작업을 완료했다.

'쾌속순환' 개발방식은 고객의 요구를 정확하게 반영하는 소프트웨어를 제작할 수 있도록 만들어줄 뿐 아니라, 작업시간도 획기적으로 절약해준다. BI팀원들은 자신들이 새로운 방법론을 통해 전통적인 방식보다 20퍼센트 정도의 개발시간을 줄일 수 있었다고 평가했다. 그들은 이 개발 프로세스를 사용해 이번에는 '중환자 이송(중환자를 구급차, 헬리콥터, 비행기 등에서 옮기는 작업)'에 관련된 소프트웨어를 개발했다. 그 결과 시간이 25퍼센트 절감되어 BI팀은 예상보다 한 달이나 앞서 개발을 완료할 수 있었다.

두 차례의 성공에 고무된 BI팀원들은 새로운 개발방법론을 또 다른 프로젝트에 적용하고 싶어 했다. 그리고 곧 적당한 프로젝트를 찾아냈

심플, 강력한 승리의 전략

다. 환자와 의사의 진료약속을 관리하는 소프트웨어를 개발하기로 한 것이다. 그들은 '쾌속순환' 개발방법론을 사용해 개발 완료까지의 시간을 '절반'으로 줄이는 엄청난 효율성을 달성했다.

이 세 가지 프로젝트를 진행하면서 BI팀이 절약한 시간은 도합 600시간에 달했다. 비용으로 따지면 10만 달러가 넘는 시간이었다. 하지만 그보다 더 중요한 사실은 병원의 일선 담당자들이 더 효과적이고 품질 좋은 소프트웨어를 사용할 수 있게 됐다는 점이다. "우리 개발요원들과 실무직원들에게 뭐라고 감사해야 할지 모르겠습니다. …… 나는 우리가 미래를 향해 '쾌속'으로 질주할 수 있기를 기대합니다." 쿠채릭의 말이다.

클리블랜드클리닉은 '쾌속순환' 개발방식을 사용해서 보다 적은 시간과 저렴한 비용으로 고품질의 정보를 제공할 수 있는 소프트웨어를 만들었다. 이는 기업이 일선 업무현장의 업무를 단순화했을 때 얼마나 훌륭한 성과를 달성할 수 있는지를 단적으로 보여주는 사례라 할 수 있다.

창조와 혁신의 봉인을 해제하라

＼

기업이 단순화를 도입하면 생산성이 향상되는 것은 사실이지만, 혜택은 그 정도로 그치지 않는다. 단순화는 개인과 조직을 창의적으로 만들어준다. 펜실베이니아대학교의 긍정심리학센터에서 '상상의 과학Science of Imagination' 프로젝트에 참여하고 있는 스콧 배리 코프먼Scott Barry Kaufman 교수는 사람들 중 72퍼센트가 샤워를 할 때 창의적인 아이디어를 생각해낸다고 주장한다. 그 이유는 무얼까? 코프먼 교수는 다음과 같이 설명한다. "편안하고, 독립적이고, 타인의 눈을 의식하지 않아도 되는 '샤워'라는 환경에서는 창의적인 생각이 떠오를 가능성이 높아진다. 자신의 마음을 가장 자유롭게 방치함으로써 내적인 의식의 흐름이나 몽상에 대해 개방적인 자세를 취하기 때문이다." 다시 말해, 우리가 환경을 단순화해서 홀로 생각에 집중할 수 있는 기회를 늘린다면 상상력이 향상될 가능성이 높아진다는 의미다.

하지만 회사에서 업무를 하는 직원들이 창의성을 계발하기 위해서는 독립적인 분위기뿐만 아니라 다양한 사람들의 아이디어를 접할 수 있는 환경도 필요하다. 사회학자 로널드 버트Ronald Burt는 방위산업체 레이시언Raytheon과 수행한 유명한 연구에서, 한 개 이상의 부서와 관련되어 일하는 직원들은 혁신적인 생각을 하게 될 가능성이 높다는 점을 발견했다. 버트 자신이 '구조적 공백structural holes(네트워크상에서 서로 직접적으로 연결되지 않은 행위자나 집단들 사이에 존재하면서 각자와 연결관계를 형성하는 위치. 이 위치에 놓인 사람은 중복되지 않은 다양한 정보에 빠르고 쉽게 접근할 수 있다–옮긴이)'이라고 이름 붙인 영역을 확장해나가는 직원들은 훌륭한 아이디어를 생각해낼 수 있는 잠재력이 크다는 것이다. 하지만 오늘날 '구조적 공백'을 넓힐 수 있는 시간과 여건을 갖춘 사람은 별로 없다. 그들은 복잡성의 수렁에 빠져 자신의 업무영역에 필요한 일만을 처리하기에도 힘겨워한다. 영업업무를 하는 사람들은 보고서에 담을 숫자를 이리저리 다듬고, 한 번이면 충분할 지출품의서를 세 번이나 작성하느라 시간을 허비한다. 그런 사소한 일들이 온통 근무시간을 점령한 상황에서 엔

심플, 강력한 승리의 전략

지니어링, 마케팅, 운영부서 등에 어떤 일이 벌어지고 있는지 신경 쓸 틈이 없다.

나는 지난 여러 해 동안 수만 명의 참석자를 대상으로 변화와 혁신에 관한 교육 프로그램을 진행했다. 교육에 참가한 회사들은 국가, 문화, 산업분야, 기술, 연혁이 모두 달랐지만 올바르지 못한 방식으로 혁신에 접근한다는 점에서는 모두 똑같았다. 그 기업들이 혁신을 추진하기 위해 사용하는 모든 도구, 즉 회의, 보고서, 정책, 절차, 전담부서 등은 오히려 혁신의 분위기를 망칠 뿐이었다. 물론 조직 내에 어느 정도의 업무적 체계는 필요하지만, 변화와 혁신을 향한 최선의 길은 '더 많은' 일을 하는 것이 아니라, 반대로 '더 적은' 일을 하는 것이다. 불필요한 일을 없애면 필요한 일을 하기 위한 공간이 생긴다.

음향기기 유통업체인 리처사운드Richer Sounds의 설립자이자 영국에서 가장 성공한 사업가 중 한 명인 줄리언 리처Julian Richer는 회사에 '쓸데없는 일 없애기 위원회cut the crap committee'라는 조직을 만들었다. 이 팀은 '불필요한 일을 제거하는' 임무를 전담했다. 그러자 어떤 일이 일어났을까? 한 분석가는 이렇게 말했다. "리처사운드는 평방피트당 가장 높은 영업실적을 올리는 유통 아울렛으로 기네스북에 올랐으며, 영국에서 수익 대비 가장 많은 금액을 자선단체에 기부하는 회사가 됐다." 조직에서 복잡성을 제거하면 직원들은 일상에서 벗어나 새로운 일을 시도할 수 있게 된다. 사람들은 잘 모르겠지만, 단순화는 혁신적인 사고와 행동에 이르는 가장 핵심적인 길이다.

만일 당신에게 아무리 훌륭한 아이디어가 있다고 해도 회사에 복잡성이 만연한 상황에서는 그 아이디어를 활용할 방법이 없다. 누구나 알다시피 좋은 아이디어는 일선 실무자들, 즉 고객과 시장을 직접 접하는 직원들에게서 나오는 경우가 많다. 많은 기업이 실무자들의 통찰력에 높은 가치를 부여하고 있으며, 일반 직원들의 다양한 아이디어나 해결책을 크라우드소싱crowdsourcing(일반 대중을 제품이나 창작물 생산 과정에 참여시키는 방식-옮긴이)하는 기술을 도입한 회사도 적지 않다. 하지만 복잡성은 아이디어의 원활한 흐름을 갖가지 방법으로 방해한다. 직급이 낮은 직원들은 다른 부서에서 만들어낸 '복잡한' 업무 프로세스를 이해하지 못한다. 또 남들의 웃음거리가 될지도 모른다는 걱정이나, 멍청한 사람으로 보이기 싫다는 생각 때문에 새로운 아이디어 제안하기를 꺼린다.

회사라는 시스템 내에서 좋은 아이디어가 표류하는 일은 수도 없이 발생한다. 그로 인해 일선 직원들은 좌절감에 빠져 미래를 위한 혁신의 열의를 포기하기 일쑤다. 하지만 단순화된 업무환경에서는 모든 직급의 근로자들이 조직이 어떤 식으로 돌아가는지 훨씬 잘 이해한다. 그들은 누가 권력을 소유했는지, 특정한 의사결정에 누가 반대하고 찬성했는지 알고 있다. 물론 자신이 제안한 아이디어를 회사가 꼭 수용한다는 보장은 없다. 하지만 그들은 만일 그 아이디어가 채택되지 못했을 때, 적어도 윗사람들이 왜 그런 결정을 내렸는지, 누가 반대했는지, 그리고 아이디어를 수정하면 다시 받아들여질 수 있는지 알게 된다.

반면 복잡성에 시달리는 회사에는 이런 종류의 투명성이 존재하지 못한다. 그곳에서는 상사들이 부하직원의 아이디어를 생각 없이 외면해버리기 일쑤다. 물론 정치적인 이유 때문일 수도 있고, 자신들이 너무 바

심플, 강력한 승리의 전략

쁘거나 변화를 원하지 않아서 그 아이디어가 제풀에 사라지기를 바라는 것일 수도 있다. 누군가 어떤 직원의 아이디어가 왜 받아들여지지 못했느냐고 물으면, 관리자들 대부분은 그건 자신의 잘못이 아니라 그 아이디어에 대해 결정권을 갖고 있는 다른 관리자나 부서의 탓이라고 대답한다.

하지만 단순화된 회사에서는 의사결정의 투명성이 훨씬 크다. 아이디어가 채택되지 않은 직원들도 좌절감과 무시당한 느낌에 빠지기보다는 상사와 허심탄회하게 대화를 나눈다. 그러므로 이런 환경에서 장기적으로 더 많은 혁신이 이루어지는 것은 당연하다.

더 많은 참여, 더 적은 스트레스

＼

미국의 코미디언 에이미 폴러Amy Poehler가 출연한 시트콤 〈파크스 앤드 레크리에이션Parks and Recreation〉은 인디애나주 포니Pawnee라는 가상 소도시의 공원 관리부서에 근무하는 공무원들의 좌충우돌하는 삶을 그린 작품이다. 이 시트콤의 핵심적인 배경은 관료주의다. 폴러가 연기한 주인공 레슬리 노프Leslie Knope는 불필요한 요식행위를 거부하는 사람이다. 그녀는 시민들에게 봉사한다는 이상을 마음에 품고 언제나 공공의 이익을 위해 싸운다.

하지만 그녀의 동료들은 다르다. 그들은 능력 있는 직원들이었지만 정부의 복잡한 관료적 절차 때문에 냉소적인 사람으로 변했다. 업무도 늘 건성건성 처리한다. 어떤 에피소드에서는 공원 관리부서 국장인 론 스완슨Ron Swanson의 방으로 친구 한 명이 불쑥 들어와서는 자기가 갑자기 찾아와서 중요한 일에 방해가 되지 않았느냐고 묻는다. 그러자 론이 이렇게 대답한다. "그럴 리가 없지, 나는 공무원이잖아."

론의 부하직원들은 그런 일터에서 하루하루 견디기 위해 작은 기쁨을 찾는다. 예를 들어, 레슬리의 동료 톰과 도나는 1년 중 하루를 '스스로에게 상 주는 날'로 정해서 삶을 즐겁게 만들기 위해 노력한다. 그들은 이날 하루만큼은 손톱관리, 칵테일, 멋진 레스토랑 등 온갖 방법으로 자기 스스로에게 기쁨을 주는 일에 집중한다.

톰과 도나에게 이처럼 '스스로에게 상 주는 날'이 필요했던 이유는 직장에 마음을 붙이기가 어려웠기 때문이다. 나는 이 에피소드를 시청하면서, 만일 이 관공서가 숨 막히는 관료주의에 빠지지 않았다면 공원 관리부서에서 일하는 직원들의 삶은 어땠을까, 하고 생각했다.

물론 포니시의 공원 관리부서가 단순하고 효과적이었다면 그렇게 재미있는 TV 프로그램이 탄생하지 못했을 것이다. 어쨌든 조직에 단순화가 튼튼하게 자리 잡으면 새로운 형태의 직원참여를 위한 문이 열린다. 직원들은 자기가 흘린 땀이 가시적인 결과로 돌아오리라는 사실을 잘 알게 된다. 그들은 어떤 일을 해야 할지 잘 이해하기 때문에 진정한 목표에 집중한다. 또 미래로 향하는 길이 분명하므로 단순하게 행동할 수 있는 자신감을 갖는다. 그리고 무엇보다 그들은 건강해진다. 복잡성은 스트레스를 불러올 뿐이다. 복잡성의 쳇바퀴 위에 오래 머물기는 쉽지 않다. 그것은 몸과 마음의 에너지를 고갈시키는 일이다.

심플, 강력한 승리의 전략

이 모든 이유로 인해, 조직의 복잡성을 제거하면 결국 비용을 절약하는 효과를 거둘 수 있다. 연구자들의 조사에 따르면, 미국의 기업들은 근로자의 스트레스 관련 질병 때문에 1년에 2,000~3,000억 달러의 생산성 손실을 입는다고 한다. 또한 미국의 건강비용 중 5~8퍼센트가 직장에서의 스트레스와 관련된 분야에 지출된다. 게다가 기업의 직원참여도에 관한 연구에 따르면, '프레젠티즘presenteeism(근로자들이 업무에 열중하지 않으면서도 출근해서 자리를 지키는 현상)' 때문에 기업들이 손실을 보는 금액이 1,500억 달러 이상이다. 하지만 이 수치에는 직원들이 기업의 사명을 달성하는 일에 진정으로 몰입하지 않음으로써 소멸되어버리는 훌륭한 아이디어나 혁신의 기회비용은 포함되지 않았다.

또 하나, 과학자들의 연구에 따르면, 사람이 멀티태스킹을 할 때는 몸속에서 '코르티솔cortisol'이라는 호르몬이 더 많이 생성된다고 한다. 코르티솔이 과도하게 분비되면 기억력에 손상을 줄 수도 있다. 다시 말해, 복잡성의 가장 큰 폐해 중 하나는 직원들의 건망증을 부채질한다는 것이다. 이 때문에 회사는 또 얼마나 많은 비용을 지불해야 할까?

가장 중요한 성과

기업이 단순화를 도입하면 더 많은 혁신, 더 높은 직원참여도, 더 우수한 생산성 같은 혜택을 누릴 수 있다. 하지만 단순화가 궁극적으로 조직의 경쟁력을 강화시키고 보다 우수한 재무적 성과를 가져오지 못한다면,

그 모든 장점은 아무 의미가 없을 것이다. 수많은 증거가 단순화의 가장 큰 효과는 경쟁력 강화와 재무 실적 향상이라는 사실을 입증한다.

단순화는 기업을 더 효율적이고 신속하게 만들어 경쟁우위를 달성하게 해준다. 누구나 알다시피 현대의 시장은 그 어느 때보다 움직이는 속도가 빠르다. 새로운 환경에 민첩하게 적응하는 사람이 승리할 수밖에 없다. 만일 당신의 팀이 업무 속도를 떨어뜨리는 회의, 이메일, 실험, 보고서, 품질관리 등에 시달리지 않는다면 적응 과정은 더욱 쉬워질 것이다. 한 걸음 더 나아가, 단순화를 조직 운영 모델이나 고객 접점을 관리하는 프로세스에 적용한다면, 당신은 시장의 게임을 완전히 바꿀 수도 있을 것이다.

사우스웨스트항공은 몇 년 전 과감하게 단순화를 도입했다. 다른 항공사들은 여러 기종의 항공기 모델을 운항했지만(아메리칸항공은 한때 14종의 항공기를 보유했던 적도 있다), 사우스웨스트항공은 자사의 모든 항공기를 보잉737 기종으로 통일했다. 만일 어떤 항공편이 폭풍우 때문에 정해진 시간에 목적지에 도착하지 못했다면, 같은 기종의 다른 비행기가 고객들을 원하는 장소로 빠르게 이동시킬 수 있었으며, 회사의 경비도 절약할 수 있었다. 이 항공사의 고객지원 및 서비스 담당 부사장 크리스 워렌마이어Chris Wahlenmaier는 단일 기종의 항공기를 운항하는 정책이 놀랍도록 광범위한 혜택을 가져왔다고 말했다. "일단 기술자들이 한 기종의 항공기에 대해서만 교육을 받아도 됩니다. 그리고 여분의 부품도 단일 종류의 비행기 부품만 재고로 보관하면 되지요. 만일 항공기가 출발하기 직전에 수리할 일이 생겨서 비행기를 다른 편으로 바꿔야 하는 경

심플, 강력한 승리의 전략

우에도 모든 일이 매우 간단합니다. 승무원들이나 지상 근무자들 모두 어떤 항공편에도 완벽하게 익숙하니까요. 그리고 공항에 항공기를 계류할 장소를 찾는 일도 훨씬 쉽죠. 비행기들이 모두 같은 크기에 같은 모양이니까요."

이 항공사는 단순화를 도입함으로써 운영이 더욱 쉽고 유연해졌으며, 고객의 요구를 좀 더 잘 만족시킬 수 있는 능력을 갖췄다. 반면 아메리칸항공은 여러 기종의 항공기가 뒤죽박죽인 상태에서 경쟁력을 유지하는데 곤욕을 치렀다. 이 항공사의 CEO를 지낸 제라드 아페이Gerard Arpey는 이런 말을 했다. "복잡성의 비용은 고객에게 더 비싼 가격을 부과하는 것으로 상쇄할 수 없다." 사우스웨스트항공사가 수년간 고객만족에 관한 '삼관왕', 즉 정시 운항, 수하물 처리, 고객불만 비율에서 가장 우수한 항공사의 영예를 차지했다는 사실은 결코 우연이 아니다. 이 회사의 서비스에 만족한 고객들이 기라성 같은 다른 항공사들을 제치고 사우스웨스트항공을 최고의 항공사로 선택한 것이다.

단순화를 장점으로 승화시킨 기업은 또 있다. 2013년 제너럴모터스는 자사의 브랜드를 통합 및 단순화하는 차원에서 폰티액Pontiac, 새턴Saturn, 그리고 허머Hummer 사업부를 폐쇄했다. 당시 CEO 프리츠 헨더슨Fritz Henderson은 그 조치가 "여러모로 대단히 개인적인 결단"이었다고 밝혔다. 특히 1926년부터 생산되기 시작한 폰티액의 오랜 역사와 유산을 생각할 때 이는 쉽지 않은 결정이었다. 하지만 그 작은 고통이 회사에 일자리 120만 개 절감이라는 혜택을 가져다주었다. 2015년에 《패스트컴퍼니》는 제너럴모터스의 이야기를 "지난 20년간 가장 획기적인 기업의 재기"사례 중 하나로 선정했다.

정보기술 영역에서는 링크드인LinkedIn이 단순화를 도입해서 큰 도약을 이룩한 기업으로 꼽힌다. 이 회사는 어떤 사람이 링크드인 사용자와 '친구 맺기' 요청을 했을 때, 시스템이 해당 사용자에게 두 번 세 번 계속해서 이메일을 보내 그 사실을 반복적으로 통보해주는 프로세스를 오랫동안 운영했다. 그 때문에 고객들은 불만이 많았다. 2015년 링크드인의 경영진은 이 문제를 해결하기 위해 정책을 수정했다. 사용자들은 '친구 맺기' 요청이 있을 때마다 계속 이메일에 시달리지 않고 일주일에 한 번 정리된 정보를 받아보게 되었다. 그리고 사용자 그룹에 새로 가입한 회원들의 정보도 훨씬 간단한 방법으로 경신할 수 있게 했다. 회사가 회원들에게 보내는 이메일 수를 40퍼센트 줄이자 고객들의 불만도 절반으로 감소했다. 2014~2015년 링크드인의 매출은 35퍼센트 증가했으며, 회원 수도 3억 4,700만 명에서 4억 1,400만 명으로 20퍼센트 늘었다.

또 다른 기술기업 구글 역시 비즈니스 전략에 단순화를 통합함으로써 경쟁력을 높였다. 구글은 시겔+게일Siegel+Gale(미국의 브랜드컨설팅회사-옮긴이)이 발표하는 '글로벌 브랜드 단순화 지표Global Brand Simplicity Index'에서 지난 몇 년 동안 줄곧 선두권을 유지했다. 사실 이 회사의 업무 자체는 그리 단순하지 않다. 구글이 보유한 기반기술은 매우 복잡하다. 하지만 고객들에게는 대단히 단순한 경험을 선사한다. 특히 경쟁자들과 비교했을 때 그 차이는 더욱 크다. 이 회사의 최고 마케팅 책임자인 로레인 투힐Lorraine Twohill은 이렇게 말한다. "뒤에서 아무리 복잡한 일이 벌어지고 있어도, 고객 경험은 단순해야 합니다. 우리는 사람들이 원하는 것을 빠르게 제공합니다. 그리고 단순화는 그 약속의 핵심입니다." 고객 경험을 단순화하고 나서 구글의 비즈니스에 어떤 변화가 생겼느냐고 누군가 묻자 그녀는 이렇게 답했다. "더 많은 고객이 우리 회사의 제품과 서비스를 더 빠르게 받아들였죠. 우리는 그런 효과를 수없이 목격했어요. 문제점을 제거하면 고객이 우리 기술을 채택합니다. 그리고 입소문도 빨리 퍼집니다. 그러다 보면 구글의 제품이 사람들에게 익숙하게 쓰이게 되는 거죠." 바로 이것이 단순화의 핵심 아닐까?

복잡성은 기업을 시장의 급격한 변화에 취약하게 만들지만, 단순화는 반대로 시장의 변화를 주도할 수 있게 해준다. 이는 수많은 사례를 통해 입증된 사실이다. 예를 들어, 블록버스터Blockbuster(미국의 가정용 비디오 대여 회사-옮긴이)와 소규모 비디오 대여점들에 어떤 일이 일어났는지 생각해보라. 오늘날 가정용 비디오 시장을 넷플릭스Netflix가 장악한 이유는 소비자들이 우편이나 인터넷을 통해 손쉽게 비디오를 대여할 수 있기 때문이다. 마찬가지로 캐피털원Capital One이 미국의 신용카드산업을 단숨에 좌지우지할 수 있었던 비결은 많은 고객을 좌절감에 몰아넣은 복잡한 블랙아웃 기간blackout dates(신용카드의 포인트나 항공사의 마일리지를 사용하지 못하는 기간-옮긴이) 규정을 없애버린 것이다.

요즘에는 상상하기 어렵지만, 몇 년 전만 해도 이동통신사들은 자사의 소비자가 다른 통신사로 옮기면 기존의 번호를 사용하지 못하게 했다. 그래서 고객들은 다른 통신사에서 더 유리한 조건을 제공해도 좀처럼 통신사를 바꾸지 못했다. 사람들에게 자신의 전화번호가 바뀌었다고 알리는 일이 너무 힘들고 번거로웠기 때문이다. 영국 전기통신청Office of

Telecommunications은 이런 관행이 대중의 이익을 침해한다는 판단 아래, 소비자들이 통신사를 교체해도 기존의 번호를 쓸 수 있도록 강제조치를 내렸다. 정부기관에서 이런 장애물을 제거해버리자, 새로운 기업들이 시장에 진입해서 고객들에게 선택의 폭을 넓혀주었다. 그리고 기존의 기업들도 보다 양질의 서비스를 제공해야 한다는 자극을 받았다.

단순화가 필요하지 않은 영역은 없다. 그리고 시장은 단순화에 충분한 보상을 해준다. 시겔+게일의 조사에 따르면, 소비자들은 여러 비슷한 제품 중 사용이 더 간단한 물건에 6퍼센트 정도의 '단순화 프리미엄' 비용을 기꺼이 지불할 용의가 있다고 한다. 또 다른 조사에서는 보다 단순한 고객 경험을 제공하는 제품에 더 많은 돈을 지불하겠다고 답변한 응답자가 3명 중 2명에 달했다. 뿐만 아니라 경쟁사보다 덜 복잡한 제품이나 서비스를 다른 사람에게 추천하겠다고 밝힌 소비자도 10명 중 7명이나 됐다. 시겔+게일의 '글로벌 브랜드 단순화 지표'에서 상위 10위에 꼽힌 회사의 주식 가치가 지난 6년 동안 글로벌 평균 주가지수의 214퍼센트를 넘었다는 사실도 놀랄 일이 아니다.

단순화가 기업의 경쟁력을 강화시킨다는 명제가 참이라면, 그 반대의 경우도 참이다. 즉, 복잡성은 고객의 관심에 찬물을 끼얹는 역할을 한다. 최근 한 회사의 CEO가 들려준 이야기가 그 사실을 입증한다. 내 고객이기도 한 그 CEO는 다양한 소프트웨어 라이선스를 온라인으로 유통하는 회사를 운영한다. 그는 자기 회사가 제공하는 서비스의 실적이 생각만큼 빠르게 성장하지 않는 데 좌절감을 느꼈다. 고객들이 그 서비스를 필요로 하지 않았던 것은 아니다. 사실 서비스 자체는 매우 훌륭했다. 서비

심플, 강력한 승리의 전략

스에 포함된 수많은 소프트웨어 도구들은 여러 고객에게 추천을 받았으며 성공적인 사용사례도 많았다. 잠재 고객들은 홍보용 동영상과 무료체험용 제품을 받아볼 수도 있었다. 이 회사의 직원들은 자신이 할 수 있는 모든 일을 했음에도 불구하고 이 라이선스 도구 서비스가 성공을 거두지 못하는 이유를 이해하지 못했다.

결국 그 CEO는 자신의 가장 큰 고객 중 한 명을 점심식사에 초대해서 왜 자신의 서비스를 도입하지 않는지 물었다. 그 고객의 대답은 놀라웠다. "내용이 너무 많아요!"

"내용이 너무 많다고요? 그게 무슨 말씀이죠?" 그는 고객들에게 다양한 도구들을 선택할 기회를 제공하는 것이 자기 회사의 핵심적인 장점이라고 생각했다. 그런 서비스를 통해 이 회사가 고객의 혁신을 위한 '원스톱 쇼핑' 장소가 될 수 있으니까.

"말 그대로예요." 고객이 대답했다. "서비스의 내용이 너무 많다 보니 질려버리는 거죠. 어디서부터 시작해야 할지 모르겠어요."

고객에게 과부하를 안겨주는 행위는 기업대기업B2B 비즈니스에만 한정된 이야기가 아니다. 미국의 마케팅정보회사 JD파워J. D. Power가 2015년에 수행한 조사에 따르면, 새로운 자동차를 구매한 소비자 5명 중 1명은 자동차회사가 새롭게 내놓은 기술 중 절반도 사용하지 못한다고 한다. 어떤 자동차는 '컨시어지concierge(자동차회사에서 차량 운전자에게 다양한 정보와 서비스를 실시간으로 제공하는 기능 – 옮긴이)' 서비스 기능을 제공하지만, 40퍼센트는 이를 전혀 사용하지 않는다. 자동주차 시스템을 탑재한 차도 있지만, 35퍼센트의 고객은 사용한 적이 없다. 무선통신 라우터를 장착한 차량을 사용하는 고객 38퍼센트는 아예 통신망에 접속하지도 않는다. 이 조사에 의하면, 자동차업체들이 수십억 달러를 쏟아부어 만든 기술들의 상당 부분이 결국 낭비되고 있는 것이다.

우리는 매일의 일상에서 고객 과부하를 경험한다. 현대인들은 가정에서 다양한 TV 프로그램이나 영화를 즐길 수 있기 때문에 모든 사람이 저녁마다 〈에드 설리번 쇼Ed Sullivan Show〉를 시청하지 않아도 된다는 것은 다행스러운 일이다. 하지만 케이블TV나 위성TV, 그리고 비디오 스트리밍 서비스에 가입한 사람들은 과연 그 수백 개 채널 중 몇 개나 시청할까? 우리는 멋진 레스토랑에서 물 한 잔을 주문할 때도 힘이 든다. 탄산수냐 일반 생수냐, 얼음을 넣느냐 마느냐, 레몬이냐 라임이냐…… 주문을 시작할 때는 목이 마르지 않다가도 주문을 끝낼 즈음에는 말을 너무 많이 해서 목이 탄다.

우리는 너무 많은 선택, 결정, 데이터, 그리고 생각해야 할 수많은 일들 속에서 정말로 '바쁜' 시대를 살아간다. 모든 사람이 벼랑 끝에 몰려 있는 듯하다. 아피니온의 인사책임자 짐 댈리는 이렇게 말했다. "선택은 고통입니다!" 이런 현실에서 당신은 어떻게 조직을 차별화해야 할까? 무엇보다 먼저 복잡성을 없애야 한다. 고객들이 최소한의 노력으로 자신들이 원하는 바를 얻을 수 있도록 당신의 제품과 서비스를 구매하는 과정을 획기적으로 쉽게 만들어야 한다. 그래서 그들이 얻는 데 1시간쯤 걸릴 거라고 생각했던 기쁨을 5분 만에 경험할 수 있도록 하라. 다시 말해, 단순화하라.

응급실을 단순화하다

＼

남부 캘리포니아에 소재한 스크립스헬스Scripps Health는 미국에서 가장 크고 가장 존경받는 비영리 의료기관이다. 하지만 의료산업에 속한 다른 회사들처럼 스크립스 역시 시장의 흐름에 따라 진화 과정을 겪어야 했다. 지난 수십 년 동안 미국의 의료비는 하늘 높은 줄 모르고 치솟기만 했다. 그 이유는 무얼까? 1980년대의 자동차산업이 그랬듯이, 의료서비스기업들이 너무 비대하고 게을러졌기 때문이다. 그 회사들은 자사에서 제공하는 의료서비스의 비용이나 품질을 제대로 고려하지 않고 인력과 프로세스를 마구잡이로 늘렸다. 그러나 의료서비스 개혁이 시작되면서 풍요의 시대는 종말을 고했다. 오늘날 의료서비스산업은 병원, 양로원, 의사, 간호사, 의약품, 치료 등에 소요되는 엄청난 비용을 더 이상 감당하기 어렵다. 많은 기업이 조직을 간소하게 만들거나 아니면 사업을 접어야 하는 상황에 처해 있다.

스크립스의 CEO 크리스 밴 고더Chris Van Gorder를 포함한 경영진은 다른 어느 회사보다 먼저 조직을 변혁시키는 일에 착수했다. 그들은 2000년대 초에 앞으로 의료서비스 개혁이 일어날 것을 일찌감치 예상했지만, 그 위협을 공포가 아닌 기회로 받아들였다. 그들은 더 적은 일을 통해 더 많은 일을 달성할 수 있는 가능성을 추구했다. 그런 면에서 단순화는 비용을 절감하고, 품질을 개선하며, 직원의 만족도를 향상시킴으로써 스크립스를 더욱 훌륭한 조직으로 거듭나게 해줄 핵심적인 방법이었다.

예를 들어, 2007년 이 병원의 임원들은 응급부서가 25개의 하위 부서들로 나뉘어 있기 때문에 응급실에 근무하는 직원들이 각자 다른 상사에게 소속되어 일한다는 사실을 알게 됐다. 그렇다 보니 여러 명의 의료진이 같은 환자를 진료하는 상황에서도, 막상 문제가 발생했을 때 서로 소통이 되지 않는 경우가 많았다. 의료진 간의 업무를 조율하는 기본적인 시스템은 지난 30년 동안 침체 상태에 빠져 있었다. 아무리 새로운 분석 도구와 장비가 도입되더라도, 응급실에서 근무하는 사람들이 일하는 방식에는 발전이 없었다.

그 결과 환자들은 불쾌한 경험에 노출될 수밖에 없었다. 어떤 환자가 응급실에 들어오면 먼저 행정직원이 환자를 만나 인터뷰를 했다. 그 후에는 간호사가 여러 가지 질문을 했다. 그리고 또 다른 간호사가 같은 질문을 반복했다. 그다음에야 의사가 찾아왔다. 그런 과정에서 진료 절차는 한없이 늘어질 수밖에 없었다. 응급 상태가 심각하지 않은 환자는 때에 따라 8시간을 기다리기도 했다. 이 병원 응급실을 찾은 환자 8명 중 1명은 의사가 진료하기도 전에 병원을 떠나버렸다. 더 이상 기다릴 수가 없어서.

스크립스의 경영진은 문제의 해결책을 연구하는 과정에서 이 병원 응급실의 운영 원칙이 훌륭한 고객(환자) 경험을 제공하는 것과는 거리가 멀다는 사실을 깨달았다. 사실 운영 원칙이라고 할 만한 것도 없었다. 그 결과 엄청난 복잡성이 손을 쓸 수 없을 정도로 방치되어 있었다. 비효율적인 운영 시스템과 판에 박힌 업무들이 의료서비스 제공자들의 시간과 관심, 그리고 에너지를 빼앗아감으로써 그들을 복잡성의 인질로 만들어버렸다. 이 성실한 의료진은 문서 양식을 작성하고, 낡은 업무 절차를 지키고, 윗사람들의 관료적인 요구에 응하느라 환자에게 집중할 시간이 부족했다.

결국 스크립스는 응급실을 단순화함으로써 비용을 절약하고 의료서비스의 품질을 향상할 수 있는 방향으로 재설계했다. 일단 응급실에 들어온 환자의 상태를 분류하는 프로세스를 효율화하는 것이 첫 번째 목표였다. 그들은 기존의 4단계 프로세스를 없애고 새로운 원칙을 만들었다. 모든 응급 환자는 곧바로 한 명의 의사 및 한 명의 간호사와 인터뷰를 한다. 이 두 사람의 의료진은 이 환자가 응급실 내원자 중 20~30퍼센트를 차지하는 '응급조치' 대상인지 판단한다. 만일 그렇지 않다면 그 환자는 응급 환자 명단에서 빠지고, 대신 '비응급' 환자를 보다 효율적으로 진료할 수 있는 전문 의료진에게 보내진다.

새로운 조치의 결과는 혁명적이었다. 환자들이 응급실에서 대기하는 시간이 절반으로 줄었다. 의료진을 기다리다 못해 응급실을 떠나는 경우도 사라졌다. 스크립스가 환자들을 다른 병원보다 빠르게 진료한다는 소문을 듣고 멀리서 찾아오는 사람들이 늘어나면서, 매출도 20퍼센트 증가했다. 직원만족도와 고객만족도 모두 크게 향상되었다. 스크립스는 이 모델을 다른 부서나 의료시설에 적용하기 시작했다. 결국 응급 시스템 재설계 방식을 조직 전체에 전파한 결과, 스크립스는 연간 2억 달러의 비용을 절감할 수 있었다.

물론 스크립스는 여전히 의료산업의 지속적인 변화에 민감할 수밖에 없는 병원 가운데 하나일 뿐이다. 하지만 그들은 다른 경쟁자들과 다르다. 이 회사에는 커다란 장점이 있다. 그들은 예측 불가능한 문제들이 새롭게 나타나더라도 속수무책으로 당하고만 있지는 않을 것이다. 새로운 환경에서 적응하고 생존할 수 있는 단순화 전략을 지속적으로 개발해나갈 것이다.

누구도 몰랐던 이야기

\

얼마 전 한 친구가 꽤 인상적인 현대의 우화를 하나 들려주었다. 독자들 중에도 들어본 사람이 있을 것이다.

어느 날 존이라는 사람이 자신의 아들 필립을 태우고 운전을 하고 있었다. 그러다가 차들이 심하게 정체된 지점에 도착했다. 차창을 통해 고가도로 아래로 커다란 트럭 한 대가 추락한 모습이 보였다. 시간이 계속 흐르자 존은 짜증이 나기 시작했다. 트럭 운전수는 대체 무슨 생각을 하다가 사고를 낸 거야?

그런데 필립은 경찰차와 소방차, 그리고 다리 위로 트럭을 끌어올리기 위해 현장에 도착한 장비들을 유심히 바라보고 있었다. 차는 어디에 걸렸는지 좀처럼 끌려 올라오지 않고 있었다. 그때 갑자기 필립이 차 문을 열고 나가더니 사고현장을 향해 달리기 시작했다. 깜짝 놀란 존은 차에서 내려 아들을 쫓아갔다. 필립은 "내가 트럭을 끌어올릴 방법을 알아요!" 하고 외쳤다. 작업 중인 사람들은 아이가 다칠까 봐 근처에 오지 못하게 했다. 하지만 필립은 누군가 자신의 말을 들어줄 때까지 계속 소리를 질렀다. 그러자 어떤 사람이 물었다. "어떻게 하라는 말이니?"

심플, 강력한 승리의 전략

필립은 미소를 지으며 대답했다. "타이어에서 공기를 빼야 해요!"

간단한 해결책이었다. 하지만 현장에 있던 경험 많은 엔지니어들은 그 방법을 생각해내지 못했다. 필립은 사고현장을 지켜본 모든 어른을 눈멀게 했던 복잡성의 덫에서 자유로웠다. 그는 공기압이니, 마찰이니, 누구의 책임이니 하는 따위의 복잡한 것들을 생각하지 않았다. 필립의 마음은 투명함과 단순함이라는 축복을 받은 것이다.

기업이 복잡성을 제거하고 직원들을 진정으로 중요한 일에 몰두하게 만들면 놀라운 일이 일어난다. 생산성이 증가하고, 창의력도 높아진다. 또 직원들의 업무참여도가 향상되고 이직률이 줄어들면서 보다 건강한 노동력이 확보된다. 이 모든 장점으로 인해 기업의 경쟁력이 강화되고 시장의 급격한 변화 속에서도 생존할 수 있는 가능성이 높아진다. 심지어 그런 변화를 스스로 주도할 수도 있게 된다. 하지만 단순화의 진정한 효과는 거기서 그치지 않는다. 우리 모두는 조직의 업무가 단순화되고 직원들이 핵심 업무에 집중하면 조직에 변화가 초래된다는 사실을 안다. 하지만 정말 얼마나 멋진 일이 벌어질지는 아무도 모른다. 위 이야기처럼 단순화는 우리 앞에 완전히 새로운 세계를 열어줌으로써 예전에는 상상도 할 수 없었던 통찰과 해결책을 이끌어낸다. 한마디로 단순화는 우리를 어린 시절로 돌아가게 만든다. 오로지 직관을 통해 세상을 바라보던 그 시절, 모든 것이 새롭고 황홀했던 그 시절, 불가능한 것들이 모두 가능해 보였던 그 시절로 데려가준다.

당신의 직원들은 관료주의의 족쇄를 벗어났을 때 어떤 기술적 해결책을 새롭게 만들어낼까? 이메일이 줄어들면 회사에 어떤 문화가 조성

될까? 불필요한 회의가 사라지면 직원들은 어떤 새로운 제품들을 생각해낼까? 복잡한 규정이 없어지면 그들은 어떤 시장을 새롭게 공략할까? 수많은 보고서를 만들고 제출하지 않아도 된다면 직원들은 얼마나 많은 매출을 올릴 수 있을까? 각종 서류에 여러 사람의 결재를 받아야 하는 일이 줄어들면 회사의 시장점유율은 얼마나 높아질까? 모든 사람이 중요한 일에 집중하면서, 내가 첫 직장에 첫 출근하던 날 느꼈던 열정을 조금이라도 느낀다면, 직원들은 얼마나 인간적인 분위기를 함께 나눌 수 있을까?

상상만 해도 멋진 일 아닌가!

심플, 강력한 승리의 전략

5장

단순화가 해답이다

단순한 고객 경험을 제공하는 브랜드 뒤에는
단순함의 진정한 가치를 이해하는 리더가 존재한다.

— 마거릿 몰로이Margaret Molloy(시겔+게일 최고 마케팅 책임자) —

오늘날 미국에서는 수백만 명의 일반인이 뮤추얼펀드mutual fund에 돈
을 투자한다. 하지만 항상 그랬던 것은 아니다. 금융기관들이 머니마켓
펀드money market fund(수시 입출금식 초단기 채권형 펀드-옮긴이)의 개념을 고
려하기 시작한 1970년대만 해도, 사람들은 대부분 이 투자상품의 최종
사용자가 대기업들일 거라고 예상했다. 일반인들은 이 펀드에 돈을 투
자하더라도, 나중에 투자금을 회수할 때 거쳐야 하는 극도로 복잡한 과
정을 개인적으로 감당하기가 어려웠기 때문이다. 대규모 재무부서를 보
유한 대형 기업들만이 직원들이나 회계사들을 동원해서 그런 일을 해낼
수가 있었다.

그런데 몇 년 후에 피델리티인베스트먼트Fidelity Investment(미국 보스턴에
소재한 세계적인 금융서비스회사-옮긴이)의 일부 경영진이 머니마켓펀드를

새로운 각도에서 바라보기 시작했다. 그들은 투자자들의 자금 회수 과정을 간소화하기만 한다면, 머니마켓펀드는 개인이나 가족을 위한 훌륭한 금융상품이 될 수 있다고 생각했다. 머니마켓펀드 계좌는 일반 예금 계좌와 비슷한 성격을 띠면서도, 당시 평균 수익률이 거의 14퍼센트에 달할 정도로 수익성이 높았다. 문제는 운영과 고객서비스의 복잡성이었다. 냉소적인 사람들은 투자금을 회수하는 일이 번거롭고 복잡한 머니마켓펀드에 개인 투자자들이 절대로 자산을 맡기지 않을 거라고 주장했다. 투자금을 되찾으려는 소비자는 일단 펀드매니저에게 보내는 편지를 작성한 다음 이를 공증하는 절차를 밟고 나서 편지를 발송해야 했다. 자산운용회사는 그런 과정이 끝난 후에야 고객의 자금 상환 요청을 처리하기 시작했다.

피델리티의 경영진은 이 새로운 기회를 계속 연구했다. 만일 회사가 시스템을 단순화해서 개인 투자자들이 자신의 계좌에서 수표를 발행하도록 할 수는 없을까? 다시 말해, 투자자들이 편지를 보낼 필요도, 공증을 할 필요도 없이 자신의 펀드 계좌에서 직접 수표를 끊도록 하는 방법이 가능하지 않을까?

"절대 안 됩니다." 피델리티의 법무팀 변호사들은 입을 모아 반대했다. 만일 회사가 최소한의 보호장치를 없애버리면 무책임한 소비자 중에서 자신의 계좌 잔고보다 더 많은 금액의 수표를 발행하는 사람이 생길 수도 있다는 이유에서였다. 그 수표들은 결국 부도처리될 것이고, 회사 입장에서는 재난을 맞게 될 터였다.

하지만 이 회사의 CEO 네드 존슨Ned Johnson과 사업본부장 밥 굴드Bob

Gould는 그 아이디어를 포기하지 않았다. 소비자들이 정말로 부도수표를 발행할까? 일반인들을 대상으로 머니마켓펀드 계좌를 공개하는 일을 일단 시도는 해볼 수 있지 않을까? 그들은 자사의 변호사들과 법률적 견해가 다른 사람들을 찾아나섰다. 그리고 피델리티가 개인들을 대상으로 머니마켓펀드 계좌를 제공하는 일에 아무런 법률적 제약이 없다고 생각하는 일단의 변호사들을 만났다. 이 일에 어떤 위험이 존재하는지 계산은 끝났다. 그 위험부담을 떠안을 가치가 있는지 결정하는 것은 경영진의 몫이었다.

피델리티의(그리고 이 산업의) 전설은 그렇게 탄생했다. 1974년 이 회사는 '피델리티 매일 소득 신탁Fidelity Daily Income Trust, FDIT'을 출시했다. 일반 소비자들을 대상으로 한 세계 최초의 뮤추얼펀드 상품이었다. 개인 투자자들 사이에서 이 상품에 대한 수요가 폭증했다. 그야말로 어마어마한 수요였다. 피델리티는 처음 6개월 동안 무려 8억 달러(1974년의 달러라는 점을 기억하라) 가치의 자산을 모집했다. 전에는 피델리티에 별 관심이 없던 고객들도 시간이 지나면서 이 회사의 가장 충성스러운 투자자로 변모했다. 그로부터 몇 년 후 주식시장에 큰 충격이 닥치자, 고객들은 뮤추얼펀드에 투자했던 자산을 주식 계좌로 옮기기 시작했다. 물론 피델리티를 통해서. 그야말로 커다란 성공이었다.

이 이야기에서 확인할 수 있는 바와 같이, 단순함은 그 자체로 훌륭한 상품이다. 피델리티가 8억 달러의 황금알을 캐는 과정에 유일하게 존재했던 장애물은, 존슨과 굴드를 제외한 이 회사의 임원들(그리고 뮤추얼펀드 기업 연합인 자산운용협회ICI의 리더들)이 맹목적으로 지키려 했던 거대한 복잡성의 장벽이었다. 하지만 피델리티가 일반인들을 대상으로 뮤추얼 펀드를 재창조할 수 있었던 더 핵심적인 이유는, 최고경영진이 함께 책임을 지고 위험을 감수하면서 끝까지 목적한 바를 관철했기 때문이다. 그들은 단순화를 실현했다.

만일 당신이 지금 회사나 부서를 이끌고 있다면, 또는 언젠가 그런 조직을 이끄는 최고경영진이 되고 싶다면, 당신도 단순화를 이루어내야 한다. 단순화는 조직의 하부에서부터 자연스럽게 위로 확산되는 문화가 아니다. (다음 장에서는 모든 직급의 직원들이 단순화를 위해 일정한 역할을 담당하는 이야기를 할 것이다.) 당신은 관리자로서 단순화를 전략적 우선순위로 삼고 관심과 에너지를 쏟아야 한다. 그리고 조직의 모든 사람에게 올바른 메시지를 전달해야 한다. 그것이 리더가 수행해야 할 핵심적인 일이며, 리더가 되고자 하는 사람이 배워야 할 가장 중요한 기술이다.

당신은 당신의 회사를 얼마나 알고 있나

﹨

많은 경우 단순화를 달성하는 일은 조직의 일반 구성원들보다 최고경영진에게 더 어려운 숙제다. 하지만 그들의 역할은 훨씬 중요하다. 잭 웰치는 이런 글을 남겼다. "자신감이 없는 관리자일수록 더 많은 복잡성을 만든다. 겁에 질리고 불안한 관리자들은 두껍고 복잡한 계획서, 그리고 어린아이라도 알 만한 내용으로 가득 찬 정신없는 슬라이드를 사용한다. 진정한 리더는 그런 잡동사니들이 필요 없다." 우리는 2장에서 직원들을

심플, 강력한 승리의 전략

복잡성의 수렁에 빠뜨리는 인지적 편향 현상과 정서적 함정에 대해 이야기했다. 조직의 경영진도 그런 수렁에 빠지는 것은 마찬가지다. 하지만 그들에게는 해결해야 할 숙제가 더 많다.

가장 대표적인 문제는 경영진과 직원들의 단절 현상이다. 회사의 임원들은 대개 조직을 위해 더 큰 그림을 그리는 일에 몰두한다. 그러므로 회사 운영상의 세부적인 사항들, 즉 일반 직원들이 매일 접하는 규칙, 프로세스, 관행들을 직접 경험할 기회가 없다. 따라서 이런 요소들이 극도로 복잡하거나 비효율적이라고 하더라도, 그들은 그런 문제에 대해 적절한 정보를 얻지 못한다. 게다가 임원들 옆에는 비서나 보좌역을 포함한 여러 사람이 완충지대를 형성한다. 업무현장에서 직원들을 좌절감에 빠뜨리는 일이 실제로 일어나더라도 임원들은 주변 사람들의 방어막 때문에 실상을 정확하게 파악할 수 없다.

경영진은 직원들로부터 단절될수록 본의 아니게 복잡성을 심화시키는 조치를 더 많이 남발함으로써 직원들에게서 일의 의미를 빼앗는다. 예를 들어, 고위경영진이 부하직원에게 작성하기가 매우 어렵고 오랜 시간이 걸리는 자료를 제출하라고 지시하는 상황을 누구나 겪어보았을 것이다. 그러면 담당 직원은 얼마 후에 믿을 수 없을 정도로 상세하고 정확한 정보가 담긴 보고서를 제출한다. 물론 그 보고서를 읽어보는 임원도 있겠지만, 많은 경우 그토록 공들여 만든 보고서는 바쁜 업무 속에서 책상 위에 놓인 채 방치된다. 임원들은 애초에 이 자료를 작성하라고 지시한 이유를 스스로에게(그리고 혹시 그 이유를 묻는 사람에게) 이렇게 합리화한다. "혹시 필요할지 몰라서……." 또는 그 정보가 아랫사람들에게도 필요할 거라고 확신했기 때문에.

그 보고서를 작성한 직원은 자신이 아무런 대가 없이 다람쥐 쳇바퀴를 돌리고 있다고 느낀다. 업무는 갈수록 복잡해지고 일의 의미는 사라진다. 하지만 경영진은 자신의 생각 없는 요청이 어떤 결과를 낳았는지 알지 못한다. 어차피 그 일이 얼마나 힘들었는지 터놓고 말하는 직원도 별로 없다. 진실을 이야기하면 자신이 일에 관심이 없거나 성실하지 않은 사람으로 비칠 수 있기 때문이다. 임원들은 그런 직원들이 경영진이 성취하고자 하는 '큰 그림'을 이해하지 못한다고 생각한다.

경영진과 직원들의 단절 현상은 최근에 더욱 심해지면서 경영진이 뜻하지 않게 조직의 복잡성을 가중시키는 경우가 증가하고 있다. 지난 수십 년간, 우리는 모든 업무를 꼬치꼬치 관리하지 말고 직원들이 자율적으로 일할 수 있도록 '권한을 위임하라'는 '복음'을 기업의 리더들에게 전파해왔다. 훌륭한 상사는 직원들에게 분명한 기준만 설정해주고 상세한 업무에서는 손을 뗀다. 관리자가 모든 일을 일일이 간섭하던 그 시절로 돌아가기를 원하는 직원은 아무도 없다. 우리는 직원 개개인이 스스로 재능을 발휘해서 문제를 해결하기를 바란다. 또 직원 자신이 직무 목표를 달성하는 데 시간과 노력을 투자했다는 정서적 만족감을 느끼기를 원한다. 하지만 자기 자신의 일을 처리하기에 급급한 조직의 경영진은 부하직원들의 업무방식과 프로세스에 대해 무지하다. 그들은 자기가 직원들에게 요구하는 업무가 몇 시간이면 가능한지, 아니면 한 주 내내 매달려야 하는 작업인지 알지 못한다.

단순화는 윤리적 의무다

＼

단순화는 매우 어려운 일이다. 그 사실을 부인하는 사람은 없다. 하지만 그럼에도 불구하고 단순화는 극도로 중요한 일이다. 우리는 단순화가 조직의 경쟁력을 어떻게 강화시키는지 이미 살펴봤다. 기업의 경영진은 주주들의 이익을 위해서라도 단순화를 추구해야 한다. 그러나 나는 한 단계 더 높은 차원에서 단순화를 생각해보고 싶다. 기업의 경영진이 진정으로 주주들을 위해 존재한다면, 우리는 단순화가 '리더들이 행해야 할 (도덕적으로) 올바른 일'이라는 결론에 도달하게 된다. 다시 말해, 단순화는 비즈니스를 위한 일개 도구가 아니라, 반드시 지켜야 할 윤리적 의무인 것이다.

단순화는 고객들에게 진정한 혜택을 제공한다. 만일 기업의 경영진이 직원들로 하여금 '가장 중요한 일'에 많은 시간과 관심을 쏟게 만든다면, 고객들은 더 좋은 제품과 더 좋은 경험을 즐길 수 있다. 고객서비스 담당자는 불필요한 회의, 이메일, 서류, 업무 절차에 시간을 빼앗기지 않고 고객을 만족시키는 일에 집중할 것이다.

서류와 업무 절차 이야기가 나왔으니 말인데, 만일 임원들이 단순화를 우선순위로 삼는다면, 먼저 고객들이 처리해야 하는 서류나 업무 절차부터 줄여나가야 할 것이다.

뿐만 아니라 리더가 조직에 단순화를 도입하면 직원들도 혜택을 받는다. 물론 당신은 언제라도 당신이 원하는 만큼 부하직원에게 권한을 위임할 수 있다. 하지만 아래부터 위까지 복잡성으로 포화상태를 이루고 있는 환경에서 권한위임은 아무런 의미가 없다. 윗사람이 지시한 불필요한 숙제를 하느라 정신이 없는 직원들은 차원 높은 사고가 불가능하며, 업무를 통해 만족감을 얻기도 어렵다. 반대로 그 직원들이 더 풍요롭고 의미 있는 일을 할 수 있다면 얼마나 큰 기쁨을 맛보게 될지 상상해보라. 당신은 그들을 행복하게 만들었고 동시에 건강하게 만든 것이다. 또 그들 자신과 가족의 삶을 개선한 것이다.

고위경영진이 단순화를 주도하면 동료 임원들에게도 그 혜택이 돌아간다. 볼로메트릭스는 최근에 진행한 연구에서 동료들로 하여금 수백 시간을 낭비하게 만든 어떤 기업의 임원에 대한 사례를 공개했다. 이 사람은 동료들에게 엄청난 양의 이메일을 보내고 수많은 회의에 참석하라고 요구함으로써, "매주 열 사람이 풀타임으로 근무하는" 시간을 빼앗았다고 한다.

우리는 그런 사람이 되어서는 안 된다. 우리는 동료들에게 열 사람이 풀타임으로 근무하는 시간을 '절약'하게 해주어야 한다. 비록 그 정도까지는 아니더라도, 당신이 주변 직원들의 시간을 조금이라도 절약해주었을 때, 그들이 얼마나 많이 스트레스를 줄이고, 얼마나 많이 중요한 일을 해낼 수 있을지 상상해보라. 그 직원들은 모두 당신의 전우다. 당신에게는 그들의 일을 더 쉽고 보람 있게 만들 기회와 의무가 있다.

단순화는 조직 내의 '모든 사람과 모든 사물'에 영향을 준다. 내 고객 한 명이 자기 회사에서 보고서 하나를 만들기 위해 데이터를 수집하는 일이 얼마나 복잡한지 하소연한 적이 있다. 그 회사는 여러 가지 각도에서 데이터를 분석했다. 브랜드 및 지역별 데이터, 사업부 및 제품별 데이

심플, 강력한 승리의 전략

터, 수금을 완료한 업체 및 미수금 업체 데이터, 전략적 기회 및 전술적 성공 관련 데이터 등등. 그 데이터의 구조가 너무 복잡해서 각 부서는 수 많은 이메일을 교환하고, 필요한 자료를 요구하고, 제출 마감일을 정하고, 새로운 보고서에 관련된 요건들을 결정해야 했다. 국가별 수치를 보고하는 직원은 각 브랜드별 수치가 도착한 후에야 자신에게 필요한 수치를 집계할 수 있었다. 반면 인구통계학적 데이터를 분석하는 직원은 완전히 다른 데이터 모집단을 바탕으로 작업을 해야 했다. 모든 것이 혼란스러웠다. 직원들은 다른 사람에게서 필요한 자료를 넘겨받을 때까지 하염없이 기다려야 했다.

그 결과 완성된 보고서는 너무 방대해서 누구도 쉽게 이해하기가 어려웠다. 모든 직원이 보고서를 만드는 과정에 함께 참여한다는(데이터를 수집하는 일, 실행 가능한 정보를 만드는 일, 이 브랜드에 투자를 하고 저 시장에 집중하고 이 제품의 가격경쟁력을 확보해야 한다는 등의 견해를 도출하는 일 등으로) 취지의 이 시스템은 회사에 도움은커녕 혼란만 불러왔다.

이런 종류의 문제라면 물론 중간관리자들도 해결할 수 있을지 모른다. 하지만 단순화가 본격적으로 조직에 정착되기 위해서는 '최고경영진의 명령'이 필수적인 요소다. 다시 말해, 회사의 모든 직원이 경영진으로부터 전달받는 지침 속에 단순화에 관련된 정책이 포함돼야 한다. 최고경영진은 각 프로젝트와 업무에 소요되는 시간을 세심하게 고려할 필요가 있다. 물론 경영진의 시간이 아니라, 저 아래에서 일하는 사람들이 쪼개서 사용하는 시간 말이다.

당신은 복잡성을 만드는 데 어떻게 가담하고 있나?

1. 한 문단 이상으로 이루어졌거나 읽는 데 시간이 많이 걸리는 이메일을 자주 보낸다.

2. 세 사람 이상의 참조 또는 비밀참조 명단이 포함된 이메일을 보낸다.

3. 이메일 수신자에게 24시간 이내 또는 다음 근무일 안으로 답변을 요구한다.

4. 서면이나 구두로 소통할 때 특수한 비즈니스 용어를 사용한다.

5. 부하직원들이 업무적 의사결정을 하는 과정에 상사를 포함시키라고 요구한다.

6. 모든 의사결정은 여러 사람이 함께 한다.

7. 아래 사람에게 목표가 확실치 않고 담당자도 정해지지 않은 업무를 맡긴다.

8. 직원들이 공식적인 프로세스를 예외 없이 지킬 것을 기대한다.

9. 제품, 프로젝트, 개발 작업 등에 새로운 일들을 계속 추가한다. 줄이는 경우는 드물다.

10. 팀에서 발생하는 모든 비용, 소통, 계약 관련 문서들을 결재한다.

11. 팀 멤버들과 한 주에도 몇 차례 반복적으로 회의를 한다.

12. 안건 없이 회의를 진행한다.

13. 지나치게 상세하고 장황한 발표 자료를 사용한다.

14. 부하직원에게 자신이 지시해서 만든 보고서나 발표 자료를 받고도 응답하지 않는다.

15. 여러 부하직원에게 동일한 보고서를 반복적으로 만들라고 지시한다.

이 목록의 어느 항목에라도 '그렇다'라고 대답한 사람은 복잡성을 만드는 데 일조하고 있는 것이다

새로운 황금률

\

우리 모두에게는 할 수 있는 만큼 주위 동료들의 삶을 단순하게 만들어줌으로써 그들이 일에서 의미를 찾도록 도와야 할 의무가 있다. 우리가 다른 사람들의 삶을 단순하게 만들거나, 다른 사람들이 우리의 삶을 단순하게 만들어주기 위해서는 반드시 지켜야 할 '황금률'이 존재한다.

우리의 삶을 복잡하게 만드는 사람들을 구별하기는 어렵지 않다. 생산적이지 않고 의미도 없는 길고 긴 수다에 다른 사람들을 끌어들이는 수다꾼. 회의시간을 온통 독차지하고 다른 참석자들에게는 전혀 중요하지 않은 이야기들을 시시콜콜 늘어놓는 허풍선이. 업무적인 대화를 하자고 계속 쫓아다녀도 여기저기 참견하느라 시간을 내기 어려운 참견꾼. 불필요하게 장황한 메시지를 보내거나, 알아듣기 어려운 질문을 하거나, 엄청난 이메일 폭탄을 다른 사람들에게 투하함으로써 자기 책임을 남에게 떠넘기는 대학교수 같은 동료.

우리는 이런 종류의 행위를 방지하기 위해 노력을 기울여야 하지 않을까? 업무에 지장을 주는 복잡성이 우리의 시간을 침해하지 못하도록 처음부터 경계선을 그어야 하지 않을까? 자기 시간을 소중하게 여기는 만큼 다른 사람들의 시간도 존중하라고 직원들을 가르쳐야 하지 않을까? 먼저 우리 자신이 효과적으로 업무를 수행함으로써 직원들도 그런 식으로 일할 수 있도록 만들면 '단순화의 선순환'이 형성되지 않을까? 우리는 조직의 리더로서 단순화의 '황금률'을 지켜야 할 의무가 있지 않을까?

우리에게는 조직 전체에 문화를 정착시킬 수 있는 권한과 능력이 부여되어 있다. 하지만 그 권한과 능력은 거창한 정책이나 전략 또는 투자를 통해서가 아니라 우리의 행동을 통해서 발휘된다. 우리는 시간에 투자하는 일이 돈에 투자하는 일 못지않게 중요하다는 점을 확실하게 알아야 한다. 또한 우리에게 직원들의 시간을 낭비할 권리가 없다는 사실을 분명하게 인식해야 한다.

무엇이 조직의 리더들에게 단순화를 추구하도록 만드는가? 그들이 단순화의 과정에 존재하는 위험을 기꺼이 감수하는 이유는 무엇인가? 나는 이 책을 쓰기 위해 조사하는 과정에서 100명도 넘는 최고경영진을 만나 단순화에 대한 그들의 생각과 경험에 대해 함께 이야기를 나눴다. 그들과의 대화에서 내가 곧바로 깨달은 사실은, 단순화의 여정을 끝까지 완수한 리더들은 일련의 신념, 특성, 성격을 포괄하는 특별한 '사고방식'을 지니고 있다는 것이었다. 그 사고방식의 윤곽은 임원들과 계속 인터뷰를 진행하면서 점차 뚜렷해졌다. 그래서 나는 다음과 같은 '여섯 가지 리더십 특징'으로 이를 정리했다. 일단 가장 중요하고 기초적인 '용기'부터 살펴보자.

리더십 특징 #1: 용기

2014년 데이브 루이스Dave Lewis가 유럽의 대형 식료품 체인점 테스코Tesco의 CEO로 부임했을 때, 회사는 여러 가지 어려움에 시달리고 있었

심플, 강력한 승리의 전략

다. 일단 소비자들의 구매 패턴이 변했다. 사람들은 더 자주 쇼핑을 했지만 한 번에 구매하는 물품의 수는 예전보다 적었다. 그들은 매일 저녁 집으로 돌아가는 길에 식품 매장에 들러 저녁식사에 사용할 재료를 몇 가지 구입하는 식의 편리한 쇼핑 방식을 선호했다. 테스코는 매우 다양한 품목을 판매하는 대형 슈퍼마켓이었지만, 소비자들은 더 적은 양의 제품을 더 저렴하게 쇼핑하기를 원했다. 경쟁사인 리들Lidl이나 알디Aldi는 그런 방식의 서비스를 제공하고 있었다.

뿐만 아니라 테스코는 마케팅 방식도 너무 복잡했다. 어느 소매업 컨설턴트는 다음과 같이 지적했다. "최근 세간에서 대두되고 있는 테스코에 대한 비판 중 하나는, 이 회사가 자사의 가치를 단순하고 효과적으로 고객에게 전달하는 능력이 부족하다는 것이다. 그들은 수많은 광고문구, 슬로건, 쿠폰, 판촉 도구 등을 남발하면서 고객들을 혼란에 빠뜨리고 있다." 설상가상으로 테스코는 대형 회계 조작 스캔들의 여파에서 벗어나지 못한 상태였다. 오랫동안 영국의 식료품산업을 지배했던 이 회사(테스코는 영국에서 가장 큰 소매기업이었다)는 분기 수익을 부풀려 보고했다는 혐의를 받고 있었으며, 그 때문에 정부기관 두 곳에서 이 사안을 수사하고 있었다.

루이스는 부임하자마자 이 회사가 당면하고 있는 여러 가지 심각한 문제를 인식했다. 소비자들 입장에서는 테스코에서 쇼핑하는 일이 일종의 힘든 노동과 같았다. 고객들은 어떤 제품(예를 들어 케첩)을 하나 구입하려 해도 수많은 브랜드, 맛, 식감 등의 선택을 두고 고민해야 했다. 거대한 공룡 같은 테스코와 작고 재빠른 경쟁사들의 차이는 심각할 정도로 커지고 있었다. 테스코에서는 28종류의 케첩을 판매했다. 반면 알디 매장에는 오직 한 종류밖에 없었다. 테스코에서는 224종류의 공기청정제를 팔았다. 알디는 13종류에 불과했다. 테스코에서 판매하는 알루미늄 포일은 11종류였다. 알디는 오직 한 종류만 취급했다. 테스코의 상품화 전략은 너무 복잡했다. 수많은 상품을 제공하기 위해 많은 비용을 쏟아부었지만 소비자들은 이를 외면했다.

루이스는 어떻게 했을까? 그는 곧바로 보스턴컨설팅그룹을 불러들여 테스코 매장에서 어떤 제품들을 없애는 것이 좋을지 연구하도록 했다. 그리고 매장에 있는 제품 품목을 90,000가지에서 65,000가지로 30퍼센트 줄일 수 있도록 그들에게 권한을 주었다.

루이스는 이런 조치 때문에 일부 소비자의 항의가 빗발칠 거라는 사실을 알고 있었다. 그들은 이렇게 말할 것이다. "내가 즐겨 마시는 브랜드의 커피를 팔지 않겠다고? 절대 안 돼!"(테스코에서 판매하는 커피 원두는 283가지나 됐다. 알디는 20개에 불과했다.) "이 브랜드의 쌀을 판매중단하면 어떡해? 우리 가게 손님들이 많이 찾는 제품이란 말야!"(테스코에서는 98종류의 쌀을 팔았다.) 게다가 공급업체들은 또 어떨 것인가? 테스코가 매장에서 없애기로 한 제품을 공급하는 업체들은 아우성을 칠 것이다. 그리고 자신들이 테스코에 납품하는 다른 제품들의 가격을 더 올리려고 들 것이다.

루이스가 자신의 임무를 수행하는 데는 커다란 용기가 필요했다. 하지만 그는 자신의 신념을 굽히지 않았다. 1년쯤 지나자 상황이 조금씩 나아지는 조짐이 보이기 시작했다. 물론 아직도 모든 일이 순조롭게 돌

심플, 강력한 승리의 전략

아가는 것은 아니었다. 회사의 주가는 여전히 불안했고 기업신용도 역시 목표에 미치지 못했다. 또 막대한 부동산 관련 이자비용이나 여러 회사에 집행했던 투자 관련 사안 등 처리해야 할 일들도 산적해 있었다. 하지만 루이스가 부임하고 첫 번째로 맞은 크리스마스시즌의 매출액은 런던 주식시장의 기대를 크게 뛰어넘었다.

복잡한 조직에는 특별한 처방약이 없다. 오직 단순화를 향해 가는 것만이 진정한 가치를 도출할 수 있는 유일한 방법이다.

리더십 특징 #2: 미니멀리스트

조직에 단순화를 추진하는 리더들이 가지고 있는 두 번째 특징은 '줄이는 일의 가치를 이해하는 마음가짐'이다. 효과적이고 단순한 삶의 방식을 소유한 사람들은 '더 적은 것'에 본능적으로 마음이 끌린다. 그리고 단순한 회사가 더 효율적이고, 생산적이며, 무엇보다 가장 수익성이 높다는 사실을 직관적으로 간파한다. 그들은 미니멀리즘minimalism(단순함과 간결함을 추구하는 예술 및 문화 흐름-옮긴이)의 지혜를 기꺼이 받아들인다.

만일 당신의 회사에서 고객들에게 제공하는 제품이나 서비스의 3분의 1을 없애야 한다고 누군가 요구했다고 가정해보자. 루이스의 동료와 부하직원들이 그랬던 것처럼, 당신도 고객들을 잃게 될 수도 있다는 이유로 반대할 것인가? 아니면 회사의 운영방식을 완전히 전환해서 재도약할 기회로 삼겠는가?

조직의 리더가 단순화를 통해 승리하기 위해서는, 고객들이 쉬움과 편리함의 가치를 얻기 위해 다른 혜택을 기꺼이 포기한다는 '단순화 프리미엄'의 개념을 알아야 한다. 우리는 소비자들이 같은 제품이라도 구매 과정이 쉬운 물건에 돈을 더 지불하는 모습을 흔히 볼 수 있다. 또 테스코의 사례에서도 알 수 있듯이, 소비자들은 편리함을 위해 다양한 선택이라는 장점까지 서슴없이 희생한다. 그러므로 고객들은 구매와 사용이 훨씬 쉽다는 가치를 위해서라면 당신 회사 제품의 핵심적인 특징(예를 들어 품질, 내구성, 편안함 등)까지도 포기할 수 있는 것이다.

리더들은 또한 단순화가 기업 '내부'에 제공하는 가치를 믿어야 한다. 독자들은 의류회사 라이프이즈굿을 창업한 존과 버트 제이콥 형제의 이야기를 기억할 것이다. 1장에서 언급한 대로, 그들은 감당하지 못할 이메일의 홍수 때문에 힘들어했다. 그러다가 두 형제는 극약처방을 내렸다. 스스로 이메일 사용을 중단한 것이다. 그들은 매출이 1억 달러에 이르는 회사의 경영자였음에도 불구하고 오직 전화를 하거나 직접 만나는 방법으로 사람들과 소통했다. 자신들에게 수신되는 중요한 메일이나 메시지들은 2주에 한 번 부하직원이 요약해서 전달하도록 했다. 존은 이렇게 말했다. "이런 새로운 업무방식을 통해 우리는 보다 중요한 문제나 프로젝트에 집중할 수 있었으며 창의력도 발휘할 수 있었습니다." 물론 라이프이즈굿에 근무하는 사람 모두가 이메일 사용을 중단하지는 않았지만, 두 형제의 결정은 직원들에게 미니멀리즘에 대한 강력한 메시지를 보내는 역할을 했다. "이메일과는 달리 전화로 소통할 때는 직원들이 사소한 일에 다른 사람 끌어들이기를 조금 망설이더군요."

무언가 더 많은 것을 요구하기는 쉽다. 물론 웹사이트에 새로운 기능이 추가되고, 서비스 계획에 새로운 내용이 포함되고, 새로운 내부 회의가 만들어진다고 해서, 그 폐해가 우리 눈앞에 바로 드러나는 것은 아니다. 하지만 새로운 무언가가 더해지는 데는 반드시 비용이 들어가기 마련이다. 비록 그 수치가 대차대조표에 뚜렷하게 반영되지는 않는다고 해도 말이다. 그러므로 단순화 노력을 이끌고자 하는 리더들은 복잡함의 대가와 단순함의 혜택을 확실히 이해해야 한다.

리더십 특징 #3: 결과 지향

리더들이 단순화 계획을 망치는 가장 큰 이유는 단순화를 비용 절감의 방법으로만 생각하기 때문이다. 현명한 리더들은 성공적인 단순화란 단지 직원들에게 더 적은 비용으로 더 많은 일을 하게 만드는 과정이 아니라는 사실을 잘 안다. 진정한 단순화는 조직의 구성원들이 더욱 열정적으로 일할 수 있는 기회를 제공하는 것이다. 다시 말해, 단순화 지향의 사고방식을 지닌 리더들은 모든 사람이 보다 효과적으로 일하도록 만드는 수단으로 단순화를 활용한다.

몇 년 전, 머크Merck(독일의 글로벌 제약회사-옮긴이) 캐나다에서 전략 담당 임원으로 근무하던 제프 스펜서Jeff Spencer는 조직에 단순화의 문화를 배양하기 위한 장기 전략을 수립했다. 회사의 다양한 사업부와 직급에 속한 직원 15퍼센트를 대상으로 설문조사를 실시한 결과, 대부분의 응답자가 너무 많은 회의와 이메일, 산만한 결재라인, 그리고 무엇보다 자신들이 통제할 수 없는 복잡한 프로세스와 시스템 때문에 방해를 받는다고 답했기 때문이다. 이는 커다란 문제였다. 고객이나 경쟁사 같은 외부 요소에 초점을 맞춰야 할 직원들이 반대로 내부 문제에 집중하고 있다는 의미였다.

새로운 제품들은 속속 개발되고 있었다. 많은 사람을 기대감에 들뜨게 했던 새로운 치료제들이었다. 하지만 제약 분야는 매우 규제가 심한 산업영역이기 때문에, 회사가 새로운 제품을 하나 출시하려면 여러 종류의 장애물을 돌파해야 했다. 직원들 모두 할 일은 수없이 많고 시간은 없는 복잡성의 수렁 속에서 점점 깊은 좌절감을 느끼고 있었다.

회사의 운영방식을 간소화하려는 스펜서의 시도는 처음에는 기대만큼 성공적이지 않았다. 그가 단순화 노력을 주로 집중한 곳은 직원들을 괴롭히는 시스템 관련 사안들이었다. 회사의 시스템은 직원들의 통제를 벗어난 영역이었기 때문이다. 하지만 직원들이 문제를 제기한 시스템을 수정한 후에도 단순화의 문화가 쉽게 정착되지는 않았다.

스펜서는 방향을 바꿔 시스템을 수정하는 데 집중하기보다 직원들의 주변 업무를 단순화할 수 있는 방법을 찾았다. 그렇게 몇 달이 지나자 이 조직에서 처음으로 주목할 만한 진전이 이루어졌다. 여러 직원이 팀을 이뤄 회사의 오랜 문제 하나를 해결하기로 한 것이다. 전통적으로 이 회사에는 영업대표가 마케팅부서에 시장의 생생한 상황을 전달할 수 있는 시스템이 부족했다. 그래서 이 프로젝트팀은 이메일 기반의 '긴급 응답 시스템'이라는 간단한 프로세스를 만들어냈다. 일선 영업대표들이 이 시스템을 통해 고객의 반응이나 자신들이 관찰한 시장 동향 등을 회사에 전달했다. 영업대표들의 의견은 마케팅부서의 정리 및 검토를 거쳐 필요한 조치로 이어졌다. 이 정보들은 고객의 직접적인 피드백을 바탕으로 했기 때문에, 마케팅부서는 고객의 구체적인 욕구를 만족시키는 대응방안을 개발할 수 있었다. 또 시장의 반응을 신속히 파악함으로써 소비자들에게(그리고 영업대표들에게) 훨씬 적절한 고객 경험을 제공할 수 있었다.

직원들이 단순화의 문화를 구축하는 데 직접 참여한 것은 이번이 처음이었다. 그들은 회사가 단순화를 향해 의미 있는 걸음을 내딛는 데 자신도 일조할 수 있다는 사실을 서서히 깨달았다. 또한 직원 개개인이 자신도 모르는 사이에 미묘하고 은밀한 방식으로 조직의 복잡성을 가중시킬 수 있다는 사실에 대해 경각심을 갖게 됐다.

스펜서는 단순화가 결코 쉽지 않은 일이라는 점을 알고 있다. 특히 정부의 강력한 규제가 작용하는 환경에서는 극심한 복잡성이 생겨나기 마련이다. 그렇다고 회사가 정부 규정을 준수하지 않을 방법도 없다. 스펜서는 이런 경우 복잡성을 조직 전체로 확산시키지 말고 특정한 부서나 인력에게 '복잡성을 전담하는' 역할을 맡기라고 조언한다. 그는 최근에 머크캐나다에서 영업대표의 규정 관련 보고업무를 '전문가조직Center of Excellence, COE'이라는 팀에 이관한 사례를 예로 들었다. 이를 통해 영업대표들이 '일상적 업무'를 줄일 수 있었을 뿐만 아니라, COE 직원들은 그 업무를 더욱 효과적으로 수행함으로써 조직 전체적으로 이 프로세스 관련 경비를 절약할 수 있었다.

리더십 특징 #4: 집중력

데이브 루이스가 테스코의 CEO로 부임했을 때 해야 할 일이 단순화 뿐이었을까? 물론 그렇지 않다. 보통의 최고경영자들은 다른 사람들과 마찬가지로 수많은 이메일을 처리하고, 회의에 참석하고, 보고서를 읽는 것으로 하루를 시작한다. 하지만 단순화를 지향하는 리더들은 '복잡성 제거'라는 목표를 최우선순위에 두고 장애물들을 제거해나간다. 그들은 의심 많은 동료들이 자신의 계획에 제동을 걸도록 방치하지 않는다. 물론 조직 전체를 뒤흔드는 계획은 당연히 많은 저항을 불러오기 마련이다. 단순화도 예외는 아니다. 이론상으로만 보면 사람들은 누구나 단순화를 좋아할 것 같다. 하지만 우리 모두는 앞서 살펴본 많은 이유들 때문에 자신에게 익숙한 복잡성이라는 이름의 악마에 반사적으로 이끌린다. 뿐만 아니라 단순화는 조직 전체적으로 볼 때 대단히 훌륭한 개념이지만, 복잡하고 비효율적인 규칙이나 프로세스 또는 시스템을 권력의 기반으로 삼는 개인과 부서들은 회사가 단순화를 도입하면 직접적인 타격을 받을 수도 있다.

집중력은 신생 기업의 리더들에게 특히 중요한 덕목이다. 새로운 기업들은 성장하면서 점점 복잡해지기 마련이다. 2012년 초 달러셰이브클럽Dollar Shave Club을 창업한 마이클 더빈Michael Dubin과 마크 러빈Mark Levine 은 이 회사의 설립 취지를 '복잡성 해결'에 두었다. 더빈과 러빈은 소비자들이 동네 상점에서 매번 비싼 값으로 면도날을 구입하는 일을 불편해한다는 사실에 착안해서, 누구나 쉽게 면도날을 살 수 있는 대안을 제

심플, 강력한 승리의 전략

시했다. 그들은 월 10달러도 안 되는 가격에 고객들에게 새 면도날을 택배로 보내주었다. 그 외에 제공하는 다른 서비스나 제품은 일절 없었다. 소비자들 입장에서도 복잡한 결정을 내릴 일이 없었다. 달러셰이브클럽에 가입해서 주소와 신용카드 번호를 알려주면 바로 면도날이 배송되는 것이다. 소비자들은 번거로운 일을 줄이고도(게다가 비용을 줄이고도) 훨씬 품질 좋은 면도날을 사용할 수 있었다.

회사의 실적이 좋아지면서 더빈과 러빈은 다른 제품이나 서비스를 제공하고 싶은 유혹을 느꼈을 것이다. 예를 들어, 세면용품 배송 서비스로 사업을 확대할 수도 있었을 것이다. 아니면 더 멋진 면도날이 달렸거나, 색깔이 더 화려하거나, 손잡이 부분을 쥐기가 더 편안한 면도기 제품들을 판매할 수도 있지 않았을까? 하지만 두 사람은 그런 종류의 전략을 모두 거부하고 그동안 고객들과 맺은 관계, 즉 단순화에 기반을 둔 관계에만 집중하는 길을 선택했다. 더빈과 러빈은 계속해서 고객들에게 오직 세 종류의 제품(금전적으로 넉넉한 고객들을 위한 고급 제품 셰이브버터Shave Butter를 제외하고)만을 제공했다.

그들의 집중화 전략은 수많은 고객으로부터 명성을 얻는 성과로 이어졌다. 비즈니스를 시작한 첫해 말에 이 '클럽'에는 이미 20만 명의 고객이 가입되어 있었다. 그리고 1년 반이 지난 후 그들이 소셜미디어를 통해 자사의 제품과 서비스를 홍보하기 위해서 만든 마케팅 동영상은 유튜브에서 1,500만 회의 조회수를 기록했다.

규모가 큰 기업에서는 많은 사람이 다양한 이유로 단순화에 저항한다. "우리는 ~하기 때문에 이 프로세스를 포기할 수 없습니다." "우리는

~을 통해서 업무가 올바르게 진행된다는 사실을 확인해야 합니다." "우리가 ~을 하지 않으면 제대로 업무를 완료할 수 없습니다." 하지만 리더들은 집중력을 잃지 말고 이런 저항들을 헤쳐나가야 한다. 그리고 주변 사람들에게 단순화에 대한 압박을 계속 가해야 한다. 만일 어떤 리더가 단순화 도입의 책임을 단순화에 회의적인 부하직원에게 맡겼다면, 처음에는 당연히 일이 제대로 돌아가지 않을 것이다. 주어진 과제를 완수하는 데 실패한 사람들은 '더 단순해진' 프로세스가 '작동하지 않았을 뿐'이라고 말할 테니까.

물론 변화는 쉽지 않다. 하지만 리더들에게는 단순화가 가져온 혜택을 직원들과 끊임없이 공유하고 축하하는 끈기와 결단력이 필요하다. 리더들은 업무가 단순해지면 회사의 실적이 좋아질 뿐 아니라, 직원들의 삶 또한 향상된다는 메시지를 계속 전해야 한다. 그런 과정을 통해 그들은 생산성의 증가를 체감하고, 단순화의 혜택을 공유할 수 있을 것이다. 이런 마음가짐으로 단순화를 추진하는 리더들은 반드시 성공한다. 그들이야말로 단순화 지향의 사고방식을 소유한 사람들이다.

리더십 특징 #5: 솔선수범

몇 년 전, 출판 분야의 한 기업이 우리 회사를 고용했다. 우리와 함께 일하게 된 그 회사의 담당 임원은 인사부 책임자로 좋은 성품을 지닌 사람이었다. 그는 회사에 새로운 혁신 기술을 도입하고 조직구성원들의 사

심플, 강력한 승리의 전략

기를 끌어올리는 일을 도와달라고 요청했다. 문제는 그 임원이 자기가 늘어놓은 훌륭한 비전을 행동으로 옮기지 못했다는 사실이다. 그는 다른 부서에서 불필요한 보고서를 많이 요구한다고 내게 불평했지만, 자신 역시 부하직원들에게 쓸모없는 업무들을 떠맡기고 있다는 사실을 인식하지 못했다.

대표적인 사례가 '월간경영보고서monthly operating report, MOR'에 관한 일이었다. 인사부 직원 가운데 이 보고서가 가치 있다고 생각하는 사람은 아무도 없었다. 그래서 직원들은 작은 실험을 하나 해보았다. 그 담당 임원 밑에서 일하는 직원 한 사람이 월간경영보고서를 작성하기 위해 모든 데이터를 취합하는 일을 했다. 하지만 이번에는 후속작업을 하지 않았다. 보고서를 작성한 후 다른 사람들에게 배포하지 않고 자기 서랍에 넣어두기를 3개월간 반복한 것이다. 그는 월간경영보고서가 가치 있는 자료라면 누군가 보기를 원할 거라고 생각했다. 하지만 아무도 찾는 사람이 없었다. 그와 동료들이 그동안 시간만 낭비했다는 사실이 분명해진 것이다.

이런 상황에서 그 직원은 자신의 상사가 단순화를 추진한다는 이야기에 감동할 수 있을까? 물론 그렇지 않다. 그에게 단순화란 겉만 번지르르한 보여주기식 정책에 지나지 않았다. 진정한 경영지침이 아니라 무의미한 립서비스에 불과할 따름이었다. 그 직원의 동료들도 마찬가지 생각이었다. 그들은 회사가 진정으로 중요한 일을 간과한다는 생각에 한층 더 분노하고, 억울해하고, 좌절했다.

조직에 단순화의 기풍을 도입하고자 하는 리더들은 솔선수범해서 단순한 행동을 입증하고, 위임하고, 강조하는 자세를 보여야 한다. 자신의 업무환경조차 단순화할 준비를 갖추지 못한 사람이 부하직원들에게 단순화를 강요해서는 안 된다.

리더십 특징 #6: 결단력

＼

애플의 최고 디자인 책임자 조너선 아이브Jonathan Ive는 스티브 잡스의 오른팔로 불리던 사람이다. 그는 아이팟, 아이패드, 애플워치를 포함해 애플의 가장 대표적인 제품들을 디자인했다. 잡스는 아이브를 자신의 '영혼의 파트너'라고 부르기도 했다. 아이브가 단순화의 모든 것을 완벽하게 이해한다는 말은 결코 과장이 아니다. 그는 단순함을 기반으로 한 디자인 그 자체를 상징하는 인물이다.

잡스가 세상을 떠난 지 몇 년 후, 아이브는 잡스의 성공 비결이 문제의 핵심을 파악하는 그의 비상한 능력 덕분이었다고 평가했다. 잡스는 온갖 잡다한 문제들이 난무하는 가운데서도 가장 중요한 사안에 집중하는 법을 알았다. 하지만 그것이 전부가 아니었다. 잡스는 아이브를 포함한 측근들에게 이렇게 묻곤 했다. "자네는 오늘 '노No'라는 대답을 몇 번이나 했나?"

잡스는 아이브와 동료들에게 스스로 주인이 되어야 한다는 중요한 메시지를 전달한 것이다. 잡스는 아이브가 사소한 문제들을 매일 들고 와서 자신에게 일일이 결재받기를 원하지 않았다. 또 아이브가 어떤 행동

심플, 강력한 승리의 전략

단순화를 지향하는 리더들의 여섯 가지 특징

1. **용기:** 당신은 현재의 상황에 기탄없이 문제를 제기한다. 변화와 미지의 세계를 탐구하는 데도 거부감이 없다. 그리고 불필요한 복잡성의 수렁에 빠진 사람들에게 손을 내민다.

2. **미니멀리스트:** 당신은 '더 적은 것'의 가치를 이해한다. 그러므로 더 가치 있는 일을 할 수 없도록 방해하는 업무나 장애물을 제거하기를 원한다. 당신은 이런 질문을 하면서 모든 사안에 접근한다. "이것이 우리의 목표를 달성할 수 있는 가장 단순한 방법인가?"

3. **결과 지향:** 단순화는 단지 비용 절감의 수단이 아니다. 당신은 업무를 완수하기 위해 단순화를 필요로 하며, 분명한 결과와 책임을 선호한다.

4. **집중력:** 당신은 결코 포기하지 않는다. 많은 저항에도 불구하고 자신의 목표를 끈기 있게 관철해나간다. 사람들의 반대는 곧 당신 자신의 정당성을 더욱 강하게 입증할 수 있는 기회이며, 동시에 다양한 정보를 획득할 수 있는 창구라고 생각한다.

5. **솔선수범:** 당신은 스스로 한 말을 실천한다. 단순화를 성취할 수 있는 방법을 적극적으로 모색하고, 이를 실행에 옮긴다. 동시에 다른 사람들도 같은 방식으로 일할 수 있도록 권한을 위임한다.

6. **결단력:** 당신은 모든 일을 신속하게 진행한다. 또 '합의' 위주의 문화가 불필요하게 업무를 지연시키지 못하게 만든다.

을 취할 때 두려워하기를 바라지 않았다. 잡스는 아이브에게 권한을 주었으며, 아이브가 그것을 사용하기를 원했다. 아이브가 '노'라고 답한다는 말은 그가 자유의지에 따라 진정한 의사결정을 내린다는 의미였다.

뿐만 아니라 잡스는 아이브를 포함한 모든 직원이 다른 사람의 의견에 반대하는 걸 편안하게 받아들이기를 원했다. 그는 애플이라는 조직 내에 존재하는 '합의' 기반의 문화가 결국 회사를 실패로 이끌 수 있다는 사실을 알았다. 직원들이 자신의 마음에 들지 않는 일에 대해 기탄없이 의견을 제시할 수 없다면 회사는 경쟁력을 잃어버릴 수도 있다.

잡스는 참으로 옳았다. 조직의 단순화를 추구하는 리더들은 합의에 대한 욕구를 해결하는 일부터 시작해야 한다. 복잡한 조직일수록 다른 부서가 동의하지 않아서, 또는 다른 부서에서 정보를 제공하지 않아서 일을 할 수 없다고 주장하는 사람들로 넘쳐난다. 단순화 지향의 사고방식을 지닌 리더들은 그런 불만들을 간결하고 직접적으로 처리한다. 그들은 신속하고 분명하게 의사결정을 하며, 자신과 함께 일하는 직원들도 같은 방식으로 일하도록 독려한다.

경고 메시지

＼

몇 년 전 미국의 대형 보험회사를 상대로 워크숍을 진행한 적이 있다. 대기업 직원들에게 단순화의 열정을 고취시키고 이를 위한 도구를 제공하는 일은 내 일상적인 업무였다. 나는 이 회사에서 가장 우수한 사업부 직원들을 대상으로 강의를 진행하게 되어 기뻤다. 강의에 참석한 사람들은 내 말을 빠르게 이해했고, 자신들을 좌절감에 빠뜨렸던 여러 문제에 대해 토론할 수 있는 기회를 즐겼다. 나 같은 일을 하는 사람들은 가끔 청중과 유독 긴밀하게 연결된다는 느낌을 받을 때가 있다. 이날이 바로 그런 날이었다.

심플, 강력한 승리의 전략

참석자들이 그룹별로 연습문제를 푸는 시간이 됐다. 나는 강의실을 돌아다니며 내가 내준 문제들을 그들이 어떻게 해결하는지 관찰했다. 그러다가 목이 말라 강의실 뒤편으로 걸어가 물을 한 잔 마셨다. 음료수가 놓인 테이블 옆에 서 있을 때, 이 워크숍을 조직하고 나를 초청한 고위임원들의 대화가 들렸다. 그들은 워크숍에 참석하지 않고 부하직원들의 모습을 옆에서 지켜보고만 있었다.

나는 그들의 태도에 충격을 받았다. 강의에 참석한 사람들은 단순화가 조직의 집단적인 성공을 위한 핵심적 비결이라는 점을 잘 이해했다. 하지만 동시에 자기의 상사가 단순화를 완벽하게 받아들이지 않을 거라는 사실도 알고 있었다. 이 조직의 최고경영진은 말만 번지르르하게 앞세울 뿐이었다. 그들은 자기 회사가 단순화를 전면적으로 수용할 준비를 완벽하게 갖췄다고 주장했다. 그러나 정작 워크숍에 참석한 직원들은 그날 자신들이 어떤 해결책을 만들어내더라도 고위임원들이 이를 지지하거나 시행할 가능성은 거의 없다고 생각했다. 경영진 입장에서 복잡성은 현실이었고, 현실은 자신들이 있어야 할 곳이었다.

이런 상황에서는 직원들이 내 워크숍에서 아무리 열심히 머리를 짜내더라도 진정으로 의미 있는 해결책을 얻어낼 수가 없다. 회사의 운영방식이 단순화되기를 아무리 간절히 원해도 결국 상사의 동의를 얻는 데 실패할 운명이기 때문이다.

안타깝게도 이는 매우 전형적인 현상이다. 직원들은 왜 복잡성의 덫에서 헤어나지 못할까? 그 원인의 상당 부분은 회사의 책임자들이 문제를 심각하게 받아들이지 않는 데 있다. 이 장의 서두에서 다룬 피델리티의 사례에서는 최고경영진이 습관적 반대론자들의 저항에도 불구하고 주장을 관철했다. 하지만 이 보험회사의 경우는 최고경영진 스스로가 바로 습관적 반대론자들이었다.

회사의 최고경영진이 단순화에 동의하지 않는다면, 그 조직에서는 단순화에 관한 어떤 진전도 이루어질 수 없다. 따라서 단순화를 통해 회사의 경쟁력을 강화할 방법도 없다. 조직에 단순화를 실현하기 위해서는 최고경영진이 용기라는 중요한 자질을 갖춰야 한다. 뿐만 아니라 직원들에게 보다 높은 차원의 사고를 할 시간을 제공하면 풍요로운 대가가 되돌아온다는 신념을 가져야 한다. 또한 의지력과 선견지명, 그리고 끈기를 소유해야 한다. 당신은 조직의 리더로서 이런 덕목을 갖추고 있나? 만일 그렇지 않다면, 그 이유는 무엇인가?

물론 조직의 복잡성이 모두 최고경영진의 책임은 아니다. 당신이 어떤 직급에 속해 있든, 당신에게도 단순화를 추진할 수 있는 일정한 권력이 부여되어 있다. 또한 주변의 동료들이나 부하직원들에게 과도한 복잡성을 떠안기지 않고 업무를 적극적으로 단순화해야 하는 도덕적 의무가 있다. 다음에 이어지는 두 장에서는 당신과 당신의 팀이 어떤 일을 어떻게 단순화해야 하는지, 그리고 단순화를 조직의 문화에 어떻게 통합해야 하는지 알려주는 강력하고 효과적인 도구들이 제공될 것이다.

심플, 강력한 승리의 전략

6장

단순화를 위한 도구

조각가는 필요 없는 대리석 덩어리를 떼어냄으로써
아름다운 조각상을 만든다.
조각이란 제거의 과정이다.

― 엘버트 허바드Elbert Hubbard ―

오래된 만화영화를 좋아하는 사람들은 '지아이조G. I. Joe'라는 만화영화 시리즈의 매회가 끝날 무렵 방송되던 공익광고를 기억할 것이다. 길위에 늘어진 전선을 발견했을 때, 또는 낯선 사람이 차를 태워주겠다고 했을 때 아이들이 어떻게 행동해야 하는지 알려주는 이 공익광고는 항상 어떤 어린이가 "이제 알겠어요!" 하고 외치며 마무리된다. 그리고 내레이터가 이렇게 덧붙인다. "아는 것은 전투에서 이미 절반은 이긴 것입니다."

마찬가지로 복잡성의 문제를 자각하기만 해도 전투에서 절반은 승리한 것이다. 하지만 아직 완벽하게 이겼다고 할 수는 없다. 그 지식을 실행에 옮기는 일이 남아 있기 때문이다. 단순화를 도입하려는 시도가 실패로 돌아가는 이유의 대부분은 복잡성의 존재를 인식한 직원과 관리자들이 막상 이 문제를 해결할 방법을 모르기 때문이다. 그들이 단순화를 위해 쏟는 노력에는 여러 가지 중요한 요소(경영진의 지원, 시간, 집중력 등등)가 빠져 있다. 하지만 그들이 모호함의 함정에 빠지는 이유는 무엇보다 자신들의 의지를 행동으로 바꾸는 과정에서 지침으로 삼을 도구나 프레임워크가 부족하기 때문이다.

세계에서 가장 유명한 소비재기업 중 하나인 내 고객사의 이야기는 여기에 딱 들어맞는 사례다. 2014년 여름, 이 회사의 최고 브랜드 대부분을 소유한 사업부는 복잡성의 질병에 감염된 상태였다. 고위관리자들은 조직의 복잡성이 비즈니스를 침체시킨다는 사실을 깨달았다. 이 사업부는 담당 제품들의 특수성 때문에 회사 내에서 가장 강력한 정부 규제를 받는 조직이었다. 사업부의 리더들은 정부의 관리감독 자체를 줄일 수 없다는 사실을 알고 있었지만, 그럼에도 불구하고 내부 업무(생산 과정, 혁신, 일상적 업무 등등)를 간소화하면 회사의 경쟁우위가 향상될 수 있다고 생각했다.

이 사업부의 고위관리자들은 엔지니어, 영업부, 마케팅, 재무부 등 각 부서에서 직원 12명을 불러모았다. 모든 부서가 공평하게 의견을 제시할 수 있는 자리를 마련한 것이다. 이는 성공적인 프로젝트를 위한 필수 조건이었다. 더구나 12명의 직원은 모두 자발적인 참석자들이었으며, 단순화를 도입하면 사업부에 어떤 변화가 발생할 수 있는지 잘 이해하는 사람들이었다. 이 팀은 단순화를 조직의 혁신에 어떻게 활용할지, 직원들의 참여도를 어떻게 높일지, 그리고 직원들의 전문성을 어떻게 개발할지 등의 사안에 대해 적극적으로 토론했다.

심플, 강력한 승리의 전략

그들은 우선 사업부 전체적으로 직원들이 단순화를 어떻게 인식하는지 파악하기 위해 설문조사를 실시했다. 직원들은 '단순화'라는 용어를 어떻게 정의할까? 그들은 단순화가 비즈니스에 어떤 영향을 미치는지 알고 있을까? 직원들은 단순화의 정의에 대해, 그리고 단순화가 왜 중요한지에 대해 나름대로 답을 제출했다. 응답자들은 단순화가 중요하고 의미 있는 일을 방해하는 요소들을 제거하며 수많은 불필요한 작업을 없애준다는 데 동의했다. 설문조사 결과, 단순화 프로젝트가 계획대로 잘 진행된다면 조직에 창의적인 사고의 문화가 형성될 거라는 기대가 생겨났다. 이 팀은 단순화의 정의와 목적을 결정한 후에, 조직 내에 존재하는 복잡성의 영역을 체계적으로 파악했으며, 그 영역들을 단순화하기 위해서는 무엇을 해야 하는지 여러 동료의 의견을 물었다.

하지만 이런 훌륭한 출발에도 불구하고, 그들이 주도한 단순화 프로젝트는 별다른 성과를 거두지 못했다. 1년이 지나자 모든 일이 흐지부지되고 말았다. 왜 그랬을까?

무엇보다 이 팀은 단순화가 필요한 영역을 적절히 정의하고 거기에 우선순위를 부여하는 데 실패했다. 그들은 단순화를 시행할 20개의 영역을 도출했지만, 이 영역들은 모두 제대로 정의되지 못했다. 그 결과 직원들은 실제로 행동을 하기보다 그 영역들의 개념을 파악하는 데 많은 시간을 허비했다. 그들은 이렇게 물었다. "도대체 '이니셔티브 단순화'와 '프로젝트 단순화'의 차이가 뭡니까? 또 '문서 단순화'와 '보고서 단순화'는 어떻게 다르지요?" 이제 이 사업부의 단순화 프로젝트는 철학과 의미론을 논의하는 무의미한 토론장이 되어버렸다.

어쨌든 그들은 단순화를 시행할 영역들의 우선순위를 결정한 후에, 여러 차례의 브레인스토밍을 통해 해결책을 만들어냈다. 하지만 모든 회의는 핵심적인 질문 목록도 없이 두루뭉술하게 진행됐다. 그렇다 보니 해결책은 구체적이지 못했으며 아예 주제를 벗어나는 경우도 많았다. 그들은 특정 직무나 프로세스에서 불필요한 절차를 제거하기 위한 방안을 만들기보다는 개인적인 동기부여를 강화하는 데 초점을 맞췄다. 팀 멤버들은 급여 인상, 성과 인센티브, 상사의 칭찬 등이 필요하다고 주장했으며 심지어 회의할 때 더 좋은 음식을 제공하라고 요구하기도 했다. 도대체 그런 해결책이 보고서를 간소화하거나 업무를 단순화하는 일과 무슨 관계가 있단 말인가?

이 팀의 멤버들은 몇 명씩 조를 이뤄 각자 아이디어를 생각하고, 몇 주 후에 조별로 계획을 작성해서 다시 모이기로 했다. 하지만 팀이 다시 만났을 때 누구에게도 눈에 띄는 진전이 없었다. 그들은 발등에 떨어진 급한 업무들을 먼저 해결해야 했다. 일상적인 업무가 중요한 일을 가로막은 것이다. 자신이 쏟아부은 노력이 제대로 된 계획을 바탕으로 하지 못했다는 사실, 또한 그 노력에 많은 에너지가 필요했다는 사실로 인해, 단순화 프로젝트에 참여한 사람들은 급격히 추진력을 상실하고 말았다. 어느 관리자는 이렇게 말했다. "우리의 노력은 한때의 유행처럼 지나가 버렸다."

다른 많은 사람들처럼 이 팀도 단순화의 중요성을 제대로 깨닫는 데 실패했다. 그들은 '올바르게 일하면 올바른 문화가 형성된다'는 이 책의 핵심 주제를 이해하지 못했다. 단순화를 정확히 인식하는 사람들은 우리를 좌절시키고, 소중한 시간을 낭비하게 만들고, 불필요한 스트레스를 주는 자질구레한 일들을 제거하는 데 초점을 맞춘다. 우리가 얼마나 많은 급여를 받든, 회의를 할 때 얼마나 훌륭한 음식이 제공되든, 그것과는 전혀 상관이 없다. 효과적인 단순화를 위해서는, 첫째 어떤 구체적인 업무나 행위가 쓸모없는지 파악하고, 둘째 그 일들이 발생하는 원인을 제거해야 한다. 직원들이 좀 더 의미 있는(시간을 쏟을 가치가 있으며 조직의 목표와 직결되는) 일에 시간을 쓰게 되면, 조직에 의미 있는 문화가 형성될 것이다.

당신 주변에 이렇게 말하는 사람이 얼마나 많은가? "내가 근무하던 회사는 분위기가 괜찮았어. 하지만 일이 싫어서 그만뒀지."

불행히도 한둘이 아니다.

단순화에 대한 흔한 오해 몇 가지

당신이 진정한 단순화를 성취하는 데 집중하기 위해서는 올바른 도구가 필요하다. 이 장에서는 우리 회사가 세계에서 가장 크고 혁신적인 기업들을 상대로 테스트해서 만들어낸 여러 가지 단순화 도구들을 소개한다. 나는 복잡성에 대해 오랫동안 연구조사한 후에 내 고객들을 위해 이 도구들을 개발하기 시작했다. 우리 팀은 메모, 논문, 아이디어, 통계 등을 포함해 복잡성에 관한 많은 자료를 수집했다. 하지만 우리 주위에 개인과 조직의 업무를 단순화하거나 단순화 습관을 구축하는 과정을 돕는 도구는 놀라울 정도로 적었다.

그래서 우리는 이 도구들을 직접 만들기로 했다. 하지만 그 과정은 솔직히 쉽지 않았다. 사실 단순화가 수반할 수 있는 문제를 이해하고, 그 문제를 해결하는 법을 파악하는 것은 대단히 복잡한 일이었다. 우리는 먼저 개인, 팀, 회사가 업무를 단순화할 수 없게 만드는 장애물들의 목록을 만들었다. 그리고 우리 자신에게 물었다. 단순화를 시작하기가 그토록 어려운 이유는 무엇일까? 단순화의 여정을 좌절시키는 요인은 무엇일까? 어떻게 하면 사람들이 이 장애물들을 더 빨리 극복하고 단순화가 더 광범위하게 확산되도록 만들 수 있을까?

우리는 이 질문들에 대한 답을 생각하는 과정에서, 단순화를 추진하는 사람들에게 흔히 나타나는 단순화에 대한 오해를 몇 가지 발견했다.

첫째, 사람들은 자기 동료들이 반드시 본인의 업무에 문제가 있다고 인정해야 한다는 사실을 깨닫지 못한다. (당신의 부서에 복잡성의 문제가 존재하지 않는다고 생각하는 구성원이 있다면, 당신은 영원히 복잡성의 문제를 해결하지 못할 것이다. 절대로 불가능하다.)

둘째, 많은 사람이 처음부터 너무 커다란 대상을 한꺼번에 단순화하려고 한다. 단순화를 위해서는 대상 직무들을 가능한 한 작은 부분으로 나눠야 한다. 그래야만 직원들이 그 직무를 이해하고 필요한 조치를 강구할 수 있다.

셋째, 업무를 '체계화'하는 일과 '단순화'하는 일은 완전히 다르다. 어떤 대상이 체계적이라고 해서 반드시 단순한 것은 아니다. 사실 복잡한 일들은 대체로 매우 체계적이다. 그렇다고 그 일이 가치가 크거나 사람

심플, 강력한 승리의 전략

들을 즐겁게 만들지는 않는다. 예를 하나 들어보자. 일을 하면서 두 아이를 키우고 있는 나는, 아이들을 이곳저곳으로 이동시키는 데 카풀을 적극적으로 활용한다. 하지만 카풀 시스템이 제대로 운영되는 경우는 거의 없다. 왜 그럴까? 카풀 시스템이 체계적이지 못해서가 아니다. 카풀에 참여하는 부모들은 온라인 일정표, 스마트폰 달력 앱, 약속 알림 프로그램, 단체 문자 등을 익숙하게 사용하고 주소나 연락처 정보도 사전에 잘 주고받는다. 그러다가 두 사람이 카풀에 새로 가입한다(사람이 늘어났으니 다른 부모들이 운전을 덜 해도 된다는 뜻이다!). 이제 내가 운전하는 차에 다섯 명의 아이가 타게 된다. 아이들이 사는 곳은 온 동네에 흩어져 있다. 아이들을 모두 집에 내려주고 나니 예전에 비해 무려 1시간이 더 걸렸다. 변경된 카풀 일정을 알리는 단체 문자가 계속 날아온다. 이메일로 누가 어느 날 몇 시에 운전을 해야 하고, 어떤 순서로 아이들을 태워야 한다는 내용을 두 번 세 번 확인한다. 분명히 체계적이기는 하다. 하지만 매우 복잡해졌다.

넷째, '개선'과 '단순화'를 혼동한다. 단순화는 무언가를 줄이는 일이다. 하지만 개선의 과정에서는 일이 줄어들 수도 있고 더해질 수도 있다. 나는 사람들이 '개선'에 대해 이야기하기보다는 '제거'나 '간소화' 같은 주제를 두고 논의하기를 바란다. 왜냐하면 이 두 가지 개념을 뒷받침하는 사고방식이 전혀 다르기 때문이다. 나는 쓸모없는 회의를 개선하기 위해 더 많은 이메일을 보내거나 안건을 명확하게 하려고 애쓰고 싶지 않다. 그보다 사람들에게 많은 문제를 일으키는 회의 자체를 제거하거나 간소화하기를 원한다. 앞서 이야기한 대로, 개선이란 종종 우리가 뜻하지 않은 괴물을 만들어내는 과정이다. 좋은 의도라도 나쁜 결과를 낳을 수 있는 것이다.

마지막으로, 단순화는 일회성 프로젝트가 아니다. 그것은 지속적인 경영의 원칙, 즉 '모든 사람이 일하는 방식'이어야 한다. 많은 사람들이 단순화를 봄철에 집을 청소하거나 마당의 잡초를 뽑는 일처럼 생각한다. 하지만 단순화를 한 번 시행했다고 해서 그 문제가 반복되지 않으리라고 장담할 수 없다. 습관은 깨부수기 어렵다. 모든 사람은 매일의 업무 속에서 단순화의 필요성을 항상 유념해야 한다.

단순화의 다섯 단계

우리는 이런 통찰을 바탕으로, 단순화를 성취하기 위해서는 다음과 같은 다섯 단계가 필요하다고 결론내렸다.

1. **인식:** 복잡성이 우리 개개인과 우리가 속한 조직에 가하는 치명적인 피해를 인식함으로써 단순화의 여정을 시작한다. 또 우리가 복잡성에 의지해 살아가면서 새로운 복잡성을 계속 추가하고 있다는 사실, 그리고 자신도 모르게 현재의 상태를 영구적으로 유지하려 한다는 사실을 깨닫는다.

2. **판단:** 일단 복잡성의 폐해를 인식한 후에는 우리를 좌절하게 만드는 구체적인 업무분야나 특정 과업을 찾아내고 이에 대한 단순화의 기회

심플, 강력한 승리의 전략

를 판단한다. 동시에 기존의 시스템을 포기하는 일이 왜 그렇게 어려운지, 조직 내에서 복잡성을 야기하는 개인적·조직적 행동이 무엇인지 파악한다. 그리고 이를 통해 해당 영역을 단순화하기 위해서 얼마나 많은 시간과 에너지가 필요하고, 단순화를 통해 어떤 가치를 획득할 수 있는지 이해한다.

3. **우선순위 설정:** 단순화의 기회를 판단한 후에는 '시간 vs 가치' 방정식을 사용해서 그 기회들을 분석하고 우선순위를 설정한다. 즉, 어떤 복잡성이 우리의 업무에 가장 큰 지장을 초래하는지, 어떤 문제가 뿌리 뽑기 가장 어려운지, 그리고 어떤 영역을 단순화함으로써 가장 많은 이익을 거둘 수 있는지 평가한다.

4. **실행:** 기회를 평가한 다음에는 단순화를 실행에 옮긴다. 업무를 완수하기 위한 새로운 방법들을 실험하고, 부족한 점이 있으면 신속하게 수정한다. 이 과정에는 많은 노력과 용기가 필요하다. 또 경영진의 단순화 지향 사고방식과 모든 조직구성원의 적극적인 참여가 요구된다.

5. **습관화:** 단순화는 '한 번으로 끝나는' 일회성 과제가 아니다. 그것은 조직을 운영하는 원칙이자, 구성원들이 모든 업무에 접근하는 방식이 되어야 한다. 우리가 단순화를 조직문화의 일부로 만들기 위해서는 사람들에게 단순화의 목적과 혜택을 알리는 데 시간을 아끼지 말아야 한다. 또 단순화가 습관으로 뿌리내릴 수 있도록 만들어야 한다. 다음 장에서는 이 마지막 단계를 돕기 위해, 단순화에 대한 개인 및 조직의 약속을 강화할 수 있는 도구를 소개할 것이다.

이상과 같이 단순화를 위한 다섯 단계를 도출한 후에, 우리는 이 단계들을 보다 쉽게 수행할 수 있도록 돕는 별도의 도구가 필요하다는 사실을 깨달았다. 우리는 사람들이 어떻게 복잡성의 문제에 접근하는지 이해하기 위해 300명의 고객, 동료, 지인들을 대상으로 단순화에 관련된 질문을 던졌다(예를 들어, "당신이 업무를 단순화하거나 복잡성을 제거하기 위해 다른 사람에게 뭔가 질문을 해야 한다면 어떤 것을 묻겠습니까?"). 그리고 그들에게 단순화를 실천한 성공사례(자신과 회사가 실제로 업무를 단순화함으로써 삶을 단순하게 만든 이야기)를 들려달라고 부탁했다.

그들은 대단히 적극적으로 조사에 응했다. 우리는 수많은 사람이 복잡성의 문제를 해결하고 싶어 하는 데 놀랐다. 고객들은 설문지를 친구나 동료들에게까지 돌려서 응답을 받아주었다. 뿐만 아니라 우리는 설문지에 포함된 질문 두 개를 수천 명의 트위터 팔로워들과 2만 명의 뉴스레터 수신자들에게 보내 단순화에 대한 자신만의 비결을 알려달라고 부탁했다. 우리는 그런 과정을 통해 얻어낸 보물 같은 정보들을 바탕으로, 조직 내에서 복잡성이 주로 잠복하는 영역을 우선적으로 공략하기 시작했다.

단순화 도구모음을 만들다

그동안 수집한 정보와 지식을 분석하고 정리하는 과정을 마친 후에, 우리는 곧바로 단순화 도구를 만드는 일에 착수했다. 나는 참가자들로부

심플, 강력한 승리의 전략

터 책임감과 신속한 행동을 이끌어내고 도구의 현실성을 높이기 위해서는 기업 전체보다 각 부서, 팀, 또는 개인에게 초점을 맞춰 도구를 설계해야 한다는 결론에 이르렀다.

우리 팀은 그동안 알아낸 모든 것을 동원해 앞에서 살펴본 각 단계를 쉽게 밟아나가는 데 도움이 되는 예제들을 만들기 시작했다. 그리고 각 예제들을 계속해서 재검토하고, 필요하면 수정했다. 우리는 그런 과정을 거쳐 마침내 단순화 수행을 돕는 '도구모음'을 완성할 수 있었다.

다음의 도구들은 구체적인 업무영역이나 세부사항에 초점을 맞춰 사용하도록 만들어졌다. 당신이 속한 조직에 가장 적합한 도구를 선택하라. 개중에는 따로 교육을 받을 필요도 없이 30분 정도면 충분히 완료할 수 있는 도구도 있다. 도구들 대부분이 모듈 단위로 구성됐기 때문에 각자의 상황에 맞춰 활용할 수 있다. 예를 들어, 단순화를 시작할 때는 앞의 두 단계만 진행하고, 시간이 넉넉할 때 다섯 단계 전체를 연습해볼 수 있다.

단순화는 쉽지 않다. 하지만 우리는 단순화가 결코 복잡하거나, 부담스럽거나, 소모적인 일이 아니라고 굳게 믿는다. 특히 단순화를 위해 길고 형식적인 검토 절차를 밟을 필요는 전혀 없다. 당신은 바로 지금 성과를 거둘 수 있다. 동료들과 함께 이 도구들을 연습하면서 단순화를 시작해보기 바란다. 지금부터 단순화의 다섯 단계에 맞춰 순서대로 도구들을 소개하겠다.

도구, 단순화를 위한 50개의 질문

\

우리는 3장에서 '복잡성 진단'을 통해 각자의 복잡성 문제를 분석했다. 그다음에는 무엇을 해야 하는가? 불필요한 복잡성을 어떻게 구체적으로 파악할 수 있나? 그리고 그 문제들을 어떻게 뿌리뽑아야 하는가?

이제 우리가 첫 번째로 소개하는 '단순화를 위한 50개의 질문'은 단순화의 두 번째 단계인 '판단'의 과정을 돕는다. 이 질문들은 단순화를 시작하려는 사람, 조직의 고질적인 복잡성 문제를 해결하고자 하는 사람, 새로운 프로세스나 업무 절차를 고려하는 사람 모두에게 단순화에 대한 리트머스 시험지의 역할을 할 것이다.

이 도구는 과도한 복잡성 영역을 밝혀내는 '복잡성 진단'과 함께 사용될 수도 있고, 또는 복잡성의 문제를 실제적으로 해결하기 위한 방법으로 사용될 수도 있다. 일단 당신의 조직이 단순화를 수용하는 순간, 이 '단순화를 위한 50개의 질문'은 회사의 모든 영역에서 의사결정의 일부분으로 자리 잡을 것이다.

질문들은 앞서 정의한 단순화의 네 가지 조건을 기반으로 만들어졌다. 그리고 특정 영역의 단순화를 진행할 가치가 있는가에 대한 판단기준을 하나 더 추가했다. 조직에서 가장 중요한 일에 집중하기 위해서는 이 다섯 가지 고려사항이 모두 필요하다. 어떤 일이 단순하다고 해서, 해당 조직의 사명이나 목적을 위해 꼭 의미 있거나 유용하지는 않을 수도 있기 때문이다.

다음의 다섯 가지 기본 항목별로 질문들이 구성된다.

- **가치가 있나?** 이 항목에 관련된 질문들은 해당 업무의 단순화가 꼭 필요한지, 또는 시간을 투자할 가치가 있는지 판단하는 데 도움을 준다.
- **최소화되어 있나?** 이 항목에 관련된 질문들은 해당 업무가 간소화되었는지, 또는 가장 단순한 형태로 구성되어 있는지 판단하는 데 도움을 준다.
- **이해할 수 있나?** 이 항목에 관련된 질문들은 해당 업무에 관련된 소통이 분명하게 이루어지는지 판단하는 데 도움을 준다.
- **반복적인가?** 이 항목에 관련된 질문들은 해당 업무가 자동적이고, 정형화됐는지, 또 더 포괄적인 업무로 확대될 수 있는지 판단하는 데 도움을 준다.
- **접근하기 쉬운가?** 이 항목에 관련된 질문들은 다른 사람들이 해당 업무에 대한 정보를 쉽게 얻을 수 있는지 판단하는 데 도움을 준다.

이 질문들은 이 책에서 제공하는 다른 도구들과 함께 사용하거나, 단순화에 대한 해결책을 브레인스토밍하는 과정에서 별도로 사용할 수 있다. 이 질문들의 효과를 극대화하려면 아래의 몇 가지 옵션 중 자신에게 맞는 방법을 선택하라.

- **옵션 #1:** 참가자 개개인이 질문에 응답한다.
- **옵션 #2:** 그룹 단위로 질문에 응답한다. 참가자들을 팀으로 나눠 각 그룹별로 복잡성의 영역을 하나씩 할당한다.
- **옵션 #3:** 리더가 복잡성에 관련된 질문 5개를 추려서 참석자들에게 보

내고 회의 전까지 답을 작성하게 만든다. 그룹별로 구성원들이 제안한 해결책을 논의한다.

이제 이 도구를 사용하는 방법을 좀 더 자세히 알아보자.

1단계, 단순화의 목표 정의하기 (5분)

단순화 프로젝트 회의의 목표를 참가자들에게 구체적으로 알린다. 예를 들어, 'X부서에 Y라는 데이터에 대한 접근권한을 부여해 생산성을 향상시킨다' 또는 '마케팅부와 영업부 사이에 실시간 정보교환 체계를 개선한다' 등등. 만일 당신이 속한 조직의 복잡성이 너무도 심해 구체적인 목표를 설정하기조차 어렵다면, '우리 부서에서 매일 또는 매달 사용하는 프로세스를 단순화한다'와 같은 포괄적인 목표를 설정하라.

2~3단계, 1~3개의 복잡성 영역을 선택해서
영역당 5개의 질문에 답하기 (40분)

당신이 정의한 단순화 목표에 따라 어느 복잡성 영역에 가장 우선적으로 초점을 맞출지 결정한다. 예를 들어, 'X부서에 Y라는 데이터에 대한 접근권한을 부여해 생산성을 향상시킨다'는 것이 목표라면, 앞에서 열거한 단순화의 다섯 가지 조건 중 '반복적인가?' 그리고 '접근하기 쉬운가?'라는 두 측면에 맞는 질문을 5개씩 골라라. 만일 포괄적인 목표를

심플, 강력한 승리의 전략

선택했다면 '최소화되어 있나?' 그리고 '가치가 있나?'라는 측면에 초점을 맞춰 질문을 선택하라. 그룹 전체가 이 연습을 진행할 때는 참가자들을 팀으로 나눠 각 팀에 위의 복잡성 영역을 하나씩 할당하라.

당신이 선택한 복잡성 영역에 해당하는 질문들을 전부 검토해보고, 그 문제의 핵심적인 원인을 판단할 수 있는 질문 5개를 선택하라(또는 당신 자신이 질문을 만들 수도 있다). 4단계에서는 당신의 대답을 바탕으로 해결책을 만들 것이다.

4단계, 단순화를 위한 해결책 3~5개 만들기 (30~60분)

해당 업무를 아웃소싱하면 문제가 해결될까? 그 프로세스나 과제를 아예 없애버리면 어떨까? 전체적인 프로세스를 개선하기 위해서 당신이 제거하고 싶은 업무나 절차는 무엇인가? 회의에 참석한 사람 각자가 문제에 대한 해결방법을 생각하거나, 화이트보드 또는 플립차트를 이용해서 그룹으로 해결책을 도출해보라.

만일 당신이 현실에 즉시 적용할 수 있는 해결책을 발견했다면, 이는 안건의 가장 위에 자리 잡아야 할 성공적인 결과물이다. 만일 그 해결책이 중요하기는 하지만 좀 더 많은 검토와 연구가 필요하다면, 어느 팀이나 개인에게 그 책임을 부여해서 단순화 프로젝트가 끝나기 전 어느 특정한 날에 이를 토론하기 위한 추가 회의를 잡는다.

여기서는 지면의 한계 때문에 50개 질문 중 일부만 소개한다. 책의 뒷부분에 '단순화를 위한 50개의 질문' 전체가 부록으로 실려 있다.

가치가 있나?

- 우리 회사가 밤새 불이 나서 잿더미가 되었다고 가정해보자. 그리고 내일부터는 모든 것을 새롭게 시작해야 한다고 치자. 직원들이 가장 먼저 되살려야 하는 핵심 비즈니스 영역은 무엇인가?
- 나는 24시간 안에 출발해야 하는 여행상품에 당첨됐다. 출발 전에 끝내야 할 가장 중요한 업무는 무엇인가?

최소화되어 있나?

- 내일 회사에 새로운 CEO가 부임한다고 가정해보자. 그 사람 입장에서 가장 많은 시간이 낭비된다고 즉시 지적할 프로세스는 무엇인가?
- 새로운 제품을 개발하는 과정에서 우리가 계속 추가한 여러 업무 가운데 줄일 수 있는 일은 없는가? (프로세스, 미팅, 정기적 회의 등)

이해할 수 있나?

- 이 일을 우리 부서 외부 사람에게 분명하게 설명할 수 있나?
- 이 서류나 메시지에서 어떤 전문용어를 제거할 수 있을까?

반복적인가?

- 만일 이 프로세스나 과업을 자동화한다면 어떤 사람이 혜택을 받게 될까?
- 이 프로세스는 다른 조직이나 다른 산업에서 쉽게 반복할 수 있나?

심플, 강력한 승리의 전략

접근하기 쉬운가?

- 어떻게 하면 고객들이 우리 회사와 보다 쉽게 일하도록 만들 수 있을까?
- 다른 부서나 사업부가 우리 시스템이나 데이터를 사용하면 그들에게 도움이 될까?
- 다른 부서나 사업부에 권한을 위임하면 우리에게 도움이 될까?

이 질문들은 단순화에 대한 해결책을 고민하는 사람들에게 길잡이를 제공할 목적으로 작성됐다. 개인이든 그룹이든 환경에 따라 자신이 수행하고 있는 업무와 가장 관련이 깊은 질문들을 선택해서 효과적으로 활용해보라.

물론 이 '단순화를 위한 50개의 질문' 도구를 사용했다고 해서 바로 단순화가 이루어지는 것은 아니다. 하지만 이 질문들은 내가 속한 조직의 어느 곳에 복잡성이 도사리고 있는지 파악할 수 있는 포괄적이고도 섬세한 관점을 제공할 것이다.

도구, 단순화 워크시트

당신이 개선하고 싶은 구체적인 과업이 떠오르지 않았거나, 시간이 충분하지 않아서 회의를 끝낼 시간에야 참석자들에게 이 주제에 대한 이야기를 했을 경우, '단순화 워크시트Simplification Worksheet'(202쪽)를 사용하면 도움이 된다. 이 워크시트가 간단하다고 우습게 보지 마라. 매우 효과적인 도구다.

이 도구가 만들어진 것은 2015년 6월의 일이다. 당시 우리 회사는 몇 주 동안 단순화 도구모음을 제작하는 일에 몰두하고 있었다. 나는 단순화 프로세스의 각 단계를 돕는 도구들에 대해 상세한 내용을 설계하던 중에 갑자기 일손을 멈췄다. 도구 개발을 한번에 너무 많이 진행하다 보면 주변 사람들로부터 다른 피드백이 왔을 때 전체 개발작업을 다시 해야 하는 것 아닌가, 하는 걱정이 됐기 때문이다. 그런 일이 벌어진다면 큰일이었다.

나는 팀 전체를 불러모았다. 그리고 앞으로 새로운 도구를 하나 개발해서 매주 월요일 1시간씩 우리 자신에게 적용해보자고 선언했다. 그 후에 내가 처음 만들어낸 것이 조직 내 어느 곳에 복잡성이 존재하는지 파악하는 데 도움을 주는 이 워크시트였다.

단순화를 추진하는 사람들에게 가장 큰 문제는 어디서부터 시작해야 할지 모른다는 것이다. 그들에게는 현재의 상황을 쉽고 빠르게 파악하는 데 도움을 주는 길잡이가 필요하다. 나는 이 도구를 완성한 후에 '단순화 워크시트'라는 이름을 붙였다. 이 워크시트에 담긴 질문은 딱 6개였다. 더 이상 아무것도 없었다.

다음 날 아침 나는 팀 멤버들에게 10분 동안 이 질문들에 답해보라고 말했다. 방 안은 매우 조용했다. 회의 참석자들은 열심히 답을 적어내려갔다. 놀랍게도 입사한 지 2주밖에 안 된 직원도 자신이 하고 있는 업무 중에서 복잡하다고 생각하는 일들의 목록을 작성했다. 오, 도대체 나는

심플, 강력한 승리의 전략

얼마나 복잡한 회사를 운영해온 걸까?

10분이 지나자 나는 직원들을 중지시켰다. 이제 서로 작성한 답들을 함께 공유할 시간이었다. 나는 이런 간단한 기법을 통해서도 사람들이 자신의 일을 더 낫게 만들 수많은 방법을 순식간에 찾아낼 수 있다는 사실에 전율을 느꼈다.

직원들은 자신의 일을 복잡하게 만드는 문제들을 정확히 파악하고 있었다. 예를 들어, 자기의 잘못된 행동("나는 고객들로부터 그때그때 작은 정보를 얻기 위해 10개의 이메일을 보낸다. 나중에 고객이 더 상세한 내용을 정리한 다음에 이메일을 보내면, 한번에 모든 정보를 얻을 수 있을 텐데"), 사장인 내가 직원들의 시간을 낭비한 일("주간회의를 할 때 왜 마케팅 직원들도 마지막까지 남아 영업 수치에 관한 논의를 30분씩 들어야 하나?"), 그리고 동료들에 대한 조언(트레버는 캐서린이 영업 데이터를 2개의 시스템에 중복해서 입력하지 말아야 한다고 제안했고, 캐서린은 트레버가 고객 발굴을 위한 전화를 할 때 '필수 질문'의 수를 줄여서 생산성을 높여야 한다고 말했다) 등등.

우리는 1시간도 안 돼서 17개의 업무 개선 사항을 도출해냈다. 무려 17개! 모두가 흥분해서 이렇게 생각했다. 왜 이 도구를 진작 사용하지 않았을까? 언제 또 할 수 있을까? 우리는 회의에서 나온 해결책을 반영해서 일부 업무를 없애버렸다. 일부는 다른 회사에 아웃소싱했다. 또 어떤 일들은 간소화했다. 게다가 그런 과정에서 우리는 이 워크시트 자체를 여러모로 개선할 수도 있었다.

단순화 워크시트의 마법은 짧은 시간 안에 단순화의 비결을 찾아내준다는 것이다. 이 도구를 소규모 팀별로 나눠주고 직원회의에서 사용해보

1단계: 어떤 일이 복잡하고, 중복적이고, 시간 소모적인가?		2단계: 그 이유는 무엇인가?	3단계: 어떻게 해결해야 하는가? (간소화, 아웃소싱, 제거 등 단순화를 위한 구체적인 방법을 제시하라.)
보기: 당신은 어떤 업무에 가장 많은 시간을 소비하는가?	고객들에게 추천하는 분기별 이벤트, 마케팅 및 홍보 프로그램 제안서 작성	제안서에는 많은 이미지를 넣어야 하고 내용들을 여러 포맷에 맞춰 만드는 데도 긴 시간이 걸린다. 게다가 근무시간대가 같지 않은 다른 부서에서 보내는 자료들을 기다려야 한다. 제안서를 여러 사람이 만드는 데다 버전이 다르다 보니 가장 최근 파일이 무엇인지 구별하기도 힘들다. 나는 5개의 버전으로부터 내용을 추려 마스터파일에 취합한다.	• 한 페이지에 들어가는 이미지를 1개로 줄인다. • 기본 포맷만 사용한다. • 구글 닥스Google Docs 같은 협업 툴을 사용해서 제안서 버전을 하나로 통일한다. 내용을 추가하는 것은 각 부서의 책임으로 한다.
1. 당신은 어떤 업무에 가장 많은 시간을 소비하는가?			
2. 당신의 동료들은 어떤 업무에 가장 많은 시간을 소비하나?			
3. 당신의 직무 중 가장 복잡한 부분은 무엇인가?			
4. 당신에게 부여된 직무 중 제거하고 싶은 중복 업무는 무엇인가?			
5. 당신이 하는 사소한 일 중 가장 많은 시간을 뺏는 업무는 무엇인가?			
6. 당신이 오늘 당장 제거하고 싶은 업무는 무엇인가?			

심플. 강력한 승리의 전략

라. 회의에 참석한 사람들에게 5분 동안 가장 시간이 많이 소비되고, 중복되고, 복잡한 업무들을 찾아내도록 한 다음, 나머지 5분 동안 이에 대해서 설명하도록 하라.

일단 참가자들이 질문에 답을 작성한 후에는, 조직 내에서 가장 쓸모없는 업무들을 찾아낸다는 목표를 세우고, 다음 사항에 대해 토론하라. 각 팀의 구성원들은 제거하거나 중단할 일들을 가능한 한 많이 도출하기 위해 노력해야 한다.

1. 가장 많은 시간을 소비하는 업무를 개선하기 위해서는 어떤 특별한 해결책을 활용해야 할까?
2. 이 해결책은 다른 팀에게도 적용될 수 있나?
3. 팀 구성원 사이에 중복된 업무가 있는가? 만일 그렇다면 한 사람만 그 업무를 수행해도 되나?
4. 직원들이 제거하기 원하는 업무 중 어떤 일들을 지금 당장 없애거나, 아니면 30일 정도 중단할 수 있나? 한 달 후에 개인별 면담이나 그룹 회의를 통해 그 업무들의 가치를 다시 고려해보자.

일단 복잡성을 야기하는 핵심 원인을 파악한 사람들은 그것들이 얼마나 명백한 문제였는지 놀라게 된다. 그동안 무엇이 잘못되었는지 어렴풋이 알았어도 그 현실에 정면으로 맞서지는 못했던 것이다. 사람들은 좌절감에 빠져 살아가면서도 자신이 원하는 일을 가로막는 문제들을 실제로 제거할 수 있다고 생각하지는 않는다. 다음에 소개할 마지막 두 가지 도구는 그런 어두운 마음에 밝은 빛을 가져다줄 목적으로 설계됐다. 일단 장애물을 발견했다면, 그 장애물을 제거할 방법을 찾아내는 것은 시간문제다.

도구, 복잡성 사냥하기

＼

지금까지 단순화의 여정 중 첫 두 단계, 즉 복잡성을 인식하고 업무 방해 요소를 판단하는 단계에 도움을 주는 도구들을 다뤘다. 이제 소개할 '복잡성 사냥하기Killing Complexity'는 복잡성을 파악하는 단계에서 한 걸음 더 나아가 어떤 복잡성을 목표로 삼아야 하는지, 그 우선순위를 정하는 과정을 돕는 도구다.

요컨대 당신은 '복잡성 사냥하기'를 통해 당신에게서 가장 많은 시간을 빼앗는 업무들을 파악한 후, 그중 어떤 업무가 실제적으로 가치가 있는지 판단할 수 있다. 이 도구를 사업부나 팀 단위 회의에서 사용할 때는, 불필요한 업무를 제거할 권한이 있는 고위임원을 반드시 참석시킬 필요가 있다. 모든 참가자는 이 도구에 대해 정확히 이해해야 하고, 조직의 관리자도 회의 결과에 따라 향후 적절한 조치를 취하겠다고 약속해야 한다. 회의를 진행하는 사회자는 이 도구의 연습에 90분 정도를 할애하면 이상적이다.

1단계, 업무 워크시트 작성하기 (10분)

단순화를 위한 프로젝트 회의가 열리기 일주일 전에 '업무 워크시트 Task Worksheet'(206쪽)를 모든 참가자에게 보내 작성하도록 한다. 참가자들은 자신의 핵심 업무(또는 시간이 가장 많이 소비되는 업무)를 분석하는 과정에서, 회의가 시작되기 전에 이미 단순화 프로젝트에 대해 올바른 인식을 갖게 된다. 또한 자신들이 매일, 매주, 매월, 매년 수행하는 시간 소모적인 업무들을 보다 심각하게 검토할 수 있다. 그들에게 다음과 같은 지침을 제공하라.

- 당신이 속한 사업부에 관련된 업무를 선택하라. (본사 차원의 업무는 제외한다.)
- 반드시 회사 업무에 관련된 사안을 골라라. (개인적인 일은 제외한다.)
- 구체적인 업무를 기재하라. (특정한 회의, 특정한 프레젠테이션, 특정한 이메일 등)

2단계, 가장 시간 소모적인 업무 5개 파악하기 (15분)

회의를 진행할 때는 2개의 플립차트와 화이트보드를 놓을 수 있고 그룹 멤버들이 내놓은 답안을 취합할 공간이 넉넉한 회의실을 잡는 편이 좋다. 참가자들이 다 모이면 각자가 업무 워크시트에 작성한 내용을 10분 동안 검토하고, 그중 가장 많은 시간을 요하는 업무 5개를 접착식 메모지

업무			
일간 업무	주간 업무	월간/분기간 업무	연간 업무
1.	1.	1.	1.
2.	2.	2.	2.
3.	3.	3.	3.
4.	4.	4.	4.
5.	5.	5.	5.

심플, 강력한 승리의 전략

에 적는다. 그런 다음 아래의 5개 질문을 주제로 토론을 진행한다.

1. 가장 많은 시간을 요하는 업무는 무엇인가?
2. 이 업무에 그토록 많은 시간이 필요한 이유는 무엇인가?
3. 이 업무는 어떤 주기로 발생하나? (매일, 매주, 매월 등등)
4. 이 업무의 주기를 바꿀 수 있나? (예를 들어, 일간 업무에서 월간 업무로)
5. 팀 멤버들이 중복된 업무를 하고 있는가? 만일 그렇다면 한 사람이 그 일을 전담할 수는 없나?

3단계, 가장 시간 소모적인 업무 5개 평가하기 (15분)

각 그룹의 멤버들은 아래의 눈금자에 표시된 정의를 바탕으로 자신이 파악한 5개의 업무에 적합하다고 생각되는 숫자를 고른 다음, 접착식 메모지에 그 숫자를 적는다.

1 매우 복잡	2 조금 복잡	3 조금 단순	4 매우 단순
· 극히 어려움	· 어려움	· 쉬움	· 대단히 쉬움
· 일회성임	· 반복하기 쉽지 않음	· 부분적으로 반복 가능함	· 반복적임
· 모두가 싫어함	· 지루함	· 불쾌할 정도는 아님	· 즐거움
· 다른 사람이 할 수 없음	· 할 수 있는 사람이 많지 않음, 훈련이 필요함	· 대부분의 사람이 할 수 있음	· 누구나 할 수 있음
· 완료하는 데 매우 긴 시간이 소요됨	· 완료하는 데 긴 시간이 소요됨	· 완료하는 데 시간이 많이 소요되지 않음	· 완료하는 데 시간이 거의 소요되지 않음

이 과정이 끝나면, 그룹 멤버들은 몇 분간 다음 질문에 답한다.

1. 복잡성이나 단순화 정도를 판단하기에 어려운 업무가 있나? 어떤 업무들인가?

2. 다른 사람이 같은 업무에 대해 복잡성 수준을 달리 평가한 경우가 있나? 왜 그런가?

3. 당신이 선택한 업무들은 전체적으로 복잡성 수준이 비슷한가?

4. 그룹 전체적으로는 어떤가?

5. 특정한 영역의 업무가 지속적으로 비슷한 수준의 복잡성을 보이나?

6. 만일 당신이 선택한 업무 대부분이 '조금 복잡' 및 '매우 복잡'으로 분류된다면, 그런 극심한 복잡성의 이유는 무엇인가?

4단계, 두 업무를 골라 '단순성 vs 가치' 매트릭스에 표시하기 (25분)

참가자들은 가장 많은 시간을 요하는 5개 업무 중 자신이 꼭 개선하고 싶은 두 가지를 고른다. 그리고 그 두 업무가 얼마나 '가치 있는지' 평가한다. 일단 다음 질문에 답해보라.

1. 그 업무는 문제를 해결하는 역할을 하는가?

2. 그 업무는 고객의 중요한 욕구를 만족시키는가?

3. 그 업무는 통찰을 제공하거나 경영진이 중요한 결정을 내리는 데 도움을 주는가?

심플, 강력한 승리의 전략

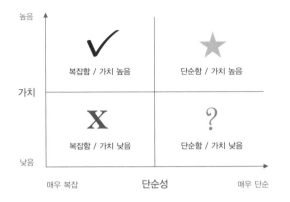

이제 팀 멤버 각자가 앞의 질문들에 답변한 내용을 바탕으로 자신이 선택한 업무의 가치가 높은지 낮은지, 또는 그 중간 어디쯤인지 평가한다. 그리고 회의실 내에 그려둔 커다란 매트릭스에 자기가 고른 두 가지 업무의 가치와 복잡성 정도를 표시한다. 예를 들어, 어떤 업무가 대단히 복잡하면서도 가치가 없다면, 3사분면(왼쪽 아래)에 기입한다. 반면 단순하고 가치가 높은 경우에는 1사분면(오른쪽 위)에 표시한다.

이제 당신은 어떤 업무에 초점을 맞춰야 하는지 알려주는 지도를 갖게 됐다. 당신의 시간과 관심을 요구하는 업무들을 어떤 식으로 수행하고 개선해야 하는지는 그 업무들이 이 매트릭스의 어느 부분에 속해 있는지에 달렸다. 먼저 가장 바람직한 1사분면부터 이야기를 시작해보자. 이 부분에 해당하는 업무들은 단순하면서도 가치가 높은 일들이다. 완벽하다. 그대로 계속 놓아두라! 다음, 시선을 왼쪽 아래로 옮겨보자. 복잡하면서도 가치가 없는 일들이 여기에 속한다. 이는 당신에게 많은 책임을 지우면서도 아무런 대가도 제공하지 않는, 완벽하게 쓸모없는 업무들이다. 없애버려라!

반면 왼쪽 위와 오른쪽 아래 부분은 조금 까다롭다. 오른쪽 아래는 단순하지만 가치가 없는 업무들이 속한 영역이다. 만일 이 일들을 없애버릴 수 있다면 나쁘지 않을 것이다. 하지만 그냥 내버려둬도 그다지 큰 부담이 되지는 않는다. 마지막으로 왼쪽 위는 복잡하지만 가치가 높은 업무들에 해당된다. 이 업무들에 대해서는 진지하게 생각해볼 필요가 있다. 이 업무들을 보다 단순한 방법으로 수행할 수 있는 방법은 없을까? 프로세스를 간소화하기 위해서는 어떻게 해야 할까? 이 업무들을 모두 없애버릴 수는 없다. 가치가 있는 일들이기 때문이다. 그러므로 이 2사분면에 표시된 업무들이 단순화의 가장 우선적인 목표가 되어야 한다.

이제 모든 사람이 토론에 참가해 다음 질문들에 답한다.

1. 주로 어떤 종류의 업무가 각 사분면에 속해 있나? (보고서, 발표 자료 작성 등)
2. 다른 사람이 같은 업무에 대해 가치 수준을 다르게 평가한 적이 있나?
3. 우리가 일하는 시간 대부분이 가치 있는 업무를 하는 데 사용되나?
4. 이 매트릭스에 따르면, 우리 회사에는 단순화의 문화가 존재하는가, 아니면 복잡성의 문화가 우세한가? 그 이유는 무엇이라고 생각하나?
5. 우리 부서나 회사는 복잡성이나 단순화에 대해 보상을 하는가?
6. 경영진은 직원들이 단순화를 성취한 데 대해 어떤 식으로 보상해야 할까?

심플, 강력한 승리의 전략

5단계, 해결책에 대해 브레인스토밍하기 (25분)

마지막 단계로, 어떤 업무들을 제거하거나, 아웃소싱하거나, 간소화할지 결정한다. 각자가 고른 두 가지 업무가 매트릭스의 어느 곳에 속했는지를 보면, 그 업무들을 어떤 방법으로 단순화해야 할지 판단할 수 있을 것이다. 이 토론이 끝난 후에 멤버들은 두 사람씩 짝을 지어 각자가 선택한 두 가지 업무를 아래 표에 반영한다. 두 사람은 이 업무들이 속한 사분면을 고려해서 각 업무를 제거할지, 아웃소싱할지, 또는 간소화할지(중복을 없애거나, 반복이 가능하게 만들거나, 효율화하거나 등등) 브레인스토밍을 통해 해결책을 만들어낸다.

각 해결책을 아래의 표에 기재한다.

업무 목록	접근방법 (해당 상자에 체크)	해결책 (브레인스토밍을 통해 도출된 가장 우선적인 해결책에 동그라미 치기)	다음 단계 (시범 테스트, 아웃소싱에 대한 견적서 받기 등등)
1.	☐ 제거 ☐ ~에 아웃소싱 ☐ ~을 통해 간소화	• • •	
2.	☐ 제거 ☐ ~에 아웃소싱 ☐ ~을 통해 간소화	• • •	

해결책을 토론하는 과정에서 다음의 질문을 참고하라.

1. 당신의 해결책은 대부분 단일한 접근방법(제거, 아웃소싱, 간소화)에 집중되어 있나? 그 이유는 무엇인가?
2. 이 해결책을 실제로 구현하기 위해서는 어떻게 해야 할까?
3. 이 해결책을 실제로 구현하는 데 장애가 되는 요소는 무엇인가?
4. 우리가 지금 당장 약속할 수 있는 세 가지 변화는 무엇인가?

　내가 이 도구를 좋아하는 이유는, 우리가 일상적으로 수행하는 일들을 '당연히 해야 할 일'로 받아들이는 것을 막아주기 때문이다. 물론 우리 모두에게는 해야 할 일이 있다. 그리고 많은 사람이 일할 시간이 부족하다고 끊임없이 불평을 한다. 하지만 한 걸음 물러나서 이런 식으로 생각하는 사람은 극히 드물다. 이 업무 목록 중 진정으로 시간을 투자할 가치가 있는 일은 무엇인가? 어떤 일들을 반드시 처리해야 하고, 어떤 일들을 피해야 하는가? 이처럼 당신은 가치 있는 업무와 불필요한 업무들을 구별하는 과정을 통해 잃어버린 시간을 되찾고, 나아가 조직의 목표를 달성하는 데 헌신할 수 있게 될 것이다.

도구, 멍청한 규칙 없애기

＼

　'복잡성 사냥하기'는 단순화에 참가한 그룹에게 시간과 자원이 풍부한 경우 효과적으로 활용할 수 있는 도구다. 하지만 그보다 더 신속한 방법이 필요한 상황에서 대안이 될 수 있는 도구를 여기 소개한다. 이는 주로 '규칙'에 초점을 맞춰 단순화를 성취하는 방법을 파악하고, 우선순위를 부여하고, 실행하는 일을 돕는다. '멍청한 규칙 없애기Kill a Stupid Rule'라는 이름의 이 도구는 사용이 간단하기 때문에 많은 사람이 선호한다.

'복잡성 사냥하기'와 마찬가지로, 이 도구는 낮은 직급의 직원부터 고위경영진까지 다 사용할 수 있다. 가장 큰 장점은 직원들 혼자서 또는 동료와 함께 1시간 안에 전체 단계를 완료할 수 있다는 것이다. 준비물은 다음 페이지의 워크시트, 화이트보드(그룹이 함께 연습할 때), 연필, 컬러 마크펜, 그리고 접착식 메모지만 있으면 된다.

이 도구의 사용방법은 다음과 같다.

1단계, 멍청한 규칙 찾아내기 (15분)

당신을 힘들게 하거나 업무를 더디게 만드는 쓸모없는 규칙을 3개 이상 워크시트에 나열한다. 그리고 이 규칙들을 없앨 것인지 아니면 수정할 것인지 결정한다. 내부 규칙에 초점을 맞추든 고객의 규칙을 주로 나열하든 관계없다. 규칙을 고를 때는 아래의 내용에 유념하라.

- **'적색' 규칙과 '녹색' 규칙을 구별하라.** 적색 규칙은 정부의 규정과 관련되어 있기 때문에 변경하는 것은 불법이며, 회사가 임의로 통제할 수도 없다. 하지만 이를 제외한 모든 규칙은 충분히 수정할 수 있는 녹색 규칙들이다.
- **자신이 일하는 사업부나 팀에 집중하라.** 본인의 업무에 직접적으로 관련

내부 규칙

고려사항

– 어떤 시스템이나 규정이 당신의 업무에 가장 방해가 되는가?

– 당신의 업무를 더 쉽게 만들기 위해서는 어떤 프로세스 / 보고서 / 양식을 없애거나 단순화해야 할까?

– 당신이 최고의 성과를 달성하는 데 지장을 주는 규칙들은 무엇인가?

규칙1 _____
제거할 것인가? _____
수정할 것인가? 어떻게? _____

규칙2 _____
제거할 것인가? _____
수정할 것인가? 어떻게? _____

규칙3 _____
제거할 것인가? _____
수정할 것인가? 어떻게? _____

고객의 규칙

고려사항

– 고객들이 우리에게 지속적으로 불만을 갖는 원인은 무엇인가?
– 고객들이 우리와 일하기 어려운 이유는 무엇인가?
– 고객들이 우리 회사의 경쟁자를 선택한 이유는 무엇인가?
– 고객들을 위해 당신이 즉시 바꾸고 싶은 업무는 무엇인가?

규칙1 _____
제거할 것인가? _____
수정할 것인가? 어떻게? _____

규칙2 _____
제거할 것인가? _____
수정할 것인가? 어떻게? _____

규칙3 _____
제거할 것인가? _____
수정할 것인가? 어떻게? _____

심플, 강력한 승리의 전략

된 규칙들을 선택하면 그것들을 제거할지 또는 수정할지 결정하는 데 훨씬 유리하다.

- **회의를 불만을 토로하는 자리로 만들지 마라.** 이 도구를 연습하는 과정은 효율적이지 못한 업무에 대해 생산적인 토론을 할 수 있는 좋은 기회다. 문제에 대한 해결책을 강구하는 데 집중하고, 언쟁을 하거나 불만을 늘어놓는 일을 피하라.
- **규칙에 대한 수정안을 제시하라.** 특정한 이유로 규칙 자체를 제거할 수 없다면, 그 규칙을 어떻게 수정해서 업무에 지장을 덜 초래할지 구체적으로 제안하라.

성공을 위한 팁

- 리더들은 회의에 참석한 직원들이 '멍청한 규칙'들에 대해 토론할 때 이를 객관적으로 수용해야 한다. 결코 방어적으로 대응해서는 안 된다.

그룹 전체가 토론할 내용

- 몇 명의 참석자가 3개 이상의 멍청한 규칙을 지적했나? 5개나 10개를 찾아낸 사람은 없나? 각자의 답을 함께 공유하라.
- 없애거나 수정할 규칙을 생각해내는 일은 쉬웠나? (또는 어려웠나?) 그 이유는?
- 내부 규칙과 고객의 규칙 중 어느 것에 대해 토론하기가 더 쉬운가? 그 이유는?

- 당신이 제안한 내용 중 얼마나 많은 부분이 실제적인 규칙과 관련되어 있나? (혹시 규칙이 아니라 그런 식으로 업무가 수행되어야 한다고 당신 스스로 짐작한 것 아닌가?)

2단계, 멍청한 규칙 2개를 매트릭스에 표시하기 (10분)

당신이 작성한 워크시트에서 가장 우선적으로 없애거나 수정하고 싶은 규칙 2개를 골라 접착식 메모지에 적는다. 그리고 당신 자신에게 아래 질문을 던져보라.

- 그 규칙을 없애는 일이 쉬울까 또는 어려울까?
- 이 규칙을 없애면 내가 속한 사업부에 효과가 클까?

이제 위 질문에 대한 당신의 답을 바탕으로, 각자의 규칙을 제거했을 때 회사에 미치는 효과가 클지, 작을지, 아니면 그 중간일지 생각해보라. 그리고 그 결론을 바탕으로 회의실 내에 그려둔 커다란 매트릭스에 그 규칙들을 제거하는 일의 난이도, 그리고 그로 인해 회사에 미치는 효과의 정도를 표시한다. 예를 들어, 그 규칙을 제거하기가 어렵고, 제거했을 때의 효과도 크지 않다면 3사분면(왼쪽 아래)에 기재한다. 반면 없애기가 쉽고 그 효과도 크다면 1사분면(오른쪽 위)에 표시한다. 당신이 고른 규칙들을 어느 곳에 위치시키든 누구도 옳다 그르다 이야기할 수 없다. 순수하게 당신 자신의 관점에 따라 판단하라.

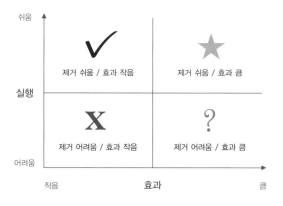

성공을 위한 팁

- 경영진은 회의에서 한 번 이상 거론된 규칙들을 잘 메모해두어야 한다. 비즈니스에서 문제가 있는 영역이기 때문이다.
- 참가자들은 대개 매트릭스의 윗부분에 자신이 고른 규칙을 표시하는 경향이 있다. 그중 많은 사람이 1사분면(오른쪽 위)을 선택한다. 어떤 경우에는 4사분면(오른쪽 아래)이 채워지기도 한다. 반면 3사분면(왼쪽 아래)을 선택하는 사람은 거의 없다. 그러므로 규칙을 제거하는 일의 난이도와 그에 따른 실제적 효과에 대해 참석자들이 객관적으로 토론하는 과정이 중요하다.
- 1사분면에 표시된 항목들에 주목하라. 변경이 쉬운 반면 비즈니스에 미치는 효과가 큰 규칙들이다. 이 규칙들을 없애면 조직에 빠른 성공을 안겨줄 수 있다.

3단계, 평가 및 토론하기 (20분)

모든 참가자가 자신이 매트릭스에 표시한 두 가지 규칙을 다른 멤버들과 공유하고 그 규칙들을 제거 및 수정해야 하는 이유를 설명한다. 토론을 원활하게 진행하기 위해서는 다음 질문들을 지침으로 삼아라.

- 가장 많은 규칙이 표시된 사분면은 어디인가?
- 매트릭스에 표시된 규칙들에 공통점이 있는가? (주로 보고서에 관한 규칙? 인사 관련 규칙? 또는 그 외?)
- 만일 규칙들이 대부분 1사분면(제거하기 쉽고 효과가 큰)에 속해 있다면, 우리는 왜 진작 그 규칙들을 없애는 일에 대해 논의하지 않았을까?
- 어떤 규칙(들)을 곧바로 없앨 것인가?
- 어떤 규칙(들)을 곧바로 수정할 것인가?

4단계, 멍청한 규칙(들) 없애기 (10분)

이제 진실의 순간이 찾아왔다. 행동을 할 시간이다. 그룹의 멤버들이 선택한 규칙들 가운데 어떤 것들을 없앨지 투표를 통해 결정하라. 그리고 결정된 규칙들을 그 자리에서 없애라. 가능하다면 더 많은 규칙들을 제거해도 상관없다. (상황이 여의치 않으면 해당 규칙을 몇 개월 동안 잠정적으로 시행 중단하고, 그 후에 아무도 문제를 제기하지 않으면 영구적으로 제거하는 식으로 차선책을 강구할 수도 있다.)

심플, 강력한 승리의 전략

그룹 전체가 토론할 내용

- 우리가 더 많은 규칙을 없애지 못하게 방해하는 요소가 있나?
- 그렇다면 그 요소들을 어떻게 바꿔야 할까?
- 이 도구 연습을 1년에 몇 차례나 진행해야 할까?
- 멍청한 규칙이 특정한 부서나 사업부에서 주로 만들어지는가? 만일 그렇다면 우리가 이 회의에 그 부서의 담당자들을 함께 참석시키면 어떨까?

내가 이 '멍청한 규칙 없애기' 도구의 가치를 절실히 깨달은 것은 액센추어의 수석 전무이사인 리즈 틴컴Liz Tinkham과 함께 일했던 경험이 바탕이 됐다. 틴컴은 회사의 가장 큰 고객 중 하나인 어느 글로벌 기술기업을 위해 더 큰 혁신을 실현할 수 있는 방법을 찾고 있었다. 그녀는 회사의 관리자들이 막연히 생각하는 '일하는 방법'에 대한 고정관념을 깨뜨릴 수 있는 새로운 도구를 원했으며, 동시에 회사 내부 조직과 고객들을 위해 효율성을 증진시키고 싶어 했다. 틴컴은 회사가 훌륭한 성과를 거두지 못하도록 방해하는 규칙이나 프로세스, 그리고 기타 장애물이 자신의 팀 안에 존재한다는 사실을 알고 있었다.

틴컴은 우리에게 자기 조직의 관리자 약 40명을 대상으로 '혁신'에 초점을 맞춰 워크숍을 진행해달라고 요청했다. 그 관리자들 중에는 경험 많은 리더들과 세계 각지에서 새롭게 이 조직에 합류한 사람들이 섞여 있었다. 각자 하는 일도 기술, 영업, 마케팅, 전략, 서비스 수행 등 매우 다양했다.

이런 팀 구성은 미리 계획된 것이었다. 틴컴은 어떤 분야를 막론하고 무언가 책임을 지고 일하는 모든 사람은 조직의 변화를 이끄는 일에 함께 참여해야 한다고 생각했다.

40명으로 구성된 그룹은 오전 강의에서 몇 가지 기법을 익힌 후 오후에는 '멍청한 규칙 없애기'에 대해 배웠다. 두 사람씩 조를 이뤄 이 도구를 연습했다. 그리고 불과 15분의 열정적인 토론을 거쳐 없애거나 수정해야 할 규칙 41개를 접착식 메모지에 적어 냈다.

틴컴은 메모지 한 장 한 장을 세심하게 검토한 후 그 규칙들 중 상당수를 없애기로 그 자리에서 결정했다. 나머지는 그 필요성에 대해 자세히 설명하고 계속 사용하기로 했다. 놀라운 사실은 그 '규칙'들 중 상당부분이 실제로는 규칙이 아닌데도 직원들이 그렇게 오해를 하고 있었다는 점이었다.

예를 들어, 워크숍 참석자들은 회의와 관련된 일련의 규칙들을 없애기로 결정했다. 하지만 모든 회의에 참석하는 것이 반드시 지켜야 할 규칙이라는 그들의 생각은 사실이 아니었다. 틴컴은 그들의 잘못된 인식을 정정해주고, 대신 그들이 한 달에 꼭 참석해야 할 세 번의 회의에 대해 구체적으로 설명했다. 또 영업에 관련된 아이디어를 제안할 때는 반드시 정해진 양식과 재무 데이터를 사용해야 한다고 생각하는 사람도 많았다. 하지만 그것 역시 사실과 달랐다.

틴컴의 입장에서 관리자들의 잘못된 인식이 어디서 생겨나는지 이해하고, 그에 대한 자신의 생각을 관리자들에게 설명할 수 있었던 것은 매우 훌륭한 기회였다. 이를 통해 그 관리자들 역시 자기 부하직원들의 잘못된 인식에 대해 적절한 조치를 취할 수 있었기 때문이다.

워크숍이 끝날 무렵이 되자, 일부 규칙을 제외하고는 모두 없애기로 결정되었거나, 직원들의 오해로 판명되어 목록에서 사라졌다. 남아 있는 항목들은 없애기가 훨씬 어려운 본사 차원의 규칙들이었다. 하지만 직원들 입장에서는 분명히 바꿀 필요가 있었다. 액센추어의 훌륭한 리더였던 틴컴은 그룹의 멤버들에게 이 규칙들도 다뤄달라고 요청했다. 본사에서 근무하는 어떤 사람이 직원들에게 미칠 영향은 생각하지도 않은 채 그저 자신의 일을 수행하기 위해 그 규칙들을 만들었을 수도 있기 때문이다. 결국 남아 있는 규칙들도 방 안에 있는 관리자들에게 하나씩 배분됐다. 그들은 그 규칙들에 대해 각자 적절한 조치를 취한 후, 그룹의 멤버들에게 결과를 보고하기로 했다.

"우리는 여러 개의 '인지된' 규칙에 대해 활발한 토론을 했습니다." 틴컴이 내게 말했다. "나는 우리 팀의 구성원들이 회사와 고객을 위해 장애물을 제거하는 자세를 항상 지녔으면 합니다. 이 도구를 연습하는 것은 그 목표를 매우 쉽게 달성할 수 있는 길입니다." 틴컴은 장애물이라고 생각되는 모든 대상을 지속적으로 탐구하라고 조직의 리더들을 독려하면서 워크숍을 마무리했다.

도구, 단순화 실행 전략

이제 당신은 어떤 복잡성을 먼저 해결해야 하는지, 우선순위 설정을 마쳤다. 다음은 실행에 옮길 차례다. 어떤 면에서는 이 단계가 더 쉬울 수도 있다. 일단 자신의 삶을 복잡하게 만드는 불필요한 요소들을 정확히 파악하고 나면, 그것들에 대한 해결책은 의외로 간단한 경우가 많다. 만일 그렇게 간단하지 않다고 해도, 다른 사람들이 어떻게 복잡성의 문제에 접근하는지 참고함으로써 단순화에 성공하는 데 도움이 될 수 있을 것이다.

나 자신을 포함한 우리 팀 멤버들은 그동안 성공적인 단순화 실행 전략들을 풍부하게 수집하고 정리했다. 그리고 3장의 '복잡성 진단'에서 구분한 몇 가지 카테고리별로 이 자료를 체계화했다. 224~238쪽에 제시한 70여 개의 단순화 실행 전략들(구글의 관료주의 없애기 회의에서부터 에어비엔비의 회의 없는 수요일까지)이 당신과 당신 회사가 복잡성의 문제를 해결하고 일하는 방법을 개선하는 데 커다란 도움이 될 거라고 우리는 확신한다.

이 도구 역시 모든 직급의 직원들에게 해당되며, 혼자서(이때는 4단계의 그룹토론 과정 생략) 또는 여러 사람이 그룹을 이뤄 사용할 수 있다. 그룹으로 이 도구를 연습하는 경우에는 각 팀에 업무영역별로 단순화 실행 전략을 선택하는 임무를 맡기면 된다. 혼자 이 도구를 연습하면 약 35분, 그룹으로 진행할 때는 약 95분이 소요된다.

1단계, 최소 세 가지 비즈니스 영역 고르기 (5분)

94~98쪽에서 당신이 완성한 '복잡성 진단' 설문지를 참고하면 어떤

심플, 강력한 승리의 전략

영역의 단순화에 초점을 맞춰야 하는지 쉽게 파악할 수 있다. 복잡성 진단 도구를 아직 사용해보지 않은 사람들은 아래의 표에 포함된 11개의 비즈니스 영역 중, 자신의 일상적인 업무에 가장 큰 복잡성을 야기한다고 생각되는 영역을 최소한 3개 고른다.

조직 영역		개인 영역	
– 비전/소통	– 전략/기획	– 회의	– 프레젠테이션
– 조직구조	– 운영 및 관리	– 이메일/전화/음성메시지	– 시간 관리
– 인사	– 제품/서비스	– 보고서	

2~3단계, 비즈니스 영역별 전략 검토하기 (10분) 및
영역별 실행 전략 2개 고르기 (20~40분)

224~238쪽의 단순화 실행 전략들 중에서 당신이 선택한 복잡성 영역에 해당하는 전략들을 읽어보고, 자신의 조직에 가장 효과적이라고 생각되는 항목에 체크한다. 개인 영역의 실행 전략을 고른 사람들은 조직의 커다란 그림과 목표를 함께 염두에 두어야 한다.

예를 들어, 당신이 생각한 복잡성 영역이 전략/기획 분야이고, 목표는 연간 전략계획을 보다 신속하게 완료하는 것이라면, 그 목표를 달성하는 데 가장 도움이 되는 실행 전략을 선택하면 된다.

조직 영역

비전/소통

☐ **언어를 바꾸고 사고방식을 바꾼다.** 고위경영진과 일선 직원 사이의 소통은 간결하고 단순해야 한다. 전문적인 용어나 상투적인 말을 없애고, 힘든 해독 과정을 거치지 않고도 이해할 수 있는 핵심적인 내용만 전달하라. 단순화는 직원들의 사고방식을 공포에서 자유로, 그리고 남에게 의존하는 마음에서 주인의식으로 바꿀 수 있는 열쇠다.

☐ **유치원 실험을 한다.** 당신은 자신이 작성한 문서, 발표 자료, 제안서, 계약서 등을 다섯 살짜리 어린아이에게 설명할 수 있나? 업무가 최대한 단순해질 때까지 불필요한 모든 것을 없애라.

☐ **여기저기 포스팅하지 않는다.** 컨설팅회사 박스오브크레용Box of Crayons처럼 당신의 비즈니스에 가장 관련이 깊은 소셜미디어 한두 개만 집중적으로 활용하라.

조직구조

☐ **'한 장'의 기적을 이뤄낸다.** 당신 회사의 조직도를 이해하는 데 다섯 장이 넘는 슬라이드와 색색의 범례가 필요하다면, 조직에 단순화가 필요한 상태다. 직원들에게 한 장으로 단순화된 조직도를 제출하도록 하라.

☐ **모든 부서의 목표에 단순화를 연동시킨다.** 단순화가 조직 전체에 자리 잡게 만들기 위해서는 모든 사람에게 공통적으로 적용되는 측정지표(예: 회의를 20퍼센트 줄인다, 매년 불필요한 규칙 10개를 없앤다)를 만들어야 한

다. 이를 통해 조직에 속한 모든 사람이 단순화에 책임감을 갖게 된다.

☐ **직원들에게 의사결정 권한을 위임한다.** 당신이 이끄는 팀의 직원 개개인에게 한 주 동안 당신을 거치지 말고 스스로 2개의 의사결정을 내리라는 숙제를 주라. 그리고 다음 회의시간에 그들이 내린 결정에 대해 토론하라. 의사결정의 수를 3개, 5개, 10개로 늘리고, 의사결정에 관한 내용이 개인 인사고과나 부서의 단순화 목표에 연동되도록 만들라.

인사

☐ **결과를 중심으로 역할을 정의한다.** 업무 내용 위주의 직무기술서는 결과가 아닌 과정에 초점을 맞춘다. 하지만 직원의 역할에 대한 정의는 성공적인 결과에 대한 측정 중심으로 이루어져야 한다. 예를 들어, '한 달에 3~5건의 보도자료 작성'이라는 홍보팀 직원의 목표는 '언론에 한 달에 20건 이상의 기사 노출'로 바꿀 수 있다. 이런 방식은 '어떻게 일할 것인가'에 맞춰져 있던 초점을 '무슨 일을 할 것인가'로 이동시킨다. 또 직원들의 창조적인 문제해결 능력을 강화시킬 뿐 아니라, 그들이 '결과'라는 진정한 목표에 집중할 수 있도록 권한을 위임한다.

☐ **직원 평가 항목을 줄인다.** 애벗Abbott이라는 의료기업은 인사고과 항목을 줄인 후 비즈니스 실적이 크게 향상됐다.

☐ **연간 인사고과를 없앤다.** 액센추어는 엄청난 서류작업이 소요되는 인사고과 절차를 없애버렸다. 이 전문 서비스기업의 관리자들은 직원들의 성과에 대한 평가를 연중행사로 치르기보다 평소 직원들에게 수시로 의견을 제시함으로써 실시간으로 직원들의 성과를 개선한다.

(※프로의 팁: 인사고과의 평가기준을 회사의 전략과 연동시키면, 직원들이 자신의 성과가 회사의 전략에 어떤 영향을 주는지 이해할 수 있게 된다.)

☐ **트위터 길이의 피드백을 제공한다.** 어떤 업무나 행사가 완료된 후에 그 일에 참여했던 직원들에게 트위터처럼 짧은(140자 미만) 의견을 보내 개인이나 팀의 성과를 평가하고, 다음번에는 무엇을 개선해야 할지 조언하라.

☐ **부서 이동에 대한 정책을 수정한다.** 라스베이거스의 코스모폴리탄호텔은 직원들의 부서 이동에 대한 내부 규칙을 변경했다. 직원들은 회사에 처음 입사한 사람이 6개월 이내에 다른 부서로 옮길 수 없다는 규정에 문제를 제기했다. 이제 누구나 자기의 재능에 적합한 부서가 있으면 언제든지 자유롭게 이동할 수 있다.

☐ **신입 직원의 교육시간을 줄인다.** 길고 지루한 오리엔테이션을 줄이고, 새로 입사한 직원들이 근무하면서 틈틈이 공부할 수 있도록 주문형 교육을 제공하라. 오리엔테이션은 직원들이 근무를 시작하고 2~4주 후에 기본적인 내용과 Q&A에 초점을 맞춰 진행하라. 그때가 되면 신입 직원들이 자신의 직무나 책임을 더 잘 이해하고 있을 것이다.

☐ **자유롭고 무제한적인 휴가제도를 도입한다.** 배송서비스기업 딜리브_{Deliv}에서는 인사부 직원이나 상사가 직원들의 휴가를 관리하느라 시간을 낭비할 필요가 없다. 만일 어떤 직원의 휴가가 개인의 성과나 업무의 품질에 영향을 미친다면, 관리자가 이에 대해 적절한 조치를 취할 수 있도록 권한을 위임받는다.

☐ **호텔 선택을 제한하지 않고 호텔 비용을 제한한다.** 제약기업 노바티스

Novartis는 출장 가는 직원들이 호텔 비용과 위치를 자유롭게 선택할 수 있도록 40개의 새로운 호텔 체인을 숙박 가능 호텔 목록에 포함시켰다.

☐ **단순화 잼을 실시한다.** IBM은 전세계 30만 명의 직원이 참가하는 아이디어잼Idea Jam 행사를 통해 새로운 아이디어나 문제해결책을 함께 논의한다. 당신도 조직의 모든 직원(그리고 외부 주주나 고객)을 초대해 복잡한 영역을 단순화할 수 있는 아이디어를 제안해달라고 요청하라.

☐ **단순화를 성취한 직원을 칭찬하고 보상한다.** 복잡한 프로젝트, 업무, 정책 등을 성공적으로 제거하는 데 기여한 직원에게 공식적으로 보상하라. 새로운 개념은 아니지만, '긍정적 강화positive reinforcement(어떤 긍정적인 행동을 한 사람에게 보상을 제공해서 그 행동의 빈도와 확률이 높아지도록 만드는 방법 – 옮긴이)'는 단순화의 가치를 회사의 모든 곳으로 확산시키는 강력한 힘을 발휘할 수 있다.

전략/기획

☐ **단순화를 전략기획의 필수 요소로 만든다.** 연간 사업계획에 새로운 전략 하나가 추가될 때마다 기존의 계획을 하나 없애라. 내년에 어떤 일을 중단할 것인가를 고려하는 것은 내년에 어떤 일을 새롭게 시작할 것인가를 생각하는 것만큼 중요하다.

☐ **연간 전략은 한 분기 내에 작성한다.** 내년도 전략계획을 수립하는 작업을 내년까지 끌고 간다면 아예 계획을 세우지 않는 것만 못하다. 당신 회사가 전략적 목표를 달성하기 위해서는 90일 이내에 그 계획을 행동에 옮길 수 있어야 한다.

□ **성과를 측정한다.** 균형성과기록표_{Balanced Scorecard}나 그 비슷한 시스템을 사용해 조직의 전략적 성과를 1년 내내 지속적으로 평가하라.

□ **승인위원회를 없앤다.** 대신 특정 전문가에게 의사결정 권한을 일임하고, 그 권한을 사용해 진행할 업무의 마감시한을 분명하게 설정하라.

운영 및 관리

□ **멍청한 규칙을 제거한다.** 케이블네트워크기업 HBO는 단순화 도구를 처음 도입하는 과정에서 100개 이상의 불필요한 규칙을 제거했다. 이를 통해 업무시간을 절감하고 병목현상을 줄였다. 단순화 프로젝트에 참가한 그룹은 구글 닥스를 통해 더 많은 쓸모없는 규칙들을 없애자고 지속적으로 제안했으며, 동시에 더 많은 부서가 이 프로세스를 받아들일 수 있도록 노력했다. '멍청한 규칙 없애기'는 조직 전체에 유기적으로 확산돼, 이 회사의 가장 모범적인 경영 관행으로 자리 잡았다.

□ **계약서 길이를 줄인다.** GE그룹은 100페이지 정도의 계약서 길이를 20페이지로 줄였다. 당신도 법무부서와 사업부 담당자들을 함께 회의에 초대해서 가장 자주 사용되는 계약서의 길이를 줄이거나 간소화할 수 있는 방법을 찾아보라.

□ **급행 차선을 비워둔다.** 반드시 정해진 기준에 맞아야만 모든 업무를 진행할 수 있다고 고집하면서 비즈니스의 병목현상을 자초하지 마라. 급행 차선을 탈 수 없는 유일한 항목은 추가적인 검토나 승인이 필요한 일들이다.

□ **영수증을 요구하지 않는다.** 75달러 미만(또는 당신 조직에 적합한 액수를

정하라)의 경비가 소요된 항목에 대해서는 비용 청구 시에 영수증 제출을 생략하도록 만들라.

☐ **자유재량 지출 액수를 인상한다.** 비용을 청구하는 과정에 필요한 양식과 승인 절차를 줄임으로써 직원들이 자유롭게 지출할 수 있는 비용의 액수를 늘려라. 필요한 경우에만 경비 집행 현황을 관찰하거나 정책을 수정하라.

☐ **신속한 거래를 위해 최소/최대 제안 가격을 설정한다.** 독일 제약기업 베링거인겔하임Boehringer-Ingelheim은 영업직원이 고객에게 제안할 수 있는 최소 가격을 설정해서, 관리자의 제안서 승인을 생략할 수 있는 절차를 확립했다. 만일 고객에게 제안한 금액이 최소 가격 이상이라면 관리자의 별도 승인이 필요 없다. 그러므로 영업직원은 더 빨리 거래를 진행시킬 수 있다.

☐ **아웃사이드-인Outside-In 해결책을 도출한다.** 조직의 여러 부서에서 일하는 직원들을 팀으로 구성해서 상대 부서의 문제점에 대한 해결책을 함께 브레인스토밍하도록 만들라. 참신한 눈과 귀는 새로운 관점을 제공할 수 있다. (x가 효과 없는 이유나 y가 불가능한 이유를 1,000가지 찾아내는 것보다 훨씬 나은 방법이다.)

☐ **중복되는 업무를 찾아낸다.** 여러 사업부가 같은 일을 중복해서 수행하고 있는지 판단하려면 부서 간의 대화가 필요하다. 만일 업무의 중복이 존재한다면 그 일을 한 부서에서 없애거나, 한 부서에 전담시키거나, 조금씩 나누어 할 수 있는 방법을 강구하라.

☐ **공급자에 대한 감사를 실시한다.** 현재 거래 중인 모든 공급자와의 관계를

재검토해보라. 공급자 수를 줄이거나 공급자들이 제공하는 서비스를 통합하면 당신이 해야 할 서류작업이 줄어들거나 가격이 인하될지 판단하라.

☐ **비슷한 업무는 단일 창구로 집중시킨다.** 유럽의 프랜차이즈 외식업체 피자익스프레스PizzaExpress는 매장 종업원이 담당하던 칵테일용 레몬 자르는 업무를 주방으로 이관했다. 경험이 많은 주방 담당자가 그 업무를 더욱 효과적으로 수행할 수 있다는 이유에서다. 단순히 레몬 자르는 담당자를 바꾼 것만으로 이 회사는 많은 시간을 절약할 수 있었으며, 커다란 재무적 이익을 달성했다.

☐ **2단계 결재 규칙을 수립한다.** GE는 모든 승인 단계가 2개의 서명, 즉 기안자의 상사와 상사의 상사로부터 서명을 받는 것으로 끝난다.

제품/서비스

☐ **제품을 없애거나 투자를 줄인다.** 미국의 통신기업 스프린트Sprint는 '웰컴콜Welcome Call'이라는 마케팅 프로그램이 사업적 가치가 없다고 판단해 서비스를 중단했다. 스프린트는 이 결정 하나로 2,200만 달러의 관리비용을 절약할 수 있었다. 당신 회사에서 고객들에게 제공하는 제품 및 서비스를 주기적으로(그리고 객관적으로) 검토해서 귀중한 자원을 낭비하는 제품, 서비스, 프로젝트 등을 없애거나 중단하라. 이를 통해 당신은 혁신에 필요한 여유공간을 확보할 수 있다. 또한 투자수익률이 낮은 제품 및 서비스를 파악한 직원들에게 보상을 함으로써 이를 전사적으로 장려하라.

□ **직원들에게 혁신적인 아이디어를 요구하지 않는다.** "새로운 제품에 대해 좋은 아이디어 있는 사람 없나요?" 같은 지루한 질문을 하지 말고, 오히려 엉뚱한 사고방식을 지닌 직원들을 찾아라. 그들의 아이디어는 논리적으로 터무니없더라도 획기적인 변화의 실마리가 될 가능성이 크다. 예를 들어, 어떤 직원이 '우리 회사와 경쟁할 다른 회사를 만들겠다'는 생각을 가졌다면 해고 사유가 될 만하다. 하지만 그로 인해 회사의 위기 극복에 관한 대화가 시작될 수도 있다. 우리 회사와 경쟁할 스타트업은 우리의 가장 큰 약점을 이용하려 할 것이며, 우리의 약점을 자신들의 강점으로 만들기 위한 방법을 모색할 것이다. 그런 아이디어를 낸 직원의 입장이 되어 다음 질문들을 스스로에게 해보자.

- 당신 자신을 우리 회사에서 해고되도록 만들 아이디어는 어떤 것들인가?
- 우리 회사의 문제를 해결하기 위한 세 가지 방법은 무엇인가?
- 시간을 투자하지 않고도 회사의 문제를 해결할 수 있는 세 가지 방법은 무엇인가?
- 우리 회사의 CEO를 패닉에 빠뜨릴 만한 아이디어는 무엇인가?
- 경쟁자 입장에서 우리 회사가 절대로 하지 않기를 바라는 행위는 무엇인가?
- 오늘 당장 시도하고 싶은 세 가지 변화는 무엇인가?
- 당면한 문제를 해결하기 위해 꼭 바꾸고 싶은 한 가지는 무엇인가?

□ **제품을 단순화한다.** 구글은 글로벌 브랜드 단순화 지표에서 항상 상위권을 차지하는 기업이다. 이 회사는 고객들을 위해 검색엔진을 포함한 모든 제품과 서비스의 기능을 가장 단순하게 만든다.

회의

☐ **쓸모없는 모임을 없앤다.** 스프린트는 1년에 개최되는 모든 종류의 회의 (정례회의, 주간회의, 각종 행사, 외부회의, 팀회의 등)를 30퍼센트 줄였다. 당신도 조직 안에서 진행되는 여러 회의를 분석해보고, 가치가 없거나 원래의 취지와 맞지 않는 회의가 있으면 없애버려라.

☐ **'노'라고 답한다.** 액센추어는 모든 회의에 소요되는 시간과 비용을 검토한 끝에, 관리자들에게 두려움이나 죄책감 없이도 회의 참석을 거부할 수 있는 권리를 부여했다.

☐ **'회의 없는 수요일'을 시행한다.** 에어비엔비는 직원들이 방해받지 않고 가치 있는 업무를 하도록 독려하는 차원에서, 매주 수요일에는 회의를 하지 않는다.

☐ **서서 회의한다.** 서서 하는 회의는 불편하기 때문에 회의시간이 짧아지는 효과가 있다.

☐ **타이머를 가동한다.** HBO의 국내 네트워크 사업부에서는 회의시간에 제한을 둔다. 지정된 계시원이 회의시간을 1시간으로 제한하기 때문에 회의가 훨씬 집중적으로 이루어진다. 또 참석자들이 다른 사람의 시간을 소중히 여기게 된다.

☐ **일정표의 기본값을 변경한다.** 아웃룩이나 아이캘린더에서 회의 일정에 대한 기본시간 설정을 1시간에서 30분으로 바꿔라. 회의 목표를 달성하기 위해 30분 이상 필요한 경우에만 수동으로 다시 조정하라.

☐ **회의는 '목표'로 시작해서 '실천사항'으로 마친다.** 모든 회의 안건에는 회의의 목표가 명시되어 참가자들에게 사전에 전달되어야 한다. 또한 회의에서 얻어진 결론을 바탕으로 다음 단계에 대한 계획이 이루어져야 한다.

☐ **회의 에티켓을 정한다.** 이를 회사 인트라넷에 게재하거나 회의실에 붙여둠으로써 참가자들에게 효율성, 시간 엄수, 철저한 준비의 필요성을 인식시켜라.

☐ **회의 자료를 단순화한다.** 노바티스는 분기별 실적검토회의에 사용되는 발표 자료를 파워포인트 슬라이드 한두 장으로 제한한다. 이를 통해 회의시간이 줄어들고 참석자들도 회의 준비시간을 절약할 수 있다.

☐ **45분만 회의한다.** 직원들이 시간에 맞춰 다음 회의에 참석하거나 전화통화를 할 수 있도록 회의시간을 45분으로 표준화하라.

이메일/전화/음성메시지

☐ **이메일 없는 시간을 설정한다.** 영국의 멀티미디어기업 텐알프스Ten Alps는 오전에 이메일을 보내고 받는 일을 금지함으로써 직원들이 메일 수신함과 씨름하는 대신 아이디어를 내고 상상력을 발휘하는 데 시간을 보낼 수 있도록 만들었다.

☐ **수신을 거부한다.** 당신 삶에 전혀 도움이 되지 않는 이메일 뉴스레터를 거부하라.

☐ **이메일 상한제를 실시한다.** 이메일이 많이 사용되는 기업에서는 직원 한 사람이 하루에 200건 이상을 받기도 한다. 이런 극단적인 복잡성을 해

결하기 위해서는 하루에 보내거나 대답할 수 있는 이메일 수를 20~30 건 정도로 제한해보라. 이 상한선이 지켜진다면 당신은 일과시간이 끝나기 전에 수신함에서 벗어날 수 있을 것이다. 이런 단순화를 통해 조직 내에서 얼마나 많은 이메일이 오가는지, 그리고 과도한 이메일 습관이 왜 나쁜지 회사 전체가 이해할 수 있을 것이다.

☐ **참조인을 줄인다.** 페라리는 이메일을 보낼 때 지정할 수 있는 참조인 수를 3명으로 제한함으로써 직원들이 '더 많이 말하고, 더 적게 쓰도록' 만들었다.

☐ **슬랙**Slack **또는 와츠앱**WhatsApp **메시징을 사용한다.** 내부 이메일의 양을 줄일 수 있다.

☐ **NNTR을 활용한다.** 상대방이 응답할 필요 없는 참고용 이메일을 보낼 때는 제목란에 NNTR No Need To Respond(응답할 필요 없음)이라고 적어라. 머크의 어떤 사업부에서는 이런 방법을 사용해 조직 전체의 이메일을 20퍼센트 감소시켰다.

☐ **답장을 서두르지 않는다.** 급한 답변이 필요하지 않은 이메일은 하루 일과 중 정해진 시간에 천천히 답장하라.

☐ **이메일의 제목란에 메시지를 축약한다.** 본문은 빈 채로 놓아두라.

☐ **전화기를 든다.** 이메일이 세 차례 오갔음에도 해결되지 않은 문제가 있다면 전화로 이야기하라.

☐ **짧게 쓴다.** 이메일 본문에는 핵심 포인트나 실천사항만을 요약하라. 길고 빽빽한 내용은 첨부파일로 붙여라.

☐ **음성메시지를 없앤다.** JP모건은 시대에 뒤떨어진 이 소통방식을 없앰으

심플, 강력한 승리의 전략

로써(영업사원들을 제외하고) 800만 달러의 비용을 절약할 수 있었다.

☐ **사내 전화회의를 12분, 25분, 50분 등으로 제한한다.** 전화회의 종료시간을 설정하면 시간에 대한 참가자들의 인식을 바꿀 수 있으며, 주제가 옆 길로 새는 일도 방지할 수 있다. 또한 회의시간에 도출된 실천사항을 수행하는 데 필요한 여유시간을 참가자들에게 제공할 수 있다.

☐ **비행기 모드를 활용한다.** 보다 가치 있는 업무에 집중하려면 스마트폰을 비행기 모드로 전환해서 책상 서랍에 넣어두라. 그리고 한 시간에 한 번 정도 메시지를 확인하라.

☐ **주간회의를 격월회의로 바꾼다.** HBO의 국내 네트워크 사업부에서는 고위경영진이 주관하는 주간 전화회의를 격월 단위로 실시하기로 함으로써 시간을 절약하고 정보의 품질을 향상시켰다.

보고서

☐ **해결책을 크라우드소싱한다.** 당신 입장에서 복잡성의 가장 큰 주범은 보고서인가? 그렇다면 이 문제에 대한 해결책을 크라우드소싱하고 여기서 나온 아이디어를 실행에 옮겨라. 단순화를 지속적으로 장려하기 위해서는 훌륭한 아이디어를 제안한 직원에게 공식적으로 칭찬과 보상을 해야 한다.

☐ **보고서를 분석한다.** 당신 부서에서 작성하는 보고서는 가치 있는가, 아니면 효용성이 사라졌는가? 다른 부서에서 이미 똑같은 정보를 제공하지는 않았나? 당신의 팀에 관련된 모든 보고서를 검토해보고 이를 간소화하거나 없앨 수 있는 기회를 모색하라.

프레젠테이션

☐ **세 가지 아이디어만 담는다.** 연구자들에 따르면 발표를 듣는 청중은 발표 내용 중에서 오직 세 가지 사항만을 기억한다고 한다. 그러므로 발표 자료에는 세 가지 핵심적인 아이디어만 포함시키고 나머지는 말과 행동으로 보여줘라.

☐ **파워포인트 없이 회의한다.** 한 장짜리 총괄 보고서만으로 회의를 진행하면, 참석자들에게 가장 핵심적인 정보만을 제공하라고 압박하는 효과를 얻을 수 있다.

☐ **구글 닥스를 활용한다.** 어떤 발표 자료나 제안서를 여러 사람이 함께 작업해서 만들 때는 구글 닥스 같은 협업 도구를 사용하는 것이 좋다.

☐ **포맷을 단순화하고 그림을 줄인다.** 한 페이지에 포함되는 그림의 수를 제한하고 사용자가 임의로 색이나 글씨체를 설정하지 못하게 함으로써 발표 자료 작성에 소요되는 시간과 수고를 줄여라.

시간 관리

☐ **단순화를 위한 회의를 개최한다.** '복잡성 사냥하기' 같은 도구를 연습하는 회의를 공식적으로 개최해서, 참석자들에게 복잡하거나 가치가 없는 업무들을 파악할 수 있는 기회를 제공하라. 경영진도 회의에 참석해서 그 업무들을 제거, 아웃소싱, 간소화할 수 있는 방법을 함께 브레인스토밍해야 한다.

☐ **결과 중심적인 해결책을 만든다.** 회의 참석자들이 불평만 늘어놓을 때 "당신은 이 대화를 통해 어떤 목표를 성취하려고 합니까?"라고 관리자들

심플, 강력한 승리의 전략

이 질문할 수 있도록 교육하라. 이를 통해 "내 동료는 항상 휴가 일정을 가장 먼저 잡아요"라는 불평을 "제 여름휴가 계획을 분명히 말씀드리고 싶습니다. 제가 요청한 내용을 이번주 안으로 검토해주시면 제가 휴가 일정을 잡을 수 있을 것 같습니다"라는 부드러운 대화로 바꿀 수 있다. 직원들이 불평이 아니라 희망을 이야기하도록 독려하면, "나는 새로운 직원 채용 절차가 마음에 들지 않아요"라는 불만이 "나는 새로운 채용 프로세스가 한 단계의 승인 절차를 거쳐 3일 안에 완료되었으면 좋겠어요"라는 희망으로 변할 것이다.

☐ **오전시간에 집중하면 하루가 편하다.** 매일 오전에 특정한 목표를 설정하고 업무에 집중하면, 나중에 예상치 않은 사건이나 사람 때문에 오후를 망칠 확률이 줄어들 것이다.

☐ **중요한 일을 할 시간을 일정표에 담는다.** 하루에 2~3시간은 주주나 이해당사자들을 위해 가장 가치 있는 일을 하는 시간으로 남겨두라.

☐ **새로운 일을 추가할 때마다 하나를 없앤다.** 이 황금률을 지킴으로써 직원들의 시간에 대한 존중을 표현하고, 기존에 이루어지고 있는 직무들을 세심하게 재검토하라.

☐ **쓸데없는 일을 없애는 위원회를 조직한다.** 영국의 음향기기 유통업체 리처사운드는 '쓸데없는 일 없애기 위원회'를 만들었다. 그들은 이를 통해 비생산적인 시스템을 없애고 서류작업을 줄임으로써 관료주의의 폐해를 개선할 수 있었다.

☐ **금요일을 마무리하는 날로 삼는다.** 금요일 오후를 한 주 동안 처리하지 못한 일을 마무리하는 시간으로 정하라.

☐ **블랙아웃 기간을 정한다.** 피델리티의 어느 부서는 매주 정해진 시간에 모든 사무실 문 앞에 '주의CAUTION'라는 글씨가 적힌 테이프를 붙여놓는다. 직원들이 그 시간 동안 회의에 참석하거나 이메일에 답하는 대신 아이디어를 생각하는 데 집중하도록 독려하기 위해서다. 인텔 역시 금요일 오후 1~5시에는 회의를 금한다.

☐ **관료주의 철폐를 위한 회의를 개최한다.** 구글의 '관료주의 철폐 세션 Bureaucracy Buster session'에 참석하는 직원들은 생산성과 효율성을 저해하는 장애물들을 파악하고 뿌리뽑을 수 있는 자유를 부여받는다.

☐ **수혜자를 파악한다.** 어떤 프로세스나 업무 절차를 단순화하기 전에, 그 업무를 각 단계로 나눠 단계별로 어떤 사람이 혜택을 받는지 분석하라. 만일 수혜자가 아무도 없다면 그 업무들을 모두 없애버려라.

☐ **주요 프로세스를 바꾼다.** 만일 어떤 직원이 특정한 프로세스를 빨리 수행할 수 있는 해결책을 제시했다면, 그 해결책을 새로운 프로세스로 정하라. 좋은 해결책에 대한 당신의 기준을 구체적으로 설정하고(X만큼의 시간 절약, Y만큼의 비용 절감 등), 직원들에게 다른 프로세스에 대해서도 복잡성을 해결할 수 있는 방법을 제안하라고 요청하라.

4단계, 실행 전략을 제안하고 그룹 전체적으로 토론하기 (20~40분)

다음 내용에 대해 함께 토론하라.

1. 다들 어떤 실행 전략을 골랐나? 우리 모두는 그 전략들을 실행에 옮기

는 데 동의하나?

2. 각 실행 전략이 복잡성의 영역을 해결하는 데 큰 효과가 있을까?

3. 우리가 선택한 전략은 조직의 목표와 직결되는가? 그렇다면 각 목표별로 실행 전략들을 기술해보라. 그렇지 않다면, 목표와 연동되는 전략이 도출될 때까지 토론을 계속하라.

발길을 멈추고 장미 향기를 맡다

2015년 우리 회사의 고객 중 하나인 어느 글로벌 기업에서 우리를 불렀다. 이 조직의 다양한 사업부에 근무하는 직원들을 위해 단순화 워크숍을 진행해달라고 요청한 것이다. 25명 내외의 참석자들은 엔지니어링, 디자인, 영업, 고객서비스 등의 직무를 담당하는 사람들이었다. 우리는 현장에 도착하자마자 이 그룹이 매우 훌륭한 인재들로 구성되어 있다는 사실을 직감적으로 느낄 수 있었다. 그들 대부분은 활기가 넘쳤고, 이야기하기를 좋아했으며, 열정적이었다.

우리의 첫 번째 과제는 우선 이 그룹의 멤버들을 기존의 권위에 '덜 순종적'이게 만들고, 그들이 고객들을 위한 새로운 업무방식의 필요성에 경각심을 가질 수 있도록 유도하는 일이었다. 그래서 먼저 '비행물체 만들기'라는 이름의 간단한 게임부터 시작했다. 우리는 참석자들에게 종이와 테이프를 나눠주고 60초 안에 각자 비행물체를 만들라고 했다. 그러자 모두가 시간에 쫓기면서도 나름대로 비행기를 디자인했다. 종이를 접고, 날개를 디자인하고, 테이프도 여기저기 붙였다. 60초 후 각자가 만든 비행기를 강의실 반대편으로 날려보내게 했다. 가장 잘 만들어진 비행기는 6미터 정도를 날아갔다.

워크숍 진행자는 참석자들에게 다들 임무를 성공적으로 완수했느냐고 질문했다. 그러자 모두가 고개를 끄덕였다. 진행자는 비행물체가 훨씬 멀리 날아가도록 디자인할 방법이 있는데 한번 보겠냐고 물었다. 다들 호기심에 이끌려 좋다고 대답했다. 그리고 곧 깨달음의 순간이 닥쳤다. 진행자가 종이 한 장을 뭉쳐서 공 모양으로 만든 다음 강의실 끝까지 던진 것이다. 참석자들은 공이 날아가는 모습을 멍하니 바라봤다. 진행자는 처음에 지시했던 말을 다시 상기시켰다. 그는 '비행물체aircraft'를 만들라고 했지, '비행기airplane'를 만들라고 이야기하지 않았다. 참석자들은 진행자가 말한 물건이 곧 비행기를 의미한다고 성급하게 결론을 내렸던 것이다. 그리고 주어진 짧은 시간을 오직 날개를 만들고 꼬리를 붙이는 데 소비함으로써, 목표 달성을 위한 대안을 생각하는 데 실패했다.

그들의 성급한 고정관념이 더 다양한 아이디어를 생각해내고 더 훌륭한 해결책을 도출할 수 있는 기회를 빼앗아갔다. 요컨대 참석자들은 선량한 직원들이 조직의 복잡성 앞에서 좌절하는 것은 바로 이런 이유 때문이라는 사실을 알게 됐다. "간단한 해결책이 있었는데도 우리 자신이 일을 더 복잡하게 만들었네요." 누군가 말했다.

우리는 이렇게 단순화 프로세스의 첫 번째 단계(인식)를 마친 후, 다음 세 단계(판단, 우선순위 설정, 실행)로 옮겨갔다. 우리를 초청한 고객은 이 워크숍을 보다 심도 있게 진행할 수 있도록 충분한 시간을 주었기 때문에, 우리는 단순화 도구 중 가장 종합적인 '복잡성 사냥하기'를 함께 연습해보기로 했다. 그러기 위해서는 먼저 그들에게 문제의 핵심을 파악하는 방법을 알려주어야 했다.

우리는 참석자들에게 자기가 하루의 업무시간을 어떻게 소비하는지 파악할 수 있도록 디자인된 워크시트를 나눠주었다. 그리고 각자가 수행하는 모든 일을 시간(빈도 또는 기간)별로, 즉 일간·주간·월간·연간 업무별로 자세히 분류해서 기재하라고 했다. 강의실 안이 조용해졌다. 주어진 시간은 10분이었다. 하지만 몇몇 참석자가 시간을 좀 더 달라고 요청했다. 자기가 어떻게 일과시간을 보내는지 분석하는 일은 생각만큼 쉽지 않다. 무엇보다 내가 하루에 수행하는 모든 일을 자세히 떠올려야만 하는 상황 자체가 별로 생기지 않는다. 하지만 일단 시도를 하는 순간 당신은 새로운 지혜를 얻게 될 것이다.

어떤 참석자는 개인적인 삶과 관련된 일도 포함해도 되느냐고 물었다. 기술의 영향으로 일과 가정생활의 경계가 점점 모호해지는 최근의 상황을 감안할 때 나름 일리 있는 질문이었다. 하지만 오늘은 일단 회사에서 수행하는 업무만을 다루기로 했다.

워크시트 작성이 끝나자 그룹 전체가 원 모양으로 둘러앉아 각자 작성한 목록을 공유했다. 먼저 발견한 사실은 멤버들이 주로 사소하고 일상적인 업무를 하면서 시간을 보낸다는 점이었다. 요컨대 조직의 복잡성은 본사 차원의 프로세스나 산업 전체에 공통된 정부 규제의 결과로 만들어진 것이 아니었다. 가장 큰 문제는 사소한 일들, 다시 말해 직원 각자가 충분히 바꿀 수 있는 다음과 같은 업무들이었다.

- **내부 회의:** 그룹 멤버 중 절대다수가 하루의 절반 이상을 회의로 보낸 다고 했다. 개중에는 의미 있고 생산적인 회의도 있지만, 많은 경우 그 렇지 못했다.
- **이메일 확인 및 답변:** 처리해야 할 이메일이 너무나 많았다. 한 사람당 하루에 평균 100개 이상을 받고 보내야 했다. 이메일을 체계화할 수 있는 시스템도 없었다.
- **보고서 작성 및 제출:** 그룹의 멤버들은 이틀에 한 번꼴로 새로운 제품에 관련된 데이터를 작성해서 제출해야 했다. 어떤 보고서든 만드는 데 오랜 시간이 걸렸지만 다른 방법이 없었다. 효율적이지 못하고 중복이 심한 보고체계에 대해 많은 사람이 불만을 나타냈다. 그 보고서가 의 미 있는지에 대한 의견도 일치하지 않았다.
- **프레젠테이션:** 고객을 대상으로 한 프레젠테이션과 내부 직원들을 위한 프레젠테이션이 모두 포함된다. 대개 주간 단위로 발생하는 프레젠테이션은 분명히 가치 있는 업무지만, 준비하는 데 많은 시간이 소비된다.

자기가 회사에서 수행하는 모든 업무를 낱낱이 살펴본 그룹 멤버들은 인식이 바뀌었다. "내가 이런 일들을 하면서 그렇게 많은 시간을 보낸다 는 사실이 믿기지 않네요." 어떤 참석자가 말했다. 이렇게 사람들이 어떤 업무를 하면서 하루의 시간을 소비하는지 이해하는 일은 중요했다. 하지 만 더 중요한 대목은, 그들이 과연 핵심적인 업무를 하는 데 시간을 쓰고 있는지 밝혀내는 일이었다. 그리고 제거하거나 간소화할 업무들에 대한 우선순위를 설정함으로써 모두가 더욱 의미 있게 일할 수 있도록 만드는 것이 다음 단계의 과제였다.

우리는 참석자들에게 가장 많은 시간이 소요되는 열 가지 업무를 골라, 각 업무에 해당하는 복잡성의 정도를 1~5의 숫자로 표시해보라고 했다. 단, 애매모호한 숫자인 '3'을 선택하지 못하게 했다. 참석자들은 접착식 메모지 한 장에 각 업무를 적고 복잡성 정도를 표시했다.

그다음 단계로 우리는 참석자들에게 그 업무들의 가치를 생각해보라고 말했다. 가치가 높은지 낮은지 결정하는 데 참고가 되는 질문들도 제공했다. "그 업무는 문제를 해결하는 역할을 하는가? 고객의 중요한 욕구를 만족시키는가? 통찰을 제공하거나 경영진이 중요한 결정을 내리는 데 도움을 주는가?" 그리고 이 책의 209쪽에서 살펴본 '단순성'과 '가치' 비교 매트릭스를 보여주었다. 참석자들은 이 과정을 거치면서 자신이 진정으로 가치 있는 일에 얼마나 많은 시간을 보내는지 진지하게 생각하게 됐다.

마지막으로 우리는 해결책을 도출하기 시작했다. 참석자들은 각자 작성한 워크시트에서 복잡한(즉 단순화해야 하는) 업무, 또는 가치가 낮은(즉 없애거나 개선해야 하는) 업무를 하나씩 골랐다. 그리고 그 업무들에 대한 해결책을 토론했다. 예를 들어, '내부 회의'라는 업무에 대해 생각할 수 있는 질문들은 다음과 같았다. "어떻게 하면 더 가치 있게 내부 회의를 할 수 있을까? 또 회의를 보다 시간효율적으로 진행하려면 어떻게 해야 할까? 내가 어떤 회의에 반드시 참석해야 하는지 여부를 어떻게 알 수 있을까?" 우리는 참석자들을 두 사람씩 짝지어 답을 만들도록 했다. 그리고 그룹 전체가 다시 모였을 때 여러 명의 참석자가 단순화 전략에 대해 의견을 이야기했다. 그중 두 가지만 소개한다.

- "제 파트너는 재무부서에서 근무하는 직원입니다. 제가 월간 실적예측자료를 검토하는 프로세스가 복잡하고 시간이 많이 든다고 말하자, 제 파트너는 저에게 그 프로세스의 취지와 내용을 자세히 설명해주었습니다. 이제 그 업무가 어떤 식으로 운영되는지 알 것 같습니다. 그 프로세스를 이해함으로써 시간도 절약하고 복잡성도 줄일 수 있게 됐습니다."
- "우리 회사의 회의는 대부분 비생산적입니다. 하루 종일 진행되니까요. 우리가 발견한 가장 중요한 사실은 우리 자신이 성공적이고 생산적인 회의를 할 수 있는 준비가 돼 있지 않다는 점입니다. 우리는 회의를 효율적으로 진행하는 방법을 배울 필요가 있습니다. 제 고객 중 하나는 성공적인 회의를 위한 지침 몇 가지를 적어 회의실 벽에 걸어 놓았다고 합니다."

이제 워크숍은 마무리 단계에 접어들었다. 우리는 참석자들에게 실행에 옮길 단순화 전략을 만들라고 요청했다. 그리고 우리 회사에서 실천했던 전략들도 소개했다. 이 워크숍의 참석자들이 도출한 단순화 실행 전략을 몇 가지 소개한다.

- 성공적인 회의를 만들기 위해 지켜야 할 규칙 및 프로세스를 수립한

심플, 강력한 승리의 전략

다. 회의는 정확한 시간에 시작한다. 또 회의를 시작하기 전에 논의할 업무나 계획을 미리 결정한다.

- 구체적이고 명료한 업무방식을 장려하고 애매모호한 태도를 지양한다.
- 경영진의 복잡성을 덜어주기 위해, 조직구성원들이 적극적이고 책임감 있는 자세로 업무에 임한다.
- 하루 일정 중 '방해 없는' 시간대를 설정한다.
- 중요한 일에 집중해 긴급하고 사소한 업무에 시간을 뺏기지 않는다.
- 이메일을 줄이고 직접 대화하는 시간을 늘린다.
- 팀 구성원들에게 문제해결에 대한 권한을 주어 그들이 스스로 해결책을 찾게 만든다.
- 이메일은 중요 항목만 짧게 쓴다. 많은 정보가 담긴 긴 이메일을 보낼 때는 맨 위에 핵심 내용(수신자의 동의나 조치가 필요한 내용)을 굵은 글씨로 간략하게 요약한다.

이날의 워크숍은 대단히 성공적이었다. 물론 우리는 이 회사의 모든 문제를 해결하거나 비즈니스 방법을 전부 바꾸지는 못했다. 하지만 참석자들은 자신을 좌절하게 만들었던 업무들에 대한 통제력을 되찾았으며, 자기의 노력이 쓸모없는 일에 낭비되고 있다는 무기력감을 극복할 수 있었다.

독자들도 이 장에서 제시한 도구들을 실험해보기를 권한다. 꼭 식스시그마Six Sigma(최고의 품질 수준 달성을 목표로 하는 경영혁신방법론－옮긴이)와 같은 길고 공식적인 프로세스를 거치지 않고도 당신의 업무에서 의미 있는 개선을 이루어낼 수 있다. 그동안 습관적으로 수행하던 모든 업무를 동료들과 함께 상세하고 객관적으로 검토해보는 과정을 통해, 당신의 일상에서 가치 없는 업무를 줄이고 진정으로 의미 있는 일에 집중할 수 있게 될 것이다.

심플, 강력한 승리의 전략

7장

단순화를 위한 전략

불필요한 부분을 없앰으로써
필요한 부분을 강조하는 것이 단순함의 능력이다.

— 한스 호프만Hans Hofmann —

단순화는 기업 입장에서 매우 긍정적인 일이다. 그렇다면 경영자 개인에게도 그럴까? 답은 물론 '그렇다'이다. 온라인 법률서비스기업 액시엄Axiom을 창업한 경험 많은 CEO 스티브 스트렐신Steve Strelsin은 하버드 경영대학원과 함께 기업의 CEO들을 대상으로 일련의 연구 프로젝트를 진행했다. 그는 다양한 산업영역에 속한 여러 CEO에게 그들이 경영자의 역할을 어떤 방식으로 수행하는지 물었다. 그리고 CEO들이 응답한 내용과 기업의 실적을 비교해서 분석했다.

스트렐신이 발견한 내용은 놀라웠다. 그는 CEO들에게 다음과 같이 간단한 질문을 했다. "당신 자신이 조직에서 수행하는 가장 중요한 역할은 무엇이라고 생각합니까?" 회사의 실적이 '들쑥날쑥한' CEO들은 대체로 비전을 제시하고, 독특한 기업문화를 구축하고, 특별한 사업전략을 수립하는 일에 우선순위를 두었다.

하지만 각 산업분야에서 최고의 위치를 차지한 기업의 CEO들에게 같은 질문을 하자, 대부분의 응답자가 자신의 개인적 사명이 동료나 부하직원들의 삶을 단순하게 만들어주는 일이라고 대답했다. 그들은 각자 다양한 방법으로 단순화를 추구했다. 회사의 전략을 단순화해서 동료들과 부하직원들이 가장 중요한 사안에 집중하도록 돕거나, 조직체계를 단순화함으로써 전략을 보다 효과적으로 실행에 옮길 수 있게 만들었다. 그리고 회사의 모든 직원이 단순화의 사명을 달성하는 일에 참여할 수 있도록 조직구성원들과 명료한 언어로 소통하는 데 중점을 두었다. 다시 말해, 스트렐신에 따르면, 가장 성공적인 경영자들은 자신을 최고경영자 Chief Executive Officer 임과 동시에 최고 단순화 책임자 Chief Simplification Officer 로 생각하고 있다는 것이다.

스트렐신의 연구 결과는 조직의 구성원들에게 두 가지 중요한 사실을 일깨워준다.

첫째, 단순화는 봄날의 대청소와 같은 일회성 이벤트가 아니다. 최소화되고, 이해하기 쉽고, 반복적이고, 접근하기 쉬운 방식으로 업무를 진행하려는 욕구는 사람들의 마음속에서 오랜 시간 가꾸어지고 뿌리내려야 한다. 단순화는 우리가 매일 문제를 바라보는 방식이자 습관이 되어야 한다. 또한 매순간 이루어지는 모든 결정의 일부분이 되어야 하며, 비즈니스 문화에 스며들어 회사의 정신적인 기풍으로 자리 잡아야 한다. 적지 않은 기업이 단순화에 실패한 이유는 이를 조직의 문화 속에 통합하지 못했기 때문이다. 요컨대 그들은 '모든 직원'의 업무를 단순화하지 않았기 때문에 단순화를 기업문화의 핵심으로 만들지 못한 것이다.

우리는 기업문화를 항상 이야기하면서도 실상 그것이 무엇을 의미하는지 잘 모른다. 기업문화는 단지 회사의 벽을 알록달록한 색깔로 예쁘게 칠하거나, 커다란 화이트보드가 있는 회의실을 만들거나, 직원휴게실에 유기농 음식을 채워두는 일이 아니다. 기업문화는 그렇게 단순한 개념이 아닌, 기본적으로 행위의 방식, 즉 업무를 수행하는 방식이다. 다시 말해, 문화는 직원들이 매일 아침 회의에 참석할 때 경험하는 스트레스의 수준을 의미하며, 조직에서 어떤 행동이 가능하고 어떤 행동이 불가능한지에 대한 직원들의 비공식적인 판단을 뜻한다. 문화를 형성하는 과정에서 회사의 공식적인 소통(정책, 안내책자, 포스터 등등)도 부분적으로 역할을 하지만, 그것이 전부는 아니다. 대부분의 기업문화는 직원들이 동료와 일상적으로 상호작용하는 가운데 형성된다. 문화는 곧 우리가 매일 하는 일이다.

스트렐신의 연구가 알려주는 두 번째 힌트는, 어떤 조직을 막론하고 단순화를 달성하려면 최고경영진의 강력한 참여가 필요하다는 점이다. 업무 프로세스를 단순화하는 데 실패한 조직에서는 종종 핵심 리더들의 공백이 드러난다. 즉, 최고경영진이 스스로 단순화에 대해 정확하게 인식하지 못하고, 자신의 업무를 단순화하는 데 실패한 것이다. 그들은 단순화의 가치를 인정했음에도 불구하고, 정작 단순화를 막는 장벽들을 제거하기 위해서는 아무런 일도 하지 않았다. 또 모든 직원이 일상의 업무를 통해 복잡성을 만들고 이를 악화시키는 것을 방치했다. 그 결과 직원들은 단순화를 조직 전체가 지향하는 핵심 목표로 인식하지 못했다. 따라서 직급이 낮은 직원들에게 일하는 습관을 바꿔 동료들을 힘들게 만드는 관행이나 절차를 수정하라고 설득하기는 훨씬 더 어려웠다.

리더들이 단순화를 받아들이지 않는 이유는 단순화를 원하지 않기 때문이 아니라, 단순화를 어떻게 추진해야 할지 모르기 때문이다. 단순화에 대한 글이나 책은 사방에 넘쳐나지만, 기업의 리더들에게는 부하직원들이 일하는 방식 깊숙이 단순화를 정착시키는 데 필요한 일목요연한 시나리오가 부족하다. 이는 단지 최고경영진뿐만 아니라 조직의 모든 직급에서 일하는 관리자들에게도 해당되는 말이다. 일선 관리자나, 부서의 책임자나, 사업부를 담당하는 부사장이나…… 모든 리더에게는 조직의 복잡성을 제거하고 직원들을 중요한 일에 집중하도록 만들 수 있는 기회가 있다. 우리는 6장에서 몇 가지 단순화 도구를 연습해봤지만, 이는 일회성으로 단순화를 도입하는 데 도움을 주는 도구일 뿐, 단순화를 습관으로 정착시키는 방법을 알려주지는 않는다.

그럼에도 불구하고 당신이 할 수 있는 일은 수없이 많다. 상사의 공식적인 검토 절차를 기다릴 필요도 없다. 이 장에서는 단순화를 조직의 정신적 기풍으로 확립할 수 있는 몇 가지 전략을 소개한다. 이는 수십만 명의 직원을 보유한 회사에서도, 몇 명만 근무하는 회사에서도 다를 바가 없다. 이 전략들에는 내가 수백 개의 기업과 일하며 많은 임원과 관리자를 인터뷰하는 과정에서 축적된 지식, 즉 실제 업무현장에서 무엇이 효과가 있고 무엇이 그렇지 못한가에 대한 나 자신의 직접적인 지식이 반영되어 있다. 그렇다고 이 전략들이 모든 조직이나 개인에 다 들어맞는 것은 아니겠지만, 단순화를 추진하는 리더들에게 어느 정도 종합적인 노하우를 제공할 수 있을 것이다.

이 전략들을 활용하고자 하는 사람은 자신이 '최고 단순화 책임자'로 임명받았다고 상상해보기 바란다. 회사 전체의 책임자가 아니어도 좋다. 자신이 통제할 수 있는 조직의 어떤 영역이든 상관없다. 부하직원이 없는 사람은 이 전략들을 자기 자신의 업무에 어떻게 적용해서 복잡성을 제거할 수 있을지 생각해보라. 몇 명 정도의 직원을 이끄는 관리자들은 이 전략들을 바탕으로 그들의 일상적 업무에서 복잡성을 제거할 수 있는 방법을 고민하라. 만일 당신이 조직의 가장 높은 곳에 있는 리더라면, 이 열두 가지 전략을 통해서 회사의 전직원이 보다 의미 있는 일을 하게 만들 수 있는 아이디어를 얻게 되기를 바란다.

전략 #1: 단순화 비전을 설정하라

업무를 단순화하겠다고 말하기는 쉽다. 하지만 함께 일하는 사람들이 단순화의 가치를 지속적으로 받아들이게 만들기 위해서는(단순화를 조직의 기풍으로 정착시키기 위해서는) 단순화를 통해 무엇을 성취할 수 있는지, 그림을 제시해야 한다. 구체적인 비전을 설정하면, 직원들 각자가 단순화를 위해 무엇을 해야 하는지에 대한 지식을 제공함으로써, 잠재적인 혼란을 제거할 수 있다. 또 당신이 단순화를 도입하고 싶은 이유를 분명히 밝히는 과정을 통해, 부하직원들이 더 좋은 의사결정을 내릴 수 있도록 동기를 부여할 수 있다. 마지막으로 단순화를 분명하게 정의함으로써, 모든 직원이 의미 있고 가치 있는 일을 하도록 만들겠다는 당신의 확고한 의지에 직원들이 전폭적으로 지지를 보내게 된다.

단순화에 대한 직원들의 흥미를 유발하기 위해서는 단순화의 비전을 수립하는 과정에 여러 사람을 참여시키는 것이 바람직하다. 모든 구성원이 함께 만든 비전은 오래 지속되는 법이다. 일단 공식적이든 비공식적이든 팀 멤버들에게 의견을 구하라. 단순화를 통해 조직의 구성원들에게 어떤 혜택이 돌아간다고 생각하는지 묻고, 그들의 의견을 종합해보라. 물론 의견을 제시한 직원들을 칭찬하는 걸 잊지 말아야 한다.

마이클 루이스가 쓴 《플래시 보이스》의 주인공 브래드 카츠야마가 IEX 증권거래소를 설립하는 과정에서 자본시장에 만연한 고의적 복잡성에 어떻게 맞서 싸웠는지 생각해보라. 루이스는 주식을 사고파는 프로세스가 극단적으로 복잡했기 때문에 업계의 트레이더들이 일반 대중의 주식거래를 전자적인 방식으로 교묘하게 이용해서 주머니를 부풀릴 수 있었다고 말한다. 카츠야마는 모든 사람에게 공평한 기회를 부여하는 비즈니스를 만들기를 원했다. 그 목표를 달성할 수 있는 최선의 방법은 무엇이었을까? 바로 단순화였다. 그는 IEX를 '투자자를 보호하는 데 헌신하는 공정하고, 단순하고, 투명한 거래소'라고 불렀다. "사람들이 IEX에서 근무하는 핵심적인 이유가 있다. 그것은 우리의 사명이기도 하다. 우리는 고객들이 이해할 수 있고 혼란에서 벗어날 수 있는 단순한 언어를 사용한다. 우리가 내리는 모든 결정은 조직의 사명과 연관된다. 우리의 사명은 명료하게 문서화되어 보다 원활한 의사결정을 돕는다. 세상을 검은색과 하얀색으로 명확하게 구분할 수 있도록 만드는 것이다."

심플, 강력한 승리의 전략

조직의 비전을 분명하게 밝히는 일이 중요하다는 사실은 모든 사람이 알고 있다. 하지만 대부분의 리더들은 명확한 비전 만드는 일을 어렵게 생각한다. 그래서 우리 팀은 조직의 그림을 올바르게 그리는 일을 돕기 위해 간단한 방법을 개발했다. 다음의 도구를 사용하면 단순화에 대한 비전을 30분 안에 작성할 수 있을 것이다. 혼자서 할 수도 있고 팀 멤버들과 함께 수행할 수도 있다.

도구, 단순화 비전 선언서 작성하기

1단계, 워크시트 작성하기 (30분)

첫 번째 단계에서는 아래 표의 질문을 자세히 읽고 솔직하게 답한다. 일단 왼쪽의 질문 아래쪽에 본인이 생각한 바를 적어두고, 오른쪽 답변할 자리에 그 대답들을 질문에 맞춰 정리한다.

질문 (아래에 아이디어 나열하기)	답변 (아래에 아이디어 정리하기)
1. 단순화는 우리에게 왜 중요한가?	단순화가 중요한 이유
2. 만일 업무가 단순화된다면 우리의 직무나 비즈니스에 미칠 세 가지 큰 영향은 무엇인가?	단순화가 가져올 세 가지 큰 영향 1. 2. 3.

질문 (아래에 아이디어 나열하기)	답변 (아래에 아이디어 정리하기)
3. 우리가 단순화를 통해 매일 경험하게 될 업무현장의 변화는 무엇인가?	단순화로 일상적인 업무에서 경험하게 될 작은 변화들
4. 우리가 일하는 방식을 단순화하면 어떤 성과(재무, 행동 방식, 시간 절약 등)를 거둘 수 있을까?	단순화를 통해 우리가 거둘 성과
5. 우리가 속한 사업부/부서가 단순화되었는지 어떻게 알 수 있을까?	우리가 단순화되었음을 알려주는 변화들
6. 사람들은 어떤 단순화 기술을 매일 새롭게 사용할까?	단순화 이후에 사람들이 더 많이 사용할 단순화 기술
7. 어떻게 하면 1년 후에 우리에게 단순화가 습관화되어 있도록 만들 수 있을까?	단순화를 습관화하는 데 필요한 요소
8. 단순화의 가장 큰 걸림돌은 무엇인가?	우리가 해결해야 할 단순화의 장애물
9. 단순화를 습관화하지 못하면 어떤 일이 일어날까?	단순화를 습관화하지 못했을 때 일어날 일들
10. 단순화는 나 개인에게, 또 이 직무를 수행하는 다른 사람에게 어떤 도움이 될까?	단순화의 효과 개인적: 상호적:
11. 단순화가 우리에게 무엇을 의미하는지 한 문장으로 표현한다면?	단순화란……

심플, 강력한 승리의 전략

2단계, 답변 공유 및 토론하기 (30분)

그룹 전체가 이 도구를 연습하는 경우에는 두 사람씩 짝을 지어 답을 공유한다. 그리고 다음 질문들을 참고해서 서로 작성한 대답에 대해 토론한다.

- 우리가 작성한 답변들은 서로 어떻게 비슷한가?
- 우리가 작성한 답변들은 서로 어떻게 다른가?
- 단순화가 우리 비즈니스의 핵심 가치라는 사실을 반영하는 답변은 무엇인가?
- 우리 조직의 '단순화 비전'을 가장 명료하게 드러내는 1~3개의 답변을 고른다면? (필요한 경우 투표하라.)

3단계, 단순화 비전 선언서 초안 만들기 (30분)

워크시트의 10번과 11번 질문에 대한 그룹 전체의 답변을 바탕으로 단순화의 정의와 장점을 간결하게 표현하는 선언서를 작성한다.

4단계, 피드백 받고 수정하기 (60분)

작성한 단순화 비전 선언서 초안을 멘토, 동료, 그리고 조직 내부와 외부의 믿을 만한 파트너들에게 보내 단점이나 더 보강해야 할 점을 조언해달라고 부탁한다. 또는 초안의 최종 버전을 직원 전체에게 공개하는 것도 대안이 될 수 있다. 선언서가 완성되면 전사적으로 공유하라.

- **피드백 얻기:** 동료들이나 회사 외부의 신뢰할 만한 파트너들에게 당신이 작성한 비전을 보여주고 부족한 점에 대해 자문을 구하라. 비전은 명료한가? 불필요한 전문용어가 들어 있지는 않나? 내용이 고무적인가? 결과 지향적인가?
- **동의 구하기:** 당신이 워크시트에서 작성한 답변을 팀 멤버들과 공유하라. 그들의 반응은 어떤가? 그들은 어떤 부분을 바꾸고 싶어 하나? 그들은 단순화를 실현하기 위해 어떤 일을 원하는가?
- **설문조사하기:** 필요하다면 워크시트에 제시된 질문들을 사용해서 팀이나 부서 전체를 대상으로 설문조사를 해보라. 그들이 작성한 설문조사지를 취합해서 당신이 작성한 답변과 비교하라. 가장 눈에 띄는 유사점과 차이점은 무엇인가?

전략 #2: 단순화를 장기 전략으로 만들어라

단순화에 대한 비전을 정의했으면, 이제 그 목표를 달성하기 위한 전략이 필요하다. 대부분의 기업은 전략기획을 어려워한다. 그들은 장기적인 목표를 설정하는 일보다는 분기별 실적 비교에 더 많이 신경을 쓴다. 내 고객 중 하나는 "전략기획이란 영원히 끝나지 않는 일"이라고 농담을

심플, 강력한 승리의 전략

하기도 했다. 우리는 단지 주기적으로 그 업무를 잠시 중단할 뿐이라는 것이다. 안타까운 일이다. 기업의 중요한 자산이 되어야 할 기획업무가 직원들에게는 오히려 부담으로 작용하고 있는 것이다. 머크캐나다의 전략 담당 임원을 지낸 제프 스펜서는 이 문제를 다음과 같이 간결하게 진단했다. "사람들은 단지 전략만을 듣기를 원하지 않습니다. 구체적인 행동계획이나 결과를 알고 싶어 하죠."

전략기획을 잘하는 비결을 알려주는 책은 수도 없이 나와 있다. 내가 말하고자 하는 요점은, 전략기획 프로세스에 단순화를 핵심적인 요소로 포함시켜야 한다는 것이다. 단순화는 직원식당에 붙여두는 포스터의 제목으로 그쳐서는 안 된다. 장기적인 계획에는 향후 회사가 어떤 일을 추가할 것인가에 대한 계획뿐만이 아니라, 어떤 일을 제거함으로써 집중력을 강화할 것인가에 대한 고려도 반드시 포함되어야 한다.

성장을 지향하는 기업들은 대부분의 시간을 시장에 공급하는 제품과 서비스를 어떻게 '추가'할 것인지 계획하는 데 소비한다. 새로운 부가기능, 새로운 프리미엄 서비스, 더 멋진 쥐덫(고객의 욕구를 파악하지 않고 성능이나 디자인의 개선만을 추구하는 전략을 빗댄 표현-옮긴이) 등등. 물론 때로는 그런 전략이 효과를 발휘할 수도 있다. 하지만 많은 경우 제품과 기능을 추가하는 과정에서 발생한 복잡성 때문에 그동안 쌓아올린 장점들이 훼손되어버리기 일쑤다. 오히려 제품 라인을 부분적으로 단종 또는 매각해서 단순화를 추구하는 전략적 행보를 고려하는 편이 바람직하다.

2014년 프록터앤드갬블P&G은 회사의 비즈니스를 성장시킬 수 있는 최적의 방법은 제품의 수를 줄이는 것이라고 결론내렸다. 예를 들어, 두

발 관련 제품군에서 헤드앤드숄더나 팬틴 같은 브랜드는 실적이 꾸준히 성장했지만 미용제품이나 염색제품들은 부진을 벗어나지 못했다. 회사의 제품 수가 너무 많다 보니 영업부나 마케팅팀의 집중력도 분산되어, 건강제품군에는 제대로 된 지원이 이루어지지 못했다. 복잡성이 성장의 불길에 찬물을 끼얹고 있었던 것이다.

당시 P&G의 CEO였던 래플리A. G. Lafley는 어려운 결정을 내렸다. 수많은 미용제품들에 새로운 자원을 투입하기보다 코티Coty에 일부 브랜드를 매각하는 길을 선택한 것이다. 래플리는 이 모든 것이 P&G를 더 효율적이고 단순하게 만들기 위한 전략이라고 설명했다. 그는 이렇게 말했다. "나의 궁극적인 목표는 운영이 쉽고, 성장이 쉽고, 가치 창출이 쉬운 단순한 기업을 만들어내는 것입니다. …… 우리는 이 커다란 변화를 통해 집중과 선택의 범위를 획기적으로 줄임으로써 진정한 가치를 창출할 수 있는 혁신과 생산성의 균형점을 달성했습니다."

브랜드나 자산을 포기하기는 쉽지 않다. 마치 자기가 백기를 흔들면서 항복한다고 느껴질 수도 있다. 하지만 제품 포트폴리오를 단순화하면 남은 제품들에 보다 효과적으로 집중할 수 있는 여력이 생긴다. 조직 변화 전문가이자 컨설턴트인 론 애시케너스Ron Ashkenas는 "제품을 줄이는 일은 단순화의 좋은 출발점이 될 수 있다. 하지만 사람들은 제품에 집착한다. 이는 자존심과도 결부된 문제다. 고객들에게 어떤 제품을 더 이상 지원하지 않는다고 말하기는 쉽지 않다."

탁월한 리더는 나무 가꾸기의 달인처럼 섬세하게 가지치기를 한다. 불필요한 부분을 잘라내면 결국 전체적으로 더 좋은 결실을 맺는다는 사실을 잘 알기 때문이다. 스티브 잡스는 1997년에 다음과 같이 유명한 말을 했다. "나는 우리가 했던 일 못지않게 하지 않은 일도 자랑스럽게 생각합니다. 혁신이란 수많은 선택의 대상에 '노'라고 답하는 일입니다." 그는 참으로 정확하게 핵심을 짚었다.

전략 #3: 관리 단계를 축소하라

1944년 미국 전략정보국oss(CIA의 전신)은 미국의 안보를 위한다는 명목으로 각종 기업에 침투해서 방해공작을 주도하는 요원들을 위해 야전교범을 작성했다. 이 지침에는 한 가지 특기할 만한 전략이 포함되어 있었다. 바로 복잡성이다. "모든 일을 정해진 경로나 창구를 통해서 진행하자고 고집할 것. 의사결정을 단축하기 위한 어떤 방법도 용인하지 말 것. …… 지시를 내리는 절차나 방식을 늘릴 것. …… 한 사람이 충분히 승인할 수 있는 사안도 세 사람이 결재하게 만들 것."

조직 운영을 방해하는 수단으로 복잡성을 사용한다는 발상이 다소 낯설게 느껴질 수 있지만, 이는 대단히 효과적인 도구였을 것이다. 관리자의 단계가 늘어나면 좋은 아이디어가 현실화되는 데 많은 시간이 걸린다. 결재서류가 승인 완료되어 기안자의 손에 되돌아가기까지 오랜 시간이 필요하다. 그렇게 되면 의사결정의 권한을 쥔 사람들이 업무현장과 점점 멀어지게 된다. 애시케너스는 이렇게 말한다. "관리자 계층이 너무 많으면 조직의 최상부에 위치한 사람들은 진실에서 격리될 수밖에 없다.

모든 사람이 현실을 각자의 방식으로 왜곡해서 말하기 때문에 최고경영진은 진실을 알지 못하게 되는 것이다."

물론 모든 조직이 관리구조를 한번에 수평적으로 만들 수 있는 것은 아니다. 상사 한 명이 너무 많은 부하직원을 관리하게 되면 어떤 직원에게도 충분한 주의를 기울이지 못할 수도 있다. 하지만 일반적으로 관리 계층이 늘어나면 비용이 들고, 시간이 낭비되고, 의사결정이 지연되기 마련이다. 어떤 연구에 따르면, 관리자 한 사람이 새로 생기면 평균적으로 직원 1.5명의 업무가 늘어난다고 한다. 새로운 관리자가 더 많은 아이디어를 생각해내서가 아니다. 계층이 추가되면 복잡성이 증가하기 때문이다.

최근 조직의 축소를 고려하는 기업들은, 베인앤드컴퍼니를 포함한 많은 컨설팅회사들이 '관리 계층 단순화De-layering'라고 부르는 개념에 대해 관심을 갖는다. 하지만 모든 사람이 이미 알고 있는 일을 위해 외부의 조언자를 고용할 필요는 없다. 당신 스스로 회사의 관리 계층을 간소화해보라. 기존의 보고체계에서 직원 개개인이 수행하는 역할을 다시 검토해보라. 중복된 부분이 있는가? 직원들이 서로 폐쇄적으로 일하는가? 당신 조직의 구조를 산업 전반의 표준과 비교해보라. 당신 회사의 의사결정에는 경쟁사에 비해 더 많은 관리자의 결재가 필요한가? 그렇다면 합리적으로 이 상황을 변화시켜보라. 또 당신은 팀이나 부서를 이끄는 리더로서 자신이 직접 관리하는 직원의 수를 늘릴 수 있다고 생각하는가? 이 질문들에 신중하게 답해보라. 그리고 이런 측면에서 경쟁자들을 앞설 수 있을지 판단해보라.

심플, 강력한 승리의 전략

전략 #4: 의사결정을 단순화하라

\

머크캐나다가 전사적인 단순화 프로젝트를 준비할 때 경영진은 한 가지 해묵은 문제점을 발견했다. 어떤 사안에 대해 의사결정 권한을 가진 직원이 상사에게 그렇게 결정해도 되는지 묻는 경우가 많았던 것이다. 이로 인해 의사결정 과정에 불필요한 지연이 발생하고 관리자들에게도 부담이 돌아갔다. 최고경영진은 처음에 왜 직원들이 개인적으로 무언가 책임지는 일을 그토록 꺼리는지 몰랐지만, 결국 일이 잘못될 것을 두려워하기 때문이라고 결론내렸다. 다시 말해, 직원들은 의사결정의 책임을 상사에게 떠넘김으로써 책임을 회피하고 있었던 것이다.

내 고객 중 한 사람은 어느 대형 신용평가기업에서 리스크분석부서를 이끄는 고위임원이다. 그는 자신의 조직에도 이와 비슷한 일이 벌어지고 있다는 사실을 알게 됐다. 그는 자신의 직속부하 10명이 독립적인 의사결정을 꺼린다는 점에 깊은 좌절감을 느끼고, 그들에게 한 가지 정책을 발표했다. 부하직원 각자가 상사를 거치지 않고 매주 두 가지 의사결정을 스스로 내려야 한다는 것이었다. 이 정책을 시행한 초기에는 직원들이 여전히 상사에게 이런 이메일을 보냈다. "내일 회의에 로버트를 참석시켜야 할까요?" 그 임원은 이렇게 회신했다. "자네가 내려야 할 의사결정이 바로 그런 거라네." 마침내 직원들은 상사의 의도를 알게 됐다. 내 고객은 자신이 내려야 할 의사결정이 매주 20개 줄어들었다는 사실에 크게 고무됐다. 시간이 흐르면서 그는 부하직원들이 상사의 결재 없이 스스로 할 의사결정의 수를 점차 늘렸다. 6개월이 지나자 그는 요즘 일이 어떻게 진행되는지 알기 위해 부하직원들에게 전보다 훨씬 많은 질문을 해야 했다.

한편, 머크캐나다에서는 관리자들이 직원들에게 의사결정 권한이 있는 사안에 대해 결재를 거부하기 시작했다. 그 효과는 강력했다. 상사에게 의지하던 직원들은 자신이 결정해야 할 사안에 대해 스스로 책임을 지게 됐다. 그들은 자신이 시의적절하고 올바른 결정을 내렸는지 신중하게 생각했고, 결정의 결과에 대해서도 더 강한 주인의식을 느꼈다.

조직의 리더들은 업무의 최전선에 있는 일선 직원들에게도 권한을 위임함으로써 의사결정을 단순화할 수 있다. 커머스뱅크Commerce Bank의 경영진은 일선 직원들이 고객들의 요구에 보다 효과적으로 대응하기를 원했다. 그래서 고객의 요청을 수락하는 일보다 거절하는 일이 조금 어렵게 프로세스를 만들었다. 만일 어느 직원이 고객의 요구사항을 들어주고 싶을 때는 스스로 결정을 내리면 그만이었다. 간단했다! 하지만 고객의 요구를 거절해야 할 경우에는 관리자의 승인을 받아야 했다. 한마디로 '예스는 한 단계, 노는 두 단계' 정책이었다.

누가 어떤 결정을 내려야 하는지를 파악하는 데 실패함으로써 의사결정과 실행이 지연되는 것은 수많은 회사에 공통적인 문제다. 만일 우리가 조직을 관리하는 데 더 적은 시간을 써도 된다면, 진정으로 중요한 일에 집중할 시간이 늘어날 것이다. SAP의 제프 우즈Jeff Woods는 이렇게 말했다. "우리는 기술과 복잡성의 관계를 이해하기 위해 와튼스쿨과 단순화 연구를 진행했습니다. 조사 과정에서 기업의 직원들에게 업무에 지장을 주는 복잡성이 주로 어떤 종류인지 질문했더니, 그들은 기술적 복

심플, 강력한 승리의 전략

잡성보다 의사결정이나 프로세스의 복잡성을 꼽았습니다. 결국 복잡성을 야기하는 요소는 기술 자체가 아니라 기술이 사용되는 방식인 것입니다."

당신도 시간을 내 당신 조직의 의사결정 프로세스를 검토해보기 바란다. 그리고 특정한 사안을 승인 및 검토하는 사람의 수를 줄일 수 있는 방법을 동료들과 연구해보라. 그 과정에서 다음의 질문들을 참고하라.

1. 보고서·문서·비용 등을 결재하는 데 필요한 관리자의 수는 최소 몇 명인가?
2. 내가 서류나 보고서 없이 다른 사람에게 승인할 수 있는 비용한도는 얼마인가?
3. 우리가 결재 프로세스에서 즉시 없앨 수 있는 보고서·서류작업·기타 필요사항은 무엇인가?

전략 #5: 분명한 측정지표를 정하라

어떤 형태의 단순화 프로젝트라도, 행동에 옮기기 전에 먼저 결과를 측정할 방법을 마련해야 한다. 현재의 증거가 존재하지 않는 상태에서 미래를 기대하기는 어렵다. 증거가 없으면 사람들이 단순화 프로젝트와 전혀 무관한 개선이 이루어져도 단순화의 덕이라고 생각할 수도 있다. 반대로 단순화 프로젝트와 관련 없는 실패가 발생했을 때에도 이를 단순화의 탓으로 돌리게 될지도 모른다.

그렇다면 단순화가 잘 진행되는지 측정할 수 있는 가장 좋은 방법은 무엇인가? 내 생각에 측정기준에는 질적인 측면과 양적인 측면이 함께 고려되어야 할 것 같다. 다시 말해, 복잡성을 제거하는 일이 얼마나 잘 이루어지는지 평가하고, 동시에 직원들의 행동방식이 변하고 있는지도 함께 측정해야 한다는 이야기다. 하지만 더 중요한 점은 단순화가 실제로 회사의 실적 향상에 기여하고 있는지, 그 여부를 분명하게 판단해야 한다는 것이다.

론 애시케너스는 고객들에게 단순화를 위해 새로운 측정지표를 만들지 말라고 권한다. "대신 기존의 측정기준을 조금 높일 수 있겠지요. 예를 들어, 현재의 판매 실적보다 15퍼센트 높은 목표를 설정하면, 이 목표를 달성하기 위해 기존과 다른 방식으로 비즈니스를 해야 하니까요." 결국 요점은 일을 단순하게 만드는 것 자체를 목표로 삼지 말고, 단순화를 실적 개선을 위한 도구로 활용하라는 것이다. 실적에 대한 기대치를 높이면 직원들이 더 나은 성과를 추구하기 위해 복잡성을 줄일 수밖에 없을 테니 말이다.

다음에 소개하는 '단순화 측정지표'는 개인, 팀, 사업부 차원에서 단순화의 효과를 측정하는 일을 돕는 도구다. 앞서 말한 대로, 측정기준은 질적인 측면과 양적인 측면을 함께 반영함과 동시에, 단순화할 필요가 있는 특정 업무분야에 초점을 맞춰야 한다. 적절하게 작성된 단순화 측정지표는 보고서나 관리 계층 축소, 직원 유지율 증가 등의 비즈니스 목표 달성을 돕고 직원들의 긍정적인 행동 변화를 유도한다. 이 '단순화 측정

심플, 강력한 승리의 전략

지표'는 당신에게 이정표가 되어줄 뿐 아니라, 단순화의 성공을 입증하는 증거로 남을 것이다.

단순화 측정지표

1단계, 단순화의 목표 파악하고 토론하기 (60분)

그룹 전체가 모여 자신들이 추구하는 단순화의 목표가 무엇인지 토론하고, 그 노력의 성과를 판단하는 데 필요한 측정지표를 도출한다. 다음 질문을 토론에 활용하라.

- 단순화가 실현되면 가장 큰 영향을 받을 비즈니스 영역은 어디인가?
- 그 영향을 만들어내기 위해 단순화해야 할 핵심 프로세스나 시스템은 무엇인가?
- 어떤 단기적 변화가 이루어지면 단순화에 탄력을 줄 단기적 성공이 가능할까?
- 우리가 단순화를 통해 추구하는 장기적 변화는 무엇인가?
- 우리 조직 내부적으로 어떤 행동방식을 바꿔야 할까? 어떤 단순화 행위가 습관화되어야 할까?
- 어떤 종류의 결과가 도출되면 우리가 단순화의 목표를 달성했다고 판단할 수 있을까?

- 우리가 선택하고 관찰하게 될 측정지표들을 조직의 모든 사람과 어떻게 공유할 것인가?

2단계, 단순화 측정지표 선택하기 (30분)

그룹의 멤버들이 생각하는 측정 항목들을 화이트보드에 정리할 리더를 한 명 선발한다. 참석자들은 접착식 메모지에 각자가 고른 측정지표들을 적어서 제출한다. 그중에서 5~7개를 선택한다. 지표의 내용은 자유롭게 수정할 수 있다. 이 과정에서 다음 두 가지 지침을 염두에 둔다.

- **조직의 전반적 전략과 측정지표를 연동시킨다.** 당신이 속한 부서와 회사 전체에 공통적으로 혜택이 돌아가는 측정지표를 선택하라.
- **의도하지 않은 결과에 주의한다.** 만일 당신이 선택한 측정지표가 '회의를 없앰으로써 절감되는 비용'일 때, 이로 인해 직원들이 회의를 마구잡이로 없애야 한다는 압박감을 갖게 돼서는 안 된다. 일례로 프로젝트팀이 매일 만나서 진행하는 회의는 업무의 중복을 방지하고 일의 흐름을 원활하게 만드는 효과가 있을 수 있는데, 이런 중요한 회의를 없애버리면, 오히려 조직 전체적으로 더 많은 비용을 지출해야 하는 상황이 생길 수도 있다. 측정지표를 만들 때는 조직의 목표에 대해 정확한 소통이 이루어져야 한다. 잠재적인 부작용을 고려해서 측정지표를 적절히 수정해보라(예를 들어, '긴 회의를 없앰으로써 절감되는 비용'이라는 측정지표로 바꿀 수도 있다).

심플, 강력한 승리의 전략

비전/소통 측정지표

☐ 회사와 무관한 소셜미디어 소통시간 감소

☐ 최고경영진과 직원들 사이의 소통에 전문용어 감소

☐ 최고경영진 사이에서 단순화에 관한 대화 증가

☐ 단순화의 가치에 대한 직원들의 이해도 향상

조직구조 측정지표

☐ 조직구조 단순화에 따라 직원의 자율적 의사결정 증가

☐ 조직구조 단순화에 따라 팀 간 또는 사업부 간 소통 증가

☐ 조직구조 단순화에 따라 직원들에 대한 권한위임 증가

인사 측정지표

☐ 직원 채용 시 결재 단계 축소

☐ 인사고과 항목 축소

☐ 인사고과 항목 축소에 따른 시간 절감

☐ 단순화를 달성한 직원에 대한 보상 증가

☐ 단순화에 따른 정규직 직원 수 감소

☐ 단순화 교육을 이수한 직원 수 증가

☐ 중복되는 부서나 기능 축소

☐ 중복되는 부서나 기능 축소에 따른 비용 절감

☐ 단순화의 가치를 인지한 직원 수 증가

☐ 신규 또는 기존 인사정책 감소

☐ 직원 설문조사에서 사내 문화가 긍정적이라는 답변 증가

☐ 직원 유지율 증가

☐ 이직률 감소

☐ 직원만족도 향상

전략/기획 측정지표

☐ 승인위원회 수 감소

☐ 승인위원회 수 감소에 따른 시간 절감

☐ 연간 전략계획 수립 및 승인에 소요되는 시간 절감

☐ 연간 예산계획 수립 및 승인에 소요되는 시간 절감

운영 및 관리 측정지표

☐ 계약서 수 감소

☐ 계약서 수 감소에 따른 시간 절감

☐ 사소한 기술적 문제 해결에 대한 직원들의 업무지원 요청 감소

☐ 직원들과 고객들의 교류시간 증가

☐ 고객의 서비스 요청에 대한 대응시간 감소

☐ 공급업체 수 감소

☐ 우리 회사 계약서에 대한 고객 및 공급업체의 문의 감소

☐ 각종 서류양식 제거에 따른 시간 절감

☐ 중복 업무의 제거 증가

☐ 중복 업무의 제거에 따른 시간 절감

심플, 강력한 승리의 전략

□ 계획된 시간 내에 완료되는 프로젝트 수 증가

□ 형식주의 타파에 적극적으로 참여하는 직원 수 증가

□ 결재서류에 서명하는 관리자 수 감소

□ 사업부 간 프로세스의 일관성 증가

□ 직원 및 고객 요청 처리시간 감소

□ 단순화된 정책, 프로세스, 절차 수 증가

□ 자동화된 프로세스 수 증가

□ 프로세스 자동화에 따른 시간 절감

□ 제거된 '멍청한 규칙'의 수 증가

□ 제거된 '멍청한 업무'의 수 증가

□ 제거된 서류양식의 수 증가

제품/서비스 측정지표

□ 제품 개발 프로세스에서 축소된 단계의 수 증가

□ 고객들과 교류하는 데 필요한 단계의 수 감소

□ 성과가 부진한 개발 프로젝트 중단 건수 증가

□ 우리 회사의 제품, 서비스, 웹사이트에 대한 고객불만 감소

□ 새로운 제품이나 서비스의 출시시간 감소

□ 단종시킨 제품, 서비스, 재고관리상품SKU 건수 증가

□ 우리 회사의 제품, 서비스, 웹사이트에 대한 고객의 긍정적 반응 증가

회의 측정지표

☐ 제거한 회의의 수 증가

☐ 직원들이 회의에서 소비하는 시간 감소

☐ 회의 제거에 따른 비용 감소

☐ 내부 회의에 필요한 자료 단순화에 따른 시간 절감

☐ 전체적인 내부 회의 초청자 수 감소

☐ 회의 초청을 거절하는 직원 수 증가

☐ 제거한 회의에 관한 대화 및 안심도 증가

이메일/전화/음성메시지 측정지표

☐ 사내 이메일 전체 양 감소

☐ 사내 전화회의를 12분, 25분, 50분으로 단축한 데 따른 시간 절감

☐ 사내 이메일의 참조인 수 감소에 따른 시간 절감

☐ 음성메시지 축소에 따른 비용 절감

☐ 주간 전화회의를 격월로 변경함에 따른 시간 절감

☐ '이메일 없는' 시간대 설정에 따른 생산성 향상

보고서 측정지표

☐ 제거한 보고서 수 증가

☐ 불필요한 보고서 제거에 따른 시간 절감

☐ 의사결정 과정에 필요한 보고서 수 감소

☐ 보고서 작성 과정에 수집되는 중복된 정보 감소

심플, 강력한 승리의 전략

☐ 보고서 관련 중복 업무 제거에 따른 시간 절감

프레젠테이션 측정지표

☐ 내부 회의에서 파워포인트 제거에 따른 시간 절감

☐ 구글 닥스 및 기타 협업 도구 도입에 따른 시간 절감

☐ 프레젠테이션 자료의 양식 및 그래픽 단순화에 따른 시간 절감

시간 관리 측정지표

☐ 새로운 규칙이나 업무 도입에 필요한 시간 절감

☐ 타인의 방해 없이 아이디어를 구상하는 시간 설정에 따른 생산성 증가

☐ 비슷한 업무를 단일 창구로 집중한 데 따른 시간 절감

☐ 비슷한 업무를 단일 창구로 집중한 데 따른 비용 절감

☐ 단순화 회의나 관료주의 철폐 프로젝트를 통해 제거된 업무 수 증가

☐ 단순화 회의나 관료주의 철폐 프로젝트를 통해 제거된 업무 수 증가에
   따른 시간 절감

☐ 과도한 업무에 시달리는 직원 수 감소

3단계, 제안된 측정지표 토론하기 (30분)

다음의 주제에 대해 그룹 전체가 토론한다.

- 각자 어떤 측정지표를 5~7개 선택했나?
- 그중 단기적 성공, 장기적 발전, 행동방식 변화 등의 목표에 관련된 측정지표는 무엇인가?
- 우리가 고른 5~7개의 측정지표에 모두가 동의하는가? (그렇지 않다면 투표하라.)

4단계, 기준선·목표·시간 설정하기 (20~60분)

각 단순화 측정지표가 달성되는 상황을 추적 관찰하기 위해서는 먼저 현재의 기준선을 설정해야 한다. 예를 들어, '보고서 수 축소'가 당신의 측정지표라고 가정해보자. 현재 당신의 사업부에서 1년에 30개의 보고서를 만들어낸다면, 이 측정지표의 기준선은 '30'이다. 이를 바탕으로 무엇을 언제까지 달성할 것인지 현실적인 목표를 설정하라. 측정지표는 팀의 구성원들에게 동기를 부여하기 위해 존재한다. 그들을 실패자로 만들기 위해서가 아니다. 목표의 내용에 대해 조직의 구성원들과 의견을 교환하고, 개방적인 자세로 그들의 피드백을 수용하라.

성공을 위한 팁

이 도구는 단순화를 조직의 문화 속에 녹여넣는 일을 돕기 위해 디자인됐다. 하지만 회사가 측정지표들을 달성해나가는 데 영향을 주는 것은 의외로 사소한 요소들인 경우가 많다. 기억하라. 단순화를 성공으로 이

심플, 강력한 승리의 전략

끌기 위한 가장 핵심적인 요소는 그 과정을 가속화할 수 있는 전환점을 만드는 일, 즉 몇 가지 단기적인 성공사례를 구축해서 이를 지속적인 성공의 바탕으로 만드는 일이다. 이런 즉각적인 성공사례가 단순화의 노력을 계속적으로 진행하는 데 필요한 동력을 제공할 것이다.

아래에 몇 가지 유용한 팁을 소개한다.

- **측정지표를 테스트하라.** 직원들이 측정지표, 목표, 그리고 이를 추적하는 데 필요한 자신의 역할을 이해하고 있나? 공식적으로 측정지표를 발표하기 전에 소그룹을 대상으로 이를 테스트해보고, 필요한 경우 수정하라.
- **측정 담당자를 선임하라.** 누가 어떤 데이터를 측정할지 조직구성원들에게 분명히 알리고, 데이터 취합을 전담하는 책임자를 선임해서 보고서의 왜곡을 방지하라.
- **측정지표를 진화시켜라.** 자신이 만든 측정지표를 검토해보라. 만일 설정된 목표가 너무 달성하기 쉬운 것이라면, 목표와 시간을 보다 도전적으로 수정하라.
- **최신 정보를 파악하라.** 분기별 회의를 할 때 측정지표의 최신 현황을 한 장으로 요약해서 최고경영진에게 보여줘라. 정확한 데이터를 간단하고 일목요연하게 제공하면, 임원들이 단순화에 관련된 의사결정을 신속하게 내릴 수 있을 것이다.

우리의 측정지표	현재 기준선 (오늘 현재는 어떤가?)	목표 (무엇을 목표로 하는가?)	달성 시간 (언제까지 달성할 것인가?)
예: 회의에 소비되는 시간 절감	40%	20%	1년 뒤
예: 직원 채용 시 결재 단계 축소	3단계	이사급 이하는 1단계, 그 이상은 2단계	즉시

심플, 강력한 승리의 전략

전략 #6: '단순화 행동강령'을 만들라

\

단순화가 효과를 발휘하는 이유는 그 개념이 권위적인 규칙이 아니라 명확한 지침으로서의 역할을 수행하기 때문이다. 다시 말해, 단순화는 당신의 부하직원들에게 어떤 상황에서 어느 업무를 특정한 방법으로 수행해야 한다고 강제하지 않는다. 오직 전체적인 방향만을 제시할 뿐이다. 그러므로 단순화에 참여한 직원 개개인은 자기가 선택한 바에 대해 더 많은 책임을 지게 되고, 자신의 능력을 보다 효과적으로 사용할 수 있다.

여기서 문제는 직원들이 새롭게 획득한 권한을 바탕으로 새로운 복잡성을 만들어낼 수도 있다는 것이다. 앞에서도 살펴봤지만 사람들은 공포, 위험 회피, 자존심 등 온갖 이유로 복잡성을 선택한다.

우리 회사는 사람들이 그런 충동에 빠지지 않도록 돕기 위해 조직의 모든 구성원이 준수해야 하는 '단순화 행동강령'을 만들었다. 이 강령은 구글이 생산성 향상을 위한 노력의 일환으로 발표한 '이메일에 대한 아홉 가지 규칙'이라는 선언문으로부터 영감을 얻어 제작되었다.

우리가 만든 행동강령은 다른 사람의 시간을 뺏거나 불필요한 업무를 만들어내는 일을 피하라고 권하며, 동료들의 복잡성을 적극적으로 지적하라고 독려한다. 이 '단순화 행동강령'은 사람들이 복잡성을 선택하는 일을 부끄럽게 만들며, 일상에서 다른 사람의 복잡성을 지적하는 행동을 '승인'하는 역할을 한다.

도구, 단순화 행동강령

＼

나는 내가 수행하는 모든 업무를 단순하게 만들 것을 약속합니다.

1. 나는 중복된 업무나 불필요한 일을 제거할 것이며, 부하직원들도 그 렇게 할 수 있도록 권한을 위임하겠습니다.
2. 나는 거짓으로 긴급 상황을 만들지 않겠습니다.
3. 나는 어떤 일이 불필요하다고 생각하면 거부하겠습니다.
4. 나는 타인과 소통할 때 전문적인 용어가 아닌 명료한 언어를 사용하 겠습니다.
5. 나는 이메일, 문서, 회의, 대화를 간결하게 처리하겠습니다.
6. 나는 의사결정에 필요한 정보의 양을 줄이고 과감하게 결정하겠습니 다.
7. 나는 부하직원들이 상사의 승인 없이 의사결정을 내릴 수 있도록 권 한을 위임하겠습니다.
8. 나는 다른 사람들과 가능한 한 많은 정보를 (적법한 선에서) 공유하겠습 니다.
9. 나는 필요하다면 언제나 '노'라고 말하겠습니다.

물론 이 행동강령은 다소 구체적이어서 모든 상황에 완벽하게 들어맞 지 않을 수도 있다. 그런 이유로 우리 팀은 누구나 자신만의 행동강령을 스스로 만들 수 있는 도구를 제작했다. 이 도구는 (1시간 안에 충분히 작성할

심플, 강력한 승리의 전략

수 있다) 당신이 속한 조직에 필요한 행동방식에 대해 직원들과 구체적으로 소통할 수 있게 해준다. 또한 불필요한 일들을 줄이고 다른 직원의 시간을 존중하기 위해 피해야 할 행동을 알려준다. 이 도구를 연습하고 나면 당신은 조직의 모든 구성원이 지지하는 '단순화 행동강령'을 만들어서 배포할 수 있을 것이다.

1단계, 행동강령 질문에 답하기 (15분)

당신이 바꾸고 싶은 행동방식이나 습관에 초점을 맞춰 다음 질문에 짧고 구체적으로 답한다. 만일 그룹 단위로 이 도구를 연습한다면, 함께 이 질문들에 대답해보라.

- 우리 조직의 구성원들은 일상에서 어떤 행동방식을 도입해야 하는가?
- 어떤 행동이 불필요한 업무들을 유발하는가? 오늘 이후로 그런 일을 피하기 위해서는 어떻게 해야 할까?
- 우리 조직을 단순하지 못하게 만드는 문제는 무엇인가? 그 장애물을 제거하기 위해서는 무엇을 바꿔야 할까?
- 오늘부터 우리 조직의 구성원들은 어떤 업무를 더 적게 해야 하는가?

2단계, '단순화 행동강령' 초안 작성하기 (30분)

앞 페이지의 보기와 위 1단계의 질문에 대한 당신의 답변을 바탕으로,

당신의 조직에 맞는 '단순화 행동강령' 초안을 작성한다. (팁: "만약 X라면, Y라는 행동을 하겠다" 또는 "만일 Y가 아니라면, X라는 행동을 하겠다"와 같이 두 부분으로 나뉜 문장은 피하라.)

1.

2.

3.

4.

5.

6.

7.

8.

9.

10.

3단계, 행동강령 완성하고 공유하기 (15분)

당신이 작성한 '단순화 행동강령'이 마무리되면, 이를 조직구성원들과 공유한다. 아울러 왜 단순화가 회사의 건전성과 구성원들의 행복에 핵심적인 요소인지를 밝히는 짧고 개인적인 메시지를 함께 전한다. 행동강령을 받아본 직원들은 날짜와 이름을 적고, 이 강령이 자신의 일상적 업무에 대한 지침이 되도록 잘 보이는 곳에 게시한다.

심플, 강력한 승리의 전략

전략 #7: 단순화팀을 조직하라

＼

단순화를 추진하는 일은 누가 주도해야 할까? 물론 최고경영진의 즉각적인 수용이 필수적인 요소이긴 하지만, 그것만으로는 충분하지 않다. 단순화를 모든 사람의 습관으로 정착시키기 위해서는 이 프로젝트를 이끌 '팀'이 필요하다. 그렇다고 경찰관 같은 역할을 할 사람을 고용하자는 말이 아니다. 아니면 중간관리자들이 직원들의 업무를 일일이 감시하고 일을 복잡하게 만드는 사람을 징계하는 것도 바람직하지 않다. 그보다는 일선 직원과 관리자들이 자신의 업무에 대해 책임을 질 수 있도록 단순화를 조직 전반에 정착시키는 일을 주도할 팀을 만드는 편이 좋다.

컨설팅기업인 박스오브크레용의 마이클 번게이-스태니어Michael Bungay-Stanier는 나와 진행한 인터뷰 도중 다음과 같이 말했다. "우리에게는 단순화를 추진하는 핵심 그룹이 필요합니다. 하지만 궁극적인 목표는 여러 사람이 돌아가면서 그 역할을 담당하게 만들거나, 아니면 결국 그 팀을 없애는 것이 되어야 해요. 그들의 역할은 단순화 도입을 촉진하고 모든 사람을 단순화 실천가로 만드는 일입니다. 그렇지 않으면 직원들은 단순화가 자신들의 일이 아니라 단순화팀의 일이라고 치부해버리기 쉬워요. 단순화 업무가 직원들로부터 분리되는 순간 사람들은 이렇게 말할 테니까요. '잘됐네, 이 일은 다른 사람들에게 맡기면 되겠군. 나는 평상시에 하던 업무에나 집중해야겠어.' 그렇게 되면 단순화는 물 건너가는 거죠."

기업들은 조직 전체적으로 단순화를 주도할 권한을 누구에게 부여할 것인지 신중하게 고려해야 한다. 아피니온의 인사책임자 짐 댈리는 이렇게 주장한다. "단순화는 짧은 시간 안에 이루어지기 어렵습니다. 특정한 방향으로 줄곧 의사결정을 해온 사람이 그 모든 것을 하루아침에 포기하고 다른 방식으로 바꾸기는 매우 어려워요. 새로운 방법이 더 간단하다는 사실을 알고 있음에도 불구하고, 과거의 선택이라는 타성을 극복하는 데는 많은 노력이 필요하죠." 물론 작은 기업들 중에는 전담 팀이나 부서를 새롭게 구성하지 않고도 조직의 문화를 바꾸는 경우가 종종 있다. 하지만 대기업들은 그런 일이 불가능하다. 그러므로 최선의 방법은 다음과 같은 업무를 수행할 단순화 프로젝트팀을 만드는 것이다.

- 사업부나 부서를 대상으로 각 조직에서 어떤 업무를 단순화해야 할지 파악한다.
- 단순화를 도입할 잠재적인 영역의 목록을 취합하고, 관리하고, 관찰한다.
- 조직별로 지원자를 선발해 단순화 작업을 지휘하도록 한다.
- 복잡성을 공략하는 데 필요한 기술이나 도구를 제공한다(6장 참조).

어떤 기업들은 단순화가 조직의 문화 깊숙이 자리 잡으면 단순화팀을 점차 없애려고 할지 모른다. 하지만 직원들을 채용하고 배치하는 데는 보다 공식적인 접근방식이 필요하다. 단순화팀을 늘 새롭게 유지하고 조직구성원들의 참여도를 높이려면, 이 팀을 정식 조직으로 만들되, 여러 부서의 직원을 돌아가면서 이 팀의 멤버로 배치하는 편이 좋다.

심플, 강력한 승리의 전략

단순화 관련 업무만 전담하는 팀이 없으면, 다른 회사의 모범사례를 공부하고 고객들에게 통찰이나 의견을 구하는 일을 할 사람이 없다. 더구나 특정 영역이나 부서에서 근무하는 직원들은 복잡성이 회사 전반에 미치는 영향을 포괄적으로 파악하기가 어렵다. 디자인기업 아이데오IDEO 의 법률고문 로카엘 소퍼 아드랜리Rochael Soper Adranly는 부서 간의 폐쇄적인 관점을 타파하는 일의 중요성을 이렇게 강조한다. "일반적으로 회사의 법률부서는 다른 조직과 유리되거나 고립되는 경우가 많습니다. 하지만 IDEO의 법률부서는 효과적인 운영을 위해 법률팀과 연관된 모든 이해당사자를 파악하고 함께 일합니다. 그리고 조직에 통합되기 위해 노력하죠. 그런 접근방식을 통해 회사의 법률적인 입장이나 용어를 비즈니스의 필요에 맞게 만들어낼 수 있는 겁니다."

단순화팀이 중요한 역할을 수행하기는 하지만 이 조직에 모든 일을 떠맡겨서는 안 된다. 모든 직원은 자신에게 할당된 '복잡성의 몫'에 대해 스스로 책임을 져야 한다. 새롭고 단순화된 회사에서 일하게 된 직원들은 자신이 회사의 성공에 기여했다고 느껴야 한다. 단순화의 궁극적인 목표는 모든 직원이 중요한 일에 집중할 수 있도록 하는 것이다. 그러므로 단순화 '중재자'들은 단순화를 시작할 준비를 갖춘 유망한 직원들을 규합하고, 그들로부터 문제에 대한 해결책을 이끌어내야 한다. 그리고 도출된 해결책을 공론화하고 장려해야 한다. 머크캐나다의 전략 담당 책임자를 지낸 제프 스펜서는 "단순화의 성과를 지나칠 정도로 축하하라!"고 조언한다.

단순화를 향한 노력을 열정적으로 주도할 단순화팀의 멤버를 어떤 사람으로 뽑을지 결정하는 일은 그래서 중요하다. 스펜서에게 단순화팀에서 활동할 사람은 어떤 자질을 갖춰야 하는지 물었더니, 그는 다음과 같이 대답했다. "그들은 복잡성이 안겨주는 편안함이나 안전함을 양떼처럼 쫓아다니는 사람들이 아닙니다. 복잡성의 그늘에 숨지도 않습니다. 그들은 변화를 주도합니다. 그리고 상식을 거부하고 권위에 저항합니다. 또한 결과에 집중합니다. 그들은 단순화가 안겨주는 삶의 품위나 지속성을 좋아합니다. …… 그들은 실용적이고 결과 지향적입니다. 단순한 일은 살아남는 반면, 복잡한 일들은 실패에 이르기 쉬우며 발전 가능성도 적다는 사실을 잘 알고 있습니다. 그들은 문제의 핵심을 정확하게 파악하고 이를 극복하기 위해 노력합니다. 그러지 않으면 성공할 수 없기 때문입니다."

스펜서는 단순화팀 멤버들의 참여도를 높이는 방법에 대해서도 신중하게 대답했다. "그 직원들이 단순화의 본보기가 되어야 하는 것은 맞지만, 그들에게 너무 의존해서는 안 됩니다. 먼저 그들이 관심 있는 분야를 선택해서 단순화하도록 지원하고, 그로부터 가시적인 결과물을 도출할 수 있게 도와줘야 합니다. 그리고 그 결과물을 만든 데 대해 감사를 표시하고, 그들이 성취한 일들을 다른 직원들의 참여를 독려하고 동기를 부여하는 방법으로 활용해야 합니다. 단순화 관련 업무를 같은 사람들이 반복적으로 맡게 되면 지쳐버리기 쉽습니다. 그러면 조직 전체에 단순화의 사고방식을 전파할 방법도 없어지죠."

우리 회사는 단순화팀의 멤버를 채용할 때(사실 모든 직원을 채용할 때) 적절하게 사용할 수 있는 질문들의 목록을 구성했다. 어떤 사람과 처음

심플, 강력한 승리의 전략

인터뷰를 하면서 그가 단순화를 실천하는 사람이라는 사실을 알 수 있을까? 물론이다. 이 질문들을 제대로 활용하기만 하면 충분히 가능하다. 물론 모든 질문을 다 사용할 필요는 없다. 자신에게 공감이 가는 질문들만 선택하라. 이 질문들은 당신 앞에 앉아 있는 후보자가 단순화 프로세스의 어떤 부분에 가장 적합한 인재인지를 발견하게 해주는 역할을 할 것이다. 이 도구를 실제로 적용하는 데 1시간 15분이면 충분하다.

도구, 단순화팀 채용 시 인터뷰 질문

1단계, 10~15개의 질문 고르기 (30분)

286~289쪽의 34개 질문 전체를 검토해보고, 당신 조직에서 특별히 중시하는 가치와 관련이 깊은 질문 옆에 체크한다. 만일 복잡성을 해결하기 위해 직원들에게 권한을 위임하는 것이 당신의 목표라면, '실행'에 관련된 질문을 골라라. 예를 들어, "당신은 단순화를 추진할 때 다른 사람의 저항에 부딪히면 어떻게 대응합니까?" 만일 자신의 일상적 업무에서 복잡성을 인지하고 이를 제거할 수 있는 직원이 필요하다면, '판단'에 관한 질문을 선택하라. 예컨대 "당신이 지금 하고 있는 업무나 예전에 했던 업무를 더 쉽게 할 수 있는 방법은 무엇일까요?" 필요하다면 당신 스스로 이 질문들을 자유롭게 수정해보라.

인식

☐ 복잡한 비즈니스나 산업분야를 단순화한 대표적인 인물로는 누가 있을까요?

☐ 단순화를 상징하는 개인이나 회사를 꼽는다면? 반대로 복잡성을 상징하는 개인이나 회사를 든다면?

☐ 당신 생각에 조직의 복잡성을 유발하는 가장 큰 요인은 무엇입니까?

☐ 당신이 단순화의 가치를 중시하는 조직에서 일하고 있다는 사실을 어떻게 알 수 있을까요?

☐ 단순화된 조직의 특징에는 어떤 것이 있나요?

☐ _____

_____

판단

☐ 복잡성의 징후를 알려주는 적신호의 사례를 몇 가지 들어본다면?

☐ 당신이 우리 회사의 단순화 프로젝트를 책임진다면, 어디에서부터 시작하겠습니까?

☐ 당신 생각에 조직에서 복잡성이 가장 심한 곳은 어디입니까? 왜 그럴까요?

☐ 과도한 복잡성이 존재하지만 아무도 이를 인지하지 못하는 상황의 예를 하나만 들어볼 수 있을까요?

☐ 당신이 업무적인 목표를 달성하는 데 가장 방해가 되는 요소는 무엇입니까?

심플, 강력한 승리의 전략

□ 당신의 업무 성과를 훼손하는 가장 근본적인 문제는 무엇입니까?

□ 당신이 지금 하고 있는 업무나 예전에 했던 업무를 더 쉽게 할 수 있는 방법은 무엇일까요?

□ 당신은 지난달에 시간낭비에 불과한 일을 하라고 요구받은 적이 있나요? 그 일을 피하기 위해서는 어떻게 했어야 한다고 생각합니까?

□ 만일 당신의 동료가 비즈니스에 가치가 없는 업무를 수행하고 있다면, 당신은 이에 대해 솔직하게 지적합니까? 왜 그렇게 하나요(또는 왜 그렇게 하지 않나요)?

□ 당신 자신의 부서나 회사가 복잡성의 문제에 빠진 상황을 겪어본 적이 있습니까? 그 문제를 어떻게 해결했나요?

□ 사람들은 불필요하게 복잡한 일들을 단순화하지 않는 데 대해 주로 어떤 이유를 댑니까?

□ _____

_____

우선순위 설정

□ 당신이 현재 소속된 회사나 과거에 근무했던 회사의 업무 중에서 즉시 단순화하고 싶은 일을 하나면 꼽는다면?

□ 당신이 지금 하고 있는 업무나 예전에 했던 업무 중에서 없애고 싶은 일을 두 가지 꼽는다면? 이 일들을 선택한 이유는?

□ 어떤 회사가 고의적으로 업무를 복잡하게 만들어서 당신을 좌절시켰던 사례를 하나만 들어본다면?

☐ 우리 회사에서는 웹사이트를 단순화하기 위해 다시 디자인하려고 합니다. 이 목표를 달성하기 위해서는 어떤 요소들을 제거해야 할까요?

☐ 당신이 우리 회사의 단순화 프로젝트 담당자가 되어야 할 이유를 트위터에 140자 이내로 적어서 면접관들을 설득한다면?

☐ _____

_____

실행

☐ 당신이 잘못된 프로세스나 시스템을 성공적으로 단순화한 사례를 하나만 든다면? 그 변화는 새로운 규범으로 정착되었나요?

☐ 당신은 불필요하게 복잡한 방식으로 일하는 직원을 보면 어떻게 대응합니까?

☐ 당신은 조직의 단순화를 어떻게 측정합니까?

☐ 단순화를 달성하기에 가장 이상적인 조건은 무엇이라고 생각합니까?

☐ 당신은 복잡성에 시달리는 현재의 제품이나 서비스를 단순화하는 방법을 선택하겠습니까, 아니면 새롭고 단순한 제품이나 서비스를 처음부터 만들겠습니까?

☐ 당신이 개인적 또는 업무적으로 복잡성에 빠져 있다가 그 문제를 단순화하는 방법을 발견했던 사례를 하나만 들어본다면?

☐ 당신 생각에 사람들이 시간을 단순하고 자유롭게 활용하지 못하고 복잡한 스케줄에 시달리는 이유는 무엇일까요?

☐ 당신은 단순화를 추진할 때 다른 사람의 저항에 부딪히면 어떻게 대응

합니까?

☐ 당신이 현재 담당하고 있는 직무 중에서 세 가지 업무를 없앤다면? 그
이유는?

☐ _____

_____

습관화

☐ 당신 생각에 단순화를 이끄는 개인적인 행동방식에는 어떤 것들이 있
습니까?

☐ 복잡성을 야기하는 관리자들의 습관이나 행동방식에는 어떤 것들이
있습니까? 그것들을 고치기 위해서는 어떻게 해야 합니까?

☐ 당신은 비효율적인 정책이나 프로세스를 발견하면 해결책을 제시합니
까?

☐ 만일 당신이 채용된다면 자신의 부서에서 단순화를 습관으로 정착시
키기 위해 어떤 일을 하겠습니까?

☐ _____

_____

2단계, 채용 과정에 이 질문들을 활용하기 (45분)

인터뷰 도중에 이 질문들에 대한 후보자의 대답을 듣고 그가 단순화

에 어떤 방식으로 접근하는지 파악하라. 단순화를 진정으로 실천하는 사람은 자신의 철학을 쉽고 열정적으로 설명하며, 자신이 과거에 간소화 또는 제거한 프로세스와 업무 관련 사례를 자랑스럽게 공유한다. 또한 단순화 과정에서 자기에게 닥쳤던 저항이나 자신의 경험담을 구체적이고 직접적으로 공개한다.

반면 구체적인 이야기를 하지 못하고 어려운 비즈니스 용어를 사용해서 질문에 모호하게 대답하는 후보자들을 주의하라. 만일 '관료주의 최소화' 또는 '불필요한 요식행위 제거' 같은 용어를 사용하면서도 정작 본인이 직접 경험한 사례를 말하지 못하는 사람들은 십중팔구 복잡한 현실에 안주하는 이들이다. 또한 그가 이야기하는 단순화에 관한 일화들이 비즈니스 뉴스에서 본 내용이나 다른 조직의 단순화 사례를 간접적으로 얻어들은 것이라면, 이 또한 긍정적인 신호는 아니다.

앞의 질문들을 잘 활용하면, 조직의 단순화를 주도할 차세대 인재를 채용하는 데 도움이 될 것이다.

전략 #8: 집중하라

당신이 일단 단순화의 힘과 잠재력을 경험했다면, 이 복음을 다른 사람들에게 전파해서 또 다른 단순화 프로젝트를 시작하지 않고는 못 배길 것이다. 하지만 너무 서두르지 마라. 사람의 집중력은 오래 유지되지 않는다. 단순화를 조직의 모든 곳에 단숨에 확산시키려다가는 오히려 어떤 곳도 제대로 단순화하지 못하는 역효과를 불러일으키기 쉽다. 말하자면 단순화의 구호가 일종의 배경 잡음처럼 되어버릴 수도 있다는 뜻이다. 사람들은 누군가 단순화의 가치를 이야기하면 고개를 끄덕이다가도 일단 대화가 끝나면 아무 일 없었다는 듯이 원래의 모습으로 되돌아갈 것이다.

단순화에 탄력을 주려면 단순화할 영역에 우선순위를 설정하고 실질적인 성공사례를 계속 구축해야 한다. 일단 어떤 프로세스와 시스템이 가장 단순화가 시급한지 결정하라. 그곳에서부터 시작해 단순화팀이 다음 분기에, 그리고 그다음에 집중해야 할 핵심 프로젝트들을 선택하라.

머크캐나다의 성공 뒤에 자리 잡은 핵심 비결 중 하나가 바로 '집중'이었다. 제프 스펜서는 다음과 같이 설명했다. "어떤 조직이 한 번에 바꿀 수 있는 프로세스에는 한계가 있습니다. 충분히 시간을 갖고 하나의 변화를 도입한 후에 다음 순서로 넘어가야 하죠. 그러지 않으면 변화가 정착되지 못합니다." 머크캐나다의 단순화팀은 프로젝트를 시작한 후 처음 3개월 동안 오로지 '회의 단순화'라는 한 가지 변화에만 집중했다. 즉, 각 회의에 누구를 초청하고, 참석자들이 회의에 오기 전 어떤 자료를 읽어야 하고, 참석자들 간의 갈등을 어떻게 신속히 해결하고, 필요한 결과물을 어떻게 정의하고, 각 회의의 진행시간을 어떻게 결정할지 등에 관해 모범적인 관행을 개발한다는 목표를 추구한 것이다. "모든 사람이 한 번에 한 가지 변화에만 집중하자 진정한 변화에 필요한 집중력과 에너지, 그리고 '권한'이 만들어졌습니다." 스펜서의 말이다.

피트니보우즈Pitney Bowes(미국의 우편 솔루션 및 전자상거래 기업 – 옮긴이)

의 선임이사인 체탄 찬다바르카르Chetan Chandavarkar도 자신의 팀에 단순화를 도입하면서 비슷한 방법을 사용했다. "나는 우리 팀원들에게 단순화를 위해서는 항상 세 가지에만 집중하라고 말했어요. 즉, 모든 이메일, 회의 안건, 파워포인트 자료 등에서 이렇게 말하라는 거였죠. '나는 이것을 세 가지로 요약·해결·설명하겠습니다.' 이렇게 '세 가지의 법칙'을 고수함으로써 나 자신이 생각하고 말하는 대상에 집중할 수 있게 됐습니다."

단순화할 영역에 우선순위를 설정할 때는 단기적 성공을 통해 조직에 자극을 줄 수 있는 영역을 골라야 한다. 예를 들어, 회사의 출장 관련 정책이 가장 복잡하고 짜증날 수 있다. 하지만 그 정책을 고치는 일은 대단히 어려울지도 모른다. 그런 경우에는 조금 더 쉬운 다른 프로젝트부터 시작하는 편이 좋다. 아래의 조언을 기억하면 도움이 될 것이다.

- 많은 시간이 소비되겠지만 쓸모없는 업무를 제거한다(6장의 '복잡성 사냥하기' 참고) .
- 중복된 업무를 없앤다.
- 아무도 읽지 않는 불필요한 보고서 작성을 중단한다.
- 반복되는 회의의 필요성에 이의를 제기한다.
- 프레젠테이션 시간을 줄인다.
- 결재서류에 서명하는 사람 수를 줄인다.
- 한 해에 개최되는 모든 회의를 자세히 검토하고, 그중 최소한 50퍼센트를 줄인다.

심플, 강력한 승리의 전략

- 서류나 문서 작성에 필요한 포맷이나 정보를 줄인다.
- 대청소하는 날을 정한다. 어지러운 잡동사니들을 정리하면 일에 집중하는 데 도움이 된다. 모든 직원이 반나절 동안 업무를 중단하고 불필요한 물건들을 버리거나 처분한다. 여기에는 이메일, 연락처, 서류 등도 포함된다.

작은 것을 바꾸면 놀라운 변화가 만들어진다. 몇몇 짜증나는 업무나 절차만 제거해도 보다 중요한 기회에 집중할 수 있는 여력이 생긴다. 그리고 이를 통해 단순화에 가속도가 붙을 것이다.

액센추어의 수석 전무이사 리즈 틴컴은 단순화의 첫 번째 목표를 과감하게도 '자기 자신'으로 결정했다. 그녀는 혁신을 추진할 방법을 논의하기 위해 전세계에서 근무하는 자신의 팀 멤버들(이 회사의 가장 중요한 고객들을 담당하는 사람들)을 한자리에 불러모았다. 그리고 참석자들에게 혁신적인 아이디어를 개발하고 실행에 옮기는 데 방해가 되는 규칙들이 있다면 기탄없이 말해달라고 부탁했다(그중 상당 부분을 그녀 자신이 만들었음에도 불구하고). 틴컴이 스스로를 직원들의 공격에 노출시킨 것은 쉬운 결정이 아니었다. 하지만 이는 매우 효과적인 방법이었다. 그리고 훌륭한 리더들만이 할 수 있는 일이었다. 그녀가 업무에 지장을 주는 요소들을 알려달라고 팀 멤버들에게 분명하게 말하자, 그들은 숨겨져 있던 온갖 문제점을 빛 속으로 끄집어냈다.

그녀의 팀 멤버들이 느꼈던 좌절감의 원인은 많은 경우 규칙 자체가 아니라 그 규칙들을 둘러싼 잘못된 인식이었다. 틴컴은 그런 오해를 금방 해결했다. 또한 팀 멤버들의 업무에 지장을 주는 몇몇 불필요한 규칙은 본사 차원에서 만들어졌지만, 그녀는 최고경영진에게 문제를 제기해서 이를 없애거나 고치겠다고 약속했다. 틴컴의 팀 멤버들은 단 한 번의 회의에서 이루어진 신속한 진전에 크게 고무되어 다른 단순화 프로젝트에도 도전하겠다며 열의를 보였다. 틴컴은 문제에 방어적으로 대응하고 싶은 충동을 극복하고 훌륭한 성공사례를 만들어냈다. 틴컴이 이끄는 팀 멤버들은 업무에 복귀해서 더욱 열린 자세로 불필요한 복잡성을 없애는 데 매진했다. 그들 중 많은 사람이 자신의 부하직원이나 고객들과 함께 '멍청한 규칙 없애기' 도구를 사용했다.

전략 #9: 직원 참여도를 높여라

데스티네이션호텔의 수석부사장 안젤로 페르난데스Angelo Fernandes는 언젠가 내게 이렇게 강조했다. "사람은 모든 비즈니스의 핵심입니다. 그리고 복잡성의 핵심이기도 하죠. 사람의 행동을 바꾸면 그에 상응하는 결과를 얻어낼 수 있습니다." 직원들에게 단순화를 정착시키려면 그들이 단순화와 관련해 거둔 실적과 보상을 연동시켜야 한다. 그들은 복잡성을 얼마나 잘 파악하고 제거하는가? 업무를 단순화할 수 있는 방법을 적극적으로 제안하나? 어떤 규칙이나 프로세스가 정말 필요한지 의문을 제기하는가? '단순화 행동강령'을 얼마나 잘 준수하나? 직원들의 다음과 같은 성과에 대해 보상하는 방안을 고려해보라.

- 많은 회의를 없앤다.
- 보고서, 계약서, 업무 프로세스들을 표준화 및 간소화함으로써 많은 시간을 절감한다.
- 많은 규칙을 제거함으로써 고객만족도를 높인다.
- 사업부의 업무를 간소화해서 효과적인 조직을 만든다.
- 회의와 이메일에 최소한의 시간을 쓰면서도 업무 목표를 달성한다.

하지만 보상이나 칭찬은 직원들의 참여를 이끌어내기 위한 수단의 일부일 뿐이다. 당신이 리더의 입장에 있는 경우, 단순화에 대한 직원참여도를 강화할 수 있는 또 하나의 방법은, 직원들에게 일이 어떻게 진행되고 있는지 질문하는 것이다. 팀의 업무를 단순화하는 일이 얼마나 잘 진전된다고 생각하는지 직원들의 솔직한 피드백을 모아라. OX 형태로 물어볼 수도 있고, 1에서 4까지 등급을 매기도록 요구할 수도 있다. 어중간한 답변을 하지 못하게 하라. 다음과 같은 질문 샘플을 참고하라.

- 리더들은 단순화에 대한 나의 노력을 지원하는가?
- 리더들은 단순화가 무엇이고 단순화가 조직에 어떤 역할을 하는지에 대해 분명하게 정의된 비전을 말하나?
- 리더들은 중복되거나 불필요한 업무를 최대한 파악하고 제거하라고 나를 독려하는가? 또 나는 내 부하직원들에게 같은 행동을 하나?
- 조직 내의 의사결정 프로세스는 명확하고 신속한가? 나는 의사결정에 너무 많은 승인 단계가 필요하지 않다고 자신 있게 말할 수 있나?

당신의 목표는 모든 직원이 단순화의 기풍을 받아들이도록 하는 것이다. 그들이 상사로부터 받는 메시지, 업무와 관련한 인센티브, 그리고 자신의 부하직원들에게 모범을 보이는 행위까지, 모든 것은 서로 연결되어 있다. 가장 큰 숙제는 단순화를 일회성 프로젝트가 아니라 지속적인 노력으로 탈바꿈시키는 일이다. 단순화를 매일, 매월, 매년 되풀이되는 일상 속에 녹여넣어 이것이 직원들의 삶에서 가장 중요한 우선순위로 자리 잡도록 만들라.

전략 #10: 분명하게 소통하라

즉흥코미디회사 세컨드시티Second City의 임원을 지낸 켈리 레너드Kelly Leonard는 언젠가 내게 코미디에서도 단순함이 얼마나 중요한지 이야기한 적이 있다. 스티븐 콜베어Stephen Colbert, 티나 페이Tina Fey, 스티브 커렐Steve Carell 등 유명 코미디언과 함께 일했던 이 전문가는 이렇게 말했다. "최고의 코미디는 간결합니다. 내 코미디가 제대로 통하지 않았다면 너무 많은 말을 했기 때문이죠. 관객들에게 가장 빠르고 쉬운 방법으로 메시지를 전달해야 해요. 그리고 다음 주제로 넘어가는 겁니다." 어떤 조직에서든, 어떤 목적이든 모든 메시지는 분명하고 간결해야 한다. 모든 직원이 그런 메시지 전달방식을 모방하도록 만들고, 동시에 회사 전체의 소통을 단순화할 수 있는 조치를 강구하라.

버진그룹Virgin Group을 창업해 큰 성공을 거둔 리처드 브랜슨Richard

Branson은 부하직원이 자신에게 제출하는 모든 제안서를 평범한 소비자가 이해할 수 있을 정도로 간단명료하게 작성하라고 지시한다. "최근에도 직원들이 회사를 더 낫게 만들기 위한 아이디어를 제안하곤 합니다. 나는 그 사람들에게 그 아이디어를 봉투의 겉면에 옮겨적을 수 있을 정도로 간단하게 요약할 수 있는지 묻습니다. 만일 그 계획이 너무 복잡해서 몇 단어로 설명하지 못한다면, 고객들도 이해하지 못하는 겁니다. 그러면 고객들이 그 상품을 구매할 가능성도 없는 거죠."

앨런 시겔Alan Siegel이 1968년 시겔+게일을 창업한 후 맡게 된 첫 번째 임무 중 하나는 시티뱅크가 고객과 거래할 때 사용하는 모든 서류양식(할부대출 절차나 예금 계좌 규칙을 설명하기 위해 사용하는 양식)을 다시 디자인하는 일이었다. 이 문서들은 너무 복잡해서 고객은 물론이고 은행 직원들조차 내용을 정확히 이해하지 못했다.

시겔과 그의 회사 직원들은 1년여에 걸쳐 모든 서류를 전부 새롭게 디자인했다. 그들이 처음으로 작업한 양식은 담보대출 관련 서류였다. 새로운 문서들에는 명료하고 간단한 언어로 고객이 할부금을 어떻게 납부해야 하는지, 그리고 만일 제때 납부하지 않으면 어떤 불이익을 당할 수 있는지에 대한 설명이 담겼다.

이 은행에서 원래 사용하던 '채무 불이행 조항(각 담보대출 계약서에 포함된 고객의 '채무 불이행' 상황에 대한 항목)'은 무려 250여 개의 단어로 이루어진 하나의 문장이었다. 문장 안에서 수많은 절이 세미콜론으로 이어진 형태였다. 말하자면 이런 식이었다. "본 계약에 관련된 대금 납부나 여타 채무 또는 본 계약서에 포함된 조건의 준수 또는 기타 채무나 담보와 관련되었다고 입증된 다른 계약에 관련된 채무 불이행이 발생한 경우……." 시겔은 컬럼비아대학 출신의 도서관학자이자《잘 읽히는 글쓰기The Art of Readable Writing》의 저자 루돌프 플레시Rudolf Flesch 박사의 도움을 받아, 그 모든 내용을 몇 줄로 줄였다. "나는 다음과 같은 경우를 채무 불이행으로 인정한다. (1)내가 할부금을 정해진 때에 납부하지 못했을 때, (2)다른 채무자가 법적인 조치를 통해 당신이 소유권을 지닌 내 돈을 취하려 할 때."

간소화된 새로운 문서들이 모든 사람에게 얼마나 큰 충격을 주었을지 상상해보라. 고객들 입장에서는 시티뱅크와 거래하는 일이 수수께끼 같은 업무에서 갑자기 매우 직관적인 프로세스로 바뀌었다. 서류양식들은 뜻 모를 종이쪽지가 아니라 지금 어떤 일이 진행되고 있는지, 그리고 내가 특정한 행동을 취했을 때 어떤 상황이 발생할지 알려주는 지침서가 되었다. 시겔은 후에 이렇게 말했다. "우리는 서류양식들을 다시 만들기 전에 내용의 핵심을 먼저 파악해야 한다는 소중한 교훈을 얻었습니다. 이 경우에 채무 불이행을 유발하는 가장 중요한 문제는 제때 돈을 갚지 못한다는 거였죠. 그래서 우리는 그 부분을 우선적으로 강조했습니다." 은행 직원들은 더 이상 고객들에게 계약 조건을 설명하느라 애를 쓸 필요가 없었으며, 대신 고객의 요구사항에 더 집중할 수 있게 됐다. 직원들에게 단순화의 기쁨을 안겨줄 수 있는 경험이란 바로 이런 것이다. 다른 부서들도 앞다퉈 단순화에 뛰어들게 만들 수 있는 이야기란 바로 이런 것이다.

심플, 강력한 승리의 전략

전략 #11: 차세대 단순화 리더들을 양성하라

\

단순화의 기풍을 확산하는 데 필요한 또 하나의 단계는, 이 복음을 다른 사람들에게 전파할 수 있는 다른 인재들을 길러내는 일이다. 기업의 인사부에서는 직원들에게 시간을 절약하고 이메일이나 회의를 줄일 수 있는 다양한 도구들을 가르쳐야 한다. 우선 6장에서 상세하게 설명한 도구들(단순화를 시작하는 방법들)을 직원들에게 소개하고, 이를 연습하고 실행에 옮기는 방법을 각자에게 훈련시켜라. 또한 개인이나 부서를 대상으로 업무를 신속하게 단순화할 수 있는 기술을 교육하라. 교육과정에는 다음과 같은 내용들이 포함되어야 한다.

• **EOS를 연습하라.** 당신은 EOS, 즉 제거Eliminate, 아웃소싱Outsourcing, 간소화Streamline라는 세 가지 단순화 방식을 항상 기억해야 한다. 이 세 방법을 길잡이로 삼아 모든 복잡성 문제를 공략하라. 그 문제는 제거할 수 있나? 아니면 아웃소싱할 수 있나? 다시 말해 다른 회사에 그 일을 맡김으로써 추가적인 비용을 들이지 않고 시간을 효과적으로 사용할 수 없을까? 만일 복잡한 업무를 없애거나 아웃소싱하기 어렵다면 간소화할 방법은 없나? 어떤 사람들은 '개선'이라는 단어를 즐겨 사용하지만, 나는 무언가를 줄인다는 의미가 포함된 '간소화'라는 말을 선호한다. 개선은 종종 문제를 해결하기 위해 더 많은 업무나 절차를 추가하는 결과를 낳는다. 물론 무언가 더해지면서 상황이 개선될 수도 있겠지만, 많은 경우 그렇지 못하다.

- **극단적인 기준을 설정하라.** 사람들은 옷장 안의 옷들을 바라보면서 막연하게 생각한다. "언젠가는 이 옷을 입지 않을까?" 당신의 옷장은 입지 않는 옷들, 앞으로도 입을 가능성이 없는 옷들로 꽉 차 있다. 하지만 자신에게 "앞으로 6개월 안에 이 옷을 꼭 입게 될까?"라고 묻는다면, 당신은 필요 없는 옷들을 없애고 좀 더 나은 옷들로 그 공간을 채울 수 있을 것이다. 단순화는 당신이 구체적이고 극단적인 기준을 사용해서 현실을 변화시키려 노력할 때 효과를 발휘하는 경우가 많다.

  — 문제를 해결하기 위해 놀랍고 충격적인 방안을 제시하라.

  — 문제를 해결하기 위해 당신이 해고될 수도 있는 방안을 제시하라.

  — 문제를 해결하기 위해 무언가를 전부 또는 거의 없앤다는 식의 불가능한 아이디어를 제시하라. 일례로 어떤 통신기업은 회의를 줄이기 위해 각 사업부에 전체 회의의 50퍼센트를 무조건 없애라고 지시했다. 물론 그들은 이 목표를 달성하기가 어렵다는 사실을 알고 있었다. 하지만 결국 15퍼센트의 회의를 줄이는 성과를 얻어냈다. 원래 기대했던 것보다 5퍼센트 높은 수치였다.

- **관대하지 말라.** 사람들이 복잡성을 만들거나 악화시키는 이유 중 하나는 뭔가 잘못된 점을 발견해도 문제를 제기하지 않기 때문이다. 우리는 선배 직원이나 관리자들이 필요 없는 회의를 길게 끌거나, 혼란스러운 과제를 주거나, 쓸모없는 이메일을 보내거나, 무의미한 분석 자료를 요구하거나, 기타 복잡한 업무 습관을 포기하지 않아도 이를 지적하기를 꺼린다. 하지만 그런 관대한 태도에서 탈피해 솔직한 피드백을 제공해야 한다.

심플, 강력한 승리의 전략

전략 #12: 솔선수범하라

\

당신이 리더의 위치에 있는 사람이라면, 당신의 일거수일투족은 대중의 눈에 노출된다. 그리고 사람들은 당신의 행동을 따라한다. 그러므로 단순화 전략을 만들기 전에 당신이 먼저 해야 할 일은, 자신이 일하고 살아가는 방식을 단순하게 만드는 것이다. 다시 말해, 조직의 단순화 책임자로서 자신이 주장하는 바를 스스로 실천해야 한다. 리더로서 당신 자신의 성공은 조직구성원들에게 단순화의 가치를 입증할 수 있는 증거가 된다. 업무를 단순화해야 한다는 당신의 개인적인 의무감을 사람들도 함께 느낄 수 있도록 만들어라. 사람들이 의미 없고 불필요한 일들을 정리하는 일에서 기쁨을 느끼게 하라. 그들은 당신이 기쁨을 느끼는 모습을 지켜보고 있다. 아래에 당신 자신의 업무를 단순화할 수 있는 몇 가지 방법을 소개한다.

- **시간을 재고관리하라.** 당신은 시간을 어떻게 분배해서 사용하나? 한 주나 한 달 동안 시간을 사용한 내역을 기록해보라. 자신이 했던 모든 일을 적고 각각의 일을 하는 데 얼마나 많은 시간을 할애했는지 살펴보라. 어떤 일을 바꾸거나 없앨 것인가? 그렇게 절약한 시간으로 무슨 일을 할 수 있을까?
- **해로운 사람들을 피하라.** 지금 당장 그들의 명단을 소셜네트워크, 연락처 목록, 전화번호부에서 삭제하라. 당신의 에너지를 빼앗고, 무례한 행동을 하고, 가치 없고, 기분을 상하게 만드는 사람과 어울리지 마라.

나쁜 고객, 사업 파트너, 팀 멤버들에게 작별을 고하라.

— 당신의 집중을 흩뜨리고 시간을 낭비하게 만드는 사람을 만나지 마라.

— 어느 한쪽의 이익만을 추구하는 일방적인 관계를 중단하라.

— 당신 그대로의 모습을 인정하지 못하는 사람을 피하라.

— 그 사람이 누군지, 어디서 만났는지 기억이 나지 않는다면 그냥 잊어버려라.

— 당신에게 너무 많은 소통을 요구하고 당신의 수신함을 이메일로 가득 채우는 사람과는 교류하지 마라.

• **'하루에 두 가지'를 실천하라.** 당신이 오늘 하루 이루고 싶은 두 가지 일은 무엇인가? 하루를 시작할 때 그 두 가지를 집중적으로 생각한다면, 옳은 선택을 하고, 방해꾼들을 피하고, 충동을 억제하는 데 도움이 될 것이다.

• **'만일 그 일을 하지 않으면'이라고 가정하라.** 불필요한 의무사항을 지키려고 노력하지 마라. 해야 할 일의 목록을 들여다보라. 무언가를 없애고 싶은가? 당신 자신에게 이렇게 물어보라. "만일 그 일을 하지 않으면 어떻게 될까? 그럴 경우 발생할 수 있는 최악의 상황은 무엇일까?"

• **자동화하라.** 만일 자동화 가능한 일(예를 들어, 온라인 배송업체에서 반복적으로 배송받을 식료품 목록을 만드는 일)이 있다면 실행하라. 하지만 무언가를 체계화하는 것과 단순화하는 것을 혼동해서는 안 된다. 항상 무언가 먼저 없애려고 노력하라.

• **지금 당장 버려라.** 당신이 아이들과 애완동물을 기르는 사람이라면, 당

심플, 강력한 승리의 전략

신의 집은 눈 깜박할 사이에 TV쇼 〈호더스Hoarders('쌓아두는 사람들'이라는 뜻-옮긴이)〉에 나오는 집처럼 엉망진창이 되어버릴 것이다. 잡동사니들을 줄이는 일을 게을리 해서는 안 된다. 특별한 추억이 담겨 있지 않거나 인터넷에서 언제라도 구매할 수 있는 물건들은 모두 내다버려라. 물리적인 공간이 생기면 정신적인 공간도 생기는 법이다.

• **수신을 거부하라.** 읽지 않는데도 계속 수신함을 채우는 모든 이메일 뉴스레터의 수신을 거부하라.

• **앱이나 소셜미디어를 줄여라.** 무언가를 할 수 있다고 꼭 그것을 해야 하는 것은 아니다. 나도 페이스북, 트위터, 스카이프, 링크드인, 지메일, 인스타그램, 와츠앱 등을 사용할 수 있다. 하지만 왜 그래야 하는가? 소셜미디어는 엄청난 시간을 소모한다. 사이트를 제거하고, 플랫폼을 삭제하고, 앱을 지우고…… 당신이 사용하지 않는 모든 것을 없애라.

• **오래된 이메일과 계정을 없애라.** 사용하지 않는 이메일 계정을 없애라. 저장 공간만 차지하는 오래된 이메일들도 삭제하라. 중요한 문서들이 있으면 클라우드에 저장하라.

• **자신만의 단순화 강령을 만들어라.** 당신이 추구하는 단순한 삶이나 더 나은 삶의 모습이 어떤 것인지 적어보라. 목표는 의도를 만들고, 의도는 행동을 이끌어낸다.

• **무언가를 없애는 실험을 하라.** 앞에서 보았던 한 출판기업의 인사부 직원 이야기를 기억하는가? 그는 '월간경영보고서'를 작성한 후에 제출하지 않고 서랍 속에 보관해두었다. 그 보고서가 없다는 사실을 알아채는 사람이 있는지 실험을 한 것이다. 누군가 보고서에 대해 묻기까지

무려 3개월이 걸렸다! 그동안 많은 시간을 들여 힘들게 작성했던 보고서들이 결국 쓸모없는 자료였다는 사실이 입증되는 순간이었다. 당신도 삶에서 뭔가를 없애고 그에 대한 영향을 측정해보라. 음식, 소유한 물건, 프로세스, 회의, 서명, 보고서, 약속 등을 없앤 후에 어떤 일이 일어나는지 살펴보라. 충격이 큰가? 그것들이 없어서 불편한가? 그렇지 않다면 그런 모든 것을 몽땅 없애버릴 방법은 없을까?

물론 당신이 이 방법들 중 전부 또는 일부를 사용한다고 해도 금방 많은 시간이 생기지는 않을지도 모른다. 그렇다고 걱정할 필요는 없다. 단순화는 단거리 경주가 아니라 마라톤이다. 먼저 당신이 할 수 있는 일을 하고, 장기간에 걸쳐 적극적이고 일관성 있게 그 일에 주의를 기울여라. 당신은 자신의 삶이 얼마나 변했는지 놀랄 것이며, 주위 사람들도 그러할 것이다. 그리고 조만간 그들 스스로 단순화 옹호자로 변신할 것이다.

단순화 성공사례, 제너럴일렉트릭

제너럴일렉트릭GE은 비즈니스의 방법을 개선하는 데 있어 오랫동안 세계적인 선구자의 위치를 지켜왔다. 최근 GE가 단순화에 집중하고 있는 것도 그런 전통의 한 모습이다. GE가 생산하는 제품들(항공기 엔진, 증기 터빈, 산업용 터빈 등)이 매우 복잡하다는 사실을 모르는 사람은 없다. 하지만 이 회사의 CEO 제프리 이멜트는 제품들을 생산하는 프로세스만큼은 최대한 단순해야 한다고 믿는다. 그는 내가 이 책에서 제안한 행동들을 실천에 옮겼다. 이멜트는 단순화를 GE가 수행하는 모든 일에 녹여넣는 것을 전략적 우선순위로 설정했다. 그렇게 함으로써 *그가* 이루고자 하는 목표는 향후 5년 동안 제조 간접비를 매출의 18.5퍼센트에서 12퍼센트로 줄이는 것이었다.

우선 GE의 경영진은 조직의 계층을 줄이고 불필요한 관리 단계나 감독 체계를 축소했다. 또한 다양한 직무를 수행하는 데 필요한 승인이나 서명의 수를 줄였다. 뿐만 아니라 제품의 개발 단계에 고객들을 참여시키는 패스트워크스FastWorks 프로그램을 개발해냈다. 이는 GE의 고객들이 제품의 수명주기 전반에 걸쳐 피드백을 할 수 있는 경영 혁신 도구였다.

GE는 거기서 멈추지 않았다. 이 회사는 다음으로 조직문화를 바꾸는 일에 착수해서, 직원들이 가능한 모든 영역에서 복잡성을 줄이도록 장려했다. 그들은 직원들이 조직의 목표에 집중할 수 있도록 'GE빌리프GE Beliefs'라는 행동강령을 만들어 리더십 개발, 채용, 관리, 평가 프로그램 등에 통합시켰다. GE빌리프에는 "고객이 성공을 결정한다", "속도를 내려면 살을 빼라", "배우고 적응해서 성공하라", "서로 권한을 주고 격려하라" 등의 내용이 포함돼 있다.

마지막으로 GE는 회사의 성과를 관리하는 프로세스를 단순화했다. 회사의 경영진은 장황한 경영 목표를 몇 개의 우선순위로 대체했다. 핵심은 직원들이 고객의 요구에 따라 신속하고 융통성 있게 일하도록 만든다는 것이다. 그들은 직원들에게 "더 적은 자원으로 더 많이 일하라"고 말하는 대신 "더 적은 일을 보다 훌륭하게 처리하라"고 독려했다. '성과향상프로그램Performance Development'이라고 이름 지어진 GE의 새로운 인사 프로세스는 직원들이 업무를 수행하는 과정에서 단순함을 핵심적인 접근방식으로 택하도록 유도했다.

단순화를 비즈니스 깊숙이 침투시키기 위한 GE의 방식이 모든 기업에 적합하지는 않을지도 모른다. 하지만 기술적 혁신, 세계적인 상호연결성, 규정 준수 요건의 강화에 따라 나날이 업무가 복잡해지고 있는 이 시대에, GE의 이야기는 단순화야말로 기업의 핵심 전략이어야 한다는 점을 다시 한번 상기시킨다. 일에 흥미를 잃은 직원들이 대충대충 업무를 수행하고, 혁신에 실패하고, 고객서비스를 엉망으로 처리하는 상황을 견딜 수 있는 기업은 많지 않다. 하지만 복잡성이 만연한 업무환경에서는 그런 일이 생길 수밖에 없다.

이제 당신에게는 자신과 동료들을 위해 단순화를 규범으로 만들 수 있는 도구들이 주어졌다. 당신의 부하직원이 몇 명이든 일단 단순화를 시작하고, 효과를 활용하고, 습관화하라. 복잡성과 싸우는 일은 쉽지 않다. 직원들을 중요한 일로부터 떼어놓는 문제들을 제거하기 위해서는 당신 자신이 항상 지속적인 관심을 기울여야 한다. 어떤 사람이 됐든, 누군가는 단순화에 앞장서야 한다. 그 사람이 바로 당신이 될 수는 없을까? 복잡성은 극복할 수 있다. 일단 단순화를 시작하라. 지금 당장 최고 단순화 책임자로 취임하라.

심플. 강력한 승리의 전략

8장

새로운 승부를 시작하라

단순함은 가장 마지막에 달성되는 업적이다.
누군가 아무리 많은 수의 음표를 연주하고 또 연주해도,
결국 예술의 극치로 나타나는 것은 단순함이다.

─ 프레데리크 쇼팽 Frédéric Chopin ─

이 책을 시작하면서 우리가 했던 말을 되풀이해보자. 수많은 기업이 단순화를 이야기하고 그중 일부는 실제로 행동에 옮기지만, 정작 단순화가 제공하는 모든 혜택을 거둬들이는 회사는 극소수다. 물론 어떤 조직이든 6장에 제시된 단순화 도구들이나 7장의 힌트들을 사용해서 단순화 프로젝트를 시작할 수 있다. 하지만 단순화는 조직의 규모에 상관없이 유기적이고 실시간으로 전개되는 지속적인 프로세스다. 그 과정에서 구성원들 사이에 집단적인 우려가 형성되기도 하고, 정치적 역학관계가 촉발되기도 하며, 조직 내에 잠복한 강점과 약점이 드러나기도 한다. 눈앞에 장애물이 나타나면 경영진과 관리자들은 이를 뛰어넘어야 한다. 다시 말해, 자신들 깊숙이 잠재해 있는 용기, 결단력, 비전, 인내심 등을 발휘해서 어떻게든 문제를 해결해야 한다.

단순화의 혜택을 조직에 안겨줄 수 있는 능력이란 수많은 사람이 실패하는 영역에서 성공을 이끌어낼 수 있는 능력을 말한다. 이제 이 책을 마무리하기 전에 단순화에 성공한 어느 기업의 사례를 하나 소개하려고 한다. 다만 독자 여러분에게 정말로 '재미있는' 이야기를 들려주기 위해, '최고의 혁신'을 말할 때 사람들이 으레 떠올리는 애플, 사우스웨스트항공, 버진그룹 같은 기업들에 대한 얘기는 생략한다.

지금 소개하는 기업은 수년에 걸쳐 조직과 문화를 재창조함으로써 단순화를 핵심적인 경쟁우위 요소로 정착시켰다. 이 회사가 소속된 산업분야는 일반적인 기준으로 봐도 그다지 '매력적인' 영역이 아니다. 또한 정부의 규제가 심한 분야이기 때문에 강제적 복잡성이 클 수밖에 없다. 이 회사는 중간 규모의 기업으로, 단순화를 위해 무한정으로 자원을 쏟아부을 수 있을 정도의 대기업은 아니지만, 동시에 상당 수준의 복잡성이 존재할 만큼 어느 정도 큰 조직이다. 게다가 혁신과 에너지가 넘치는 스타트업이 아니라 이미 설립된 지 오래된 기업이다. 한마디로 단순화에 성공할 가능성이 여러모로 매우 낮아 보였던 회사다. 이 회사가 해냈다면, 당신도 할 수 있다.

단순화의 실패를 맛보다

밴쿠버시티저축신용협동조합Vancouver City Savings Credit Union(줄여서 밴시티Vancity)은 캐나다에서 가장 큰 지역 신용협동조합이다. 가입자 50만 명,

심플, 강력한 승리의 전략

자산 규모 198억 캐나다달러, 지점 59개, 그리고 2,500명의 직원을 보유한 기업이다. 수치로만 보면 꽤 큰 듯하지만, 2015년 기준으로 자산 2,640억 달러, 직원 26,000명에 달하는 TD뱅크 같은 대형 금융기관과는 상대도 되지 않는다. 그렇다고 밴시티가 스타트업은 아니다.

20세기 초만 해도 전통적인 은행들은 일반 시민들에게 돈을 빌려주기 꺼려했다. 시민들은 그런 공백을 메우고 지역 주민들의 미래를 개척하는 데 도움을 준다는 취지로 신용협동조합들을 결성했다. 1946년 밴쿠버에 거주하는 시민 14명이 '채권 개방형 협동조합'이라고 불리는 조직을 만들고, 후에 밴쿠버시티저축신용협동조합이라고 이름 붙였다. 그들은 밴쿠버시 중심부 브로드웨이와 퀘백의 한 코너, 기계공장이었던 자리에 첫 번째 지점을 열었다. 이 회사는 창업 초기부터 지역의 여러 개인과 가족에게 훌륭하고 균형 잡힌 금융상품들을 제공함으로써 건강한 지역사회를 구축한다는 자부심에 가득 차 있었다.

하지만 다른 금융기관들과 마찬가지로 밴시티 역시 수십 년 동안 기업활동을 이어오면서 복잡성의 수렁에 빠져들었다. 인수합병, 상품 개발, 관리 및 전략 변경 등을 포함한 여러 가지 변화를 겪는 과정에서 조직의 핵심 프로세스와 시스템은 서서히 왜곡되어갔다. 갈수록 많은 관리 계층, 상품, 기능들이 추가됐지만, 반대로 없어진 것은 극소수에 불과했다. 몇 년 전, 이 회사는 경영효율성을 향상시킨다는 목표를 세우고 외부 전문가들을 초빙해 프로세스 개선 작업에 돌입했다. 하지만 그 프로젝트는 그다지 가시적인 결과로 이어지지 않았다. 조직 간의 연계가 효과적으로 이루어지지 못했고 직원들의 참여도 부족했던 것이 주된 이유였다.

예컨대 프로세스 개선 작업이 어떤 부서에서 진행됐다면, 시스템 변경에 대한 결정은 다른 부서에서 이루어졌다. 그 결과 직원들은 더 많은 복잡성과 싸워야 했다.

2013년이 되자 조직의 IT를 재설계하고자 했던 이 작업이 애초에 기대했던 성과를 거두지 못했다는 사실이 분명해졌다. 경영진 입장에서는 그동안 많은 돈을 들인 이 프로젝트가 조직에 이미 존재하던 요소들을 피상적으로 바꾸는 역할에 그쳤을 뿐이었다.

하지만 이 회사의 경영진은 포기하지 않았다. 그들은 '단순화는 어렵다'는 사실, 다시 말해 은행 시스템은 원래 복잡하기로 악명이 높은 데다 다른 많은 은행도 비슷한 문제에 시달린다는 사실에 위안을 삼지 않았다. 여기서 단념할 수는 없었다. 이 회사의 최대 목표는 고객 경험을 단순화하고 내부 프로세스를 최소화하는 것이었다. 그러지 못하면 경쟁사들에 뒤처질 수밖에 없기 때문이었다. 임원들은 한 발짝 뒤로 물러나 스스로에게 보다 근본적인 질문들을 던지기 시작했다. 밴시티가 핵심 프로세스를 변경해서 얻고자 하는 진정한 혜택이 무엇인가? 경영진은 어떻게 이 문제를 회사의 강점으로 승화시킬 수 있을까? 사람과 프로세스, 그리고 시스템을 어떻게 바꾸면 회원들에게 특별한 고객 경험을 선사한다는 밴시티의 약속을 지킬 수 있을까?

임원들은 이 질문에 답하는 과정에서, 새로 도입할 시스템을 통해 더욱 효과적이고 단순한 방식으로 조직의 목표를 달성하는 데 도움을 줄 수 있는 방안을 고민했다. 그들은 먼저 사람과 프로세스, 그리고 기술을 올바로 연결시키기 위해 무엇이 필요한지 정의하기로 했다.

심플, 강력한 승리의 전략

조직의 호더들

＼

밴시티의 금융 애플리케이션 개선 작업을 새로 맡게 된 사람은 제이-
앤 길포이Jay-Ann Gilfoy 수석부사장이었다. 그녀가 밴시티에 합류한 것은
회사가 고객 경험을 개선하기 위해 IT기술, 사람, 프로세스에 똑같이 초
점을 맞추겠다고 선언한 후의 일이었다. 길포이는 나와 대화를 나누는
자리에서 핵심 프로세스를 개선하려던 밴시티의 노력이 제대로 결실을
맺지 못한 이유를 이렇게 설명했다. "수많은 전문가들이 나타나고 또 나
타났어요……. 모든 종류의 전문가(IT기술 전문가, 프로세스 전문가, 인사 전
문가 등)를 새롭게 도입할 때마다 업무의 연계가 제대로 이루어지지 않았
고, 의사소통에 문제가 생겼으며, 오해가 발생했습니다. 요컨대 우리가
불러들인 전문가들은 '우리를 위해' 일하기는 했지만 '우리와 함께' 일하
지는 않았던 거죠."

전문가들을 고용하면서 어려움을 겪은 회사는 밴시티뿐만이 아니다.
내 경험을 돌이켜보면 특정한 분야(예를 들어, IT기술 분야)의 지식을 보유
하고 있는 전문가들은 고객이나 직원에 대한 안목이 부족한 경우가 많
다. 밴시티의 IT시스템을 재설계한 외부 전문가들은 자신들이 해결한 문
제의 수만큼 새로운 문제를 만들어냈다. 조직을 단순화하고 개선하려는
이 회사의 노력은 제대로 된 성과로 이어지지 못했다.

밴시티의 경영진은 자신들이 진정으로 원하는 바가 무엇인지 스스로
질문하고 답하는 과정에서 뜻밖의 결론에 도달했다. 사람들이 더 잘할
수 있는 업무를 굳이 기술로 대체하지 않겠다는 것이었다. 그들이 생각

하기에, 회사를 개선하려는 노력이 수포로 돌아간 이유 중 하나는 경영진이 비용을 줄이기 위해 너무 많은 업무를 자동화하려 애썼기 때문이었다. 길포이와 동료들은 비용 절감을 일차적인 목표로 삼지 않았다. 그들이 진정으로 원한 바는 고객들에게 보다 잘 봉사할 수 있는 방법을 찾는 것이었다. 다시 말해, 그들은 직원들을 대체하기 위해 기술을 도입하는 것이 아니라, 고객들에 대한 서비스를 개선하기 위해 기술을 사용하고자 했다. 길포이는 이렇게 말했다. "우리는 직원들이 고객과의 대화에 더욱 많은 시간을 할애하기를 원했습니다. 고객들의 경제적 안정과 지역 사회 발전을 위해 노력하는 믿음직한 조언자가 되기를 바란 거죠. 이제 우리에게는 소규모 기업이나 공동체의 다양한 조직들, 그리고 고객들에게 신경을 쓸 시간이 생겼으니까요."

길포이와 그녀의 동료 임원들은 그런 노력의 일환으로 직원들에게 힘을 실어줄 수 있는 새로운 접근방식을 생각해냈다. 그들은 기술이나 프로세스를 통해 효율성만을 추구하는 태도를 지양하고, 이 신용협동조합의 모든 정책과 절차policies and procedures, P&P를 총체적으로 재검토했다. 다시 말해, 각 부서의 직원들을 불러모아 조직의 모든 업무 절차와 프로세스 하나하나가 '왜' 필요한지 의문을 제기하게 한 것이다. 그들은 지난 두 번의 조직 개선 시도가 실패로 끝난 이유는 가장 근본적인 문제를 간과했기 때문이라고 생각했다. 바로 복잡성이었다. 규제가 심한 산업분야에서 활동하는 다른 기업들과 마찬가지로 밴시티도 정책, 업무 절차, 문서양식 등이 계속 추가되면서 많은 문제가 발생했다. 하지만 이 회사는 새롭게 도입된 정책이나 절차가 조직 내부에, 그리고 더 중요한 고객 경험에 어떤 영향을 줄지 생각하지 못했다. 쓸모없고 낡아빠진 프로세스들을 제거하는 일에 무관심하다 보니, 결국 운영 시스템이 자체의 무게를 견디지 못하고 삐걱거리는 결과가 빚어졌던 것이다.

과도한 정책이나 업무 절차가 복잡성의 원인이라는 최고경영진의 판단이 서자, 눈앞의 안개가 걷히고 해야 할 일이 분명해졌다. 경영진은 이 프로젝트를 전적으로 지원했다. 그들은 단기적인 단순화 프로젝트뿐 아니라 단순화를 가장 중요한 전략적 우선순위로 설정하는 작업에 적극적으로 참여했다. 길포이는 CEO의 도움을 받아 이사회의 지원도 얻어냈다. 그녀는 기술적 복잡성에 의존해서 모든 문제를 해결하려는 밴시티의 타성을 치유하는 것이 자신의 사명이라고 생각했다. 그 증상의 치료제인 단순화는 복잡하거나 고도의 기술이 필요한 도구가 아니었다. 모든 직원은 불필요한 프로세스나 업무 절차를 줄이는 것이 무엇을 말하는지 직관적으로 이해했다. 모든 사람이 단순화에 동참할 능력이 있었다.

밴시티의 전략은 일선 직원들부터 시작해서 조직 전체로 단순화를 확산시키는 것이었다. 즉, 특정한 관리 영역들을 하나하나 개선하는 과정을 통해 단순화의 문화를 점차 형성해가는 것이었다. "마치 TV쇼 〈호더스Hoarders〉 같았습니다." 길포이가 담담하게 말했다. "일단 무언가를 없애는 일부터 시작해야 해요. 우리가 한 일이 바로 그거죠." 그녀는 회사가 오랫동안 손대지 않고 방치했던 영역, 즉 직원들을 끊임없이 좌절시켰지만 정작 임원들은 대수롭지 않게 여기던 부분부터 단순화에 착수하기로 결정했다.

단순화의 구조

＼

길포이와 그녀의 팀은 프로젝트의 진행에 탄력을 더하기 위해 단순화를 조직 전체에 스며들게 할 특별한 계획을 개발해야 했다. 그녀는 회사의 단순화 작업을 전담할 영구적인 '단순화부서'를 만들지 않기로 했다. 대신 조직의 모든 직원이 일상적으로 수행하는 일들을 스스로 단순화할 수 있도록 장려하는 프로세스를 만들고자 했다. 그래서 그녀는 자신의 팀 멤버들과 함께 '쾌속순환rapid cycling'이라고 불리는 단순화 전략을 고안해냈다. 이는 여러 부서의 직원과 관리자들로 구성된 소그룹이 이틀간의 워크숍을 통해 조직의 불필요한 복잡성을 찾아내고 이를 해결하는 방식이었다. 여기에 참가하는 직원들과 관리자들은 단순화의 대상이 되는 업무들을 일선에서 직접 수행하는 사람들이었다. 그들은 그 문제들을 누구보다 잘 알고 있었기 때문에 이를 해결하는 데도 안성맞춤이었다. 각 사이클이 끝날 때마다 워크숍에 참석한 그룹은 운영 담당 임원들의 승인을 받아 자신들이 함께 만들어낸 단순화 해결책들을 실행에 옮겼다. 2주마다 새로운 사이클이 시작됐다.

워크숍은 매우 체계적으로 진행됐다. 매번 사회자가 회의를 이끌었지만, 그의 역할은 토론을 특정한 방향으로 몰고 가거나 지배하는 것이 아니라, 참석한 직원들과 관리자들이 진정한 단순화를 수행할 수 있도록 돕는 일이었다. 길포이는 이렇게 설명했다. "워크숍에 참석한 사람들은 프로세스를 단순화하거나 바꾸는 데 가장 적합합니다. 그 프로세스의 가장 가까이에서 일하기 때문이죠. 말하자면 성공의 조건은 이미 갖추어져

심플, 강력한 승리의 전략

있는 셈입니다. 그들에게 정확한 정보나 상황을 알려주면 문제에 대한 최적의 해결책을 얻어낼 수 있습니다."

쾌속순환 워크숍의 첫째 날에는 참석자들이 단순화에 대한 일반적인 아이디어들을 기탄없이 나누면서 시간을 보냈다. 그런 다음 토론한 아이디어들의 목록을 압축하고 이를 '테스트'했다. 즉, 그 아이디어를 실행할 때 업무적으로 영향을 받게 될 동료 직원들에게 전화를 걸어 그 아이디어가 효과가 있을지 묻는 과정을 거쳤다. 그들은 동료들에게 피드백을 요청하고 문제점을 지적해달라고 부탁했다. 길포이의 말대로 워크숍 멤버들은 이 전화통화를 통해, 자신들이 도출한 해결책을 실행에 옮기기에 앞서 미리 잠재적인 문제점을 파악하고 이를 해결할 수 있었다. 또한 그 과정에서 단순화 프로젝트에 회의적인 직원들의 지지를 얻어낼 수도 있었다. 한마디로 이 전화 테스트는 모든 직원에게 단순화가 진정으로 가치 있는 작업이라는 사실, 즉 의도는 좋지만 아무런 효과가 없는 또 하나의 관리적 지침이 아니라는 사실을 알리는 역할을 했다.

워크숍 이틀째는 참석자들이 선택한 여러 복잡성 영역을 실제로 단순화하는 데 초점이 맞춰졌다. 멤버들은 각 업무영역마다 상세한 문제점들을 수집했다. 예를 들어, 그들은 다음과 같은 복잡성 문제들을 제기했다. "우리가 이 서류에 이 서명을 받지 않으면 10분이 절약될 겁니다." "우리가 공통의 일정표를 사용하면 팀 멤버들의 일정을 보다 효율적으로 관리할 수 있을 거라고 생각합니다." "우리가 사용하는 모든 서류양식을 팀 멤버들에게 인터넷으로 전송할 수 있다면 어떨까요? 안전하기만 하다면 말이죠."

마지막 날이 끝나갈 무렵에는 경영진이 참석해서 워크숍 멤버들로부터 경과보고를 들었다. 그리고 팀이 도출한 해결책에 귀를 기울였다.

워크숍 후에 참석자들은 그 방안들을 즉각 실행에 옮겼다. 많은 경우 1주나 2주 안에 새로운 해결책이 조직에 도입됐다.

길포이의 팀은 이 프로젝트를 시작하면서 밴시티의 직원들에게 다음과 같이 발표했다. "프로세스 단순화Process Simplicity의 기본 취지는 다양한 기능부서의 직원들로 이루어진 전사적인 팀을 지속적으로 결성해서, 간단하고 반복적이며 신속한 방법론을 통해 우리의 일상적인 업무방식에 최고의 관행을 만들어내는 것입니다." 이 프로세스에는 카이젠Kaizen(일본의 경영 혁신 사상으로, 카이젠은 한자어 '개선'의 일본식 발음이다-옮긴이) 이론의 요소와 애자일Agile 개발방법론이 포함됐지만, 그것들은 기본적으로 이곳에서 '밴시티화化'되었다. 직원들은 이론을 통해서가 아니라 현실에서 실시간으로 새로운 방법론을 학습할 수 있었다. 한마디로 쾌속순환 방법론은 문제의 근본 원인을 밝혀내고 해결책을 개발함으로써, 현재 상태와 미래 목표의 격차를 줄이고 최대의 혜택을 실현하는 도구였다.

밴시티는 다음과 같은 세 가지 기준에서 이 프로젝트의 성공을 측정했다. 첫째, 단순화를 조직문화의 일부로 통합한다. 둘째, 직원들이 고객의 은행 업무를 처리하는 과정을 5단계 이하로 줄인다(이를 통해 직원들이 고객 자체에 더 많이 집중할 수 있게 만든다). 셋째, 조직 전체에 긍정적인 에너지를 확산시킨다.

길포이의 팀은 프로젝트의 진행 정도를 엄격하게 측정할 수 있는 양

심플, 강력한 승리의 전략

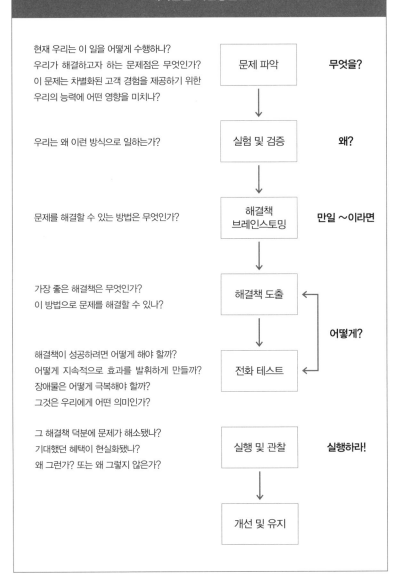

쾌속순환 혁신방법론

현재 우리는 이 일을 어떻게 수행하나?
우리가 해결하고자 하는 문제점은 무엇인가?
이 문제는 차별화된 고객 경험을 제공하기 위한
우리의 능력에 어떤 영향을 미치나?

문제 파악 — **무엇을?**

우리는 왜 이런 방식으로 일하는가?

실험 및 검증 — **왜?**

문제를 해결할 수 있는 방법은 무엇인가?

해결책 브레인스토밍 — **만일 ~이라면**

가장 좋은 해결책은 무엇인가?
이 방법으로 문제를 해결할 수 있나?

해결책 도출

— **어떻게?**

해결책이 성공하려면 어떻게 해야 할까?
어떻게 지속적으로 효과를 발휘하게 만들까?
장애물은 어떻게 극복해야 할까?
그것은 우리에게 어떤 의미인가?

전화 테스트

그 해결책 덕분에 문제가 해소됐나?
기대했던 혜택이 현실화됐나?
왜 그런가? 또는 왜 그렇지 않은가?

실행 및 관찰 — **실행하라!**

개선 및 유지

적 데이터 기반의 시스템을 도입했다. 밴시티의 구성원들은 오래전부터 책임을 지는 일과 결과를 성취하는 일의 중요성을 인지하고 있었다. 이곳에서는 최고경영진과 일선 직원들이 비슷한 측정지표를 사용해왔다. 회사의 실적에 관련된 경과보고서는 관리자회의나 전직원 모임에서 발표됐으며 회사의 웹사이트에도 게시됐다. 길포이의 팀이 프로젝트의 성공을 기록할 측정 자료를 필요로 한 것도 그런 맥락에서였다. 그렇지 않으면 단순화의 동력이 상실될 수도 있었다. 길포이는 프로젝트의 성과를 측정하는 일의 중요성을 강조하면서 이렇게 질문했다. "우리가 단지 경험적 기준이나 정성적定性的(숫자로 평가하기 어려운 질적 척도-옮긴이) 관점으로 바라보던 일이 실제로 조직의 역량을 향상시켰는지 어떻게 확신할 수 있을까요? 그리고 우리 경영진은 어떻게 그런 역량을 보다 의미 있는 일에 사용할 수 있을까요?" 그래서 그녀의 팀은 단순화에 성공한 프로세스나 절차의 수, 간소화됐거나 제거된 서류양식의 수, 단순화됐거나 줄어든 업무 단계의 수 등을 측정하는 지표들을 만들었다. 하지만 그들은 새로 도입한 시스템이 완벽하게 자리 잡을 때까지 이 측정지표와 비즈니스 성과를 연동시키는 일을 보류했다.

길포이는 쾌속순환 프로세스를 지속적으로 관리하기 위해 '단순화 담당 이사'인 시마 다노아Seema Dhanoa가 이끄는 작은 팀을 조직했다. 세 사람으로 이루어진 이 팀에는 핵심 단순화 중재자 및 코치 역할을 수행한 수석컨설턴트 크리스티나 페이Christina Fai, 그리고 워크숍 진행과 아이디어 취합 및 세부사항 관리와 쾌속순환 해결책 시행 등을 담당한 컨설턴트 알리 앤더슨Ali Anderson이 소속되었다. 길포이는 단순화 업무를 '소유한' 특정 직원들을 이 팀에 영구적으로 소속시키기보다는, 여러 직원을 돌아가면서 이 팀에 배속시켜 멤버들이 한시적으로 과업을 수행하고 워크숍을 운영하게 만들었다. 이 팀의 멤버들은 자발적으로 지원한 직원들 중에서 뽑았다. 선발기준은 여러 조직에서 근무한 경험, 토론 능력, 새로운 프로세스를 학습하는 자질, 왕성한 호기심 등을 종합적으로 평가했다. 단순화팀 근무를 마치고 다른 직무를 담당하게 된 전 멤버들은 단순화에 대한 자신의 경험을 바탕으로 조직 내에 단순화 사고방식, 역량, 문화를 구축하는 데 기여했다.

단순화팀에 대한 길포이의 목표는 명료했다. 그녀는 시간이 지나면서 이 팀이 점점 사라지게 되기를 원했다. 만일 이 프로젝트가 성공하면, 단순화는 조직의 DNA 속으로 자연스럽게 스며들 것이다. 따라서 이 조직이 제공하던 중개자 및 조정자 역할은 더 이상 필요하지 않을 것이다. 이 회사에서 진행된 단순화 프로젝트의 핵심은 무엇보다 이 팀이 모든 직원에게 가르친 프로세스와 사고방식이었다.

한 번에 한 사이클만큼 단순화하다

길포이와 그녀의 팀은 단순화의 능력을 믿었다. 쾌속순환 방법론에 대해서도 큰 기대를 걸고 있었다. 그들은 하루빨리 직원들에게 이 과정을 경험하게 만드는 것이 중요하다는 사실을 알았기 때문에 즉시 행동에 돌입했다. 기다릴 필요가 없었고, 별다른 장애물도 존재하지 않았다.

단순화팀은 여러 차례 워크숍을 진행하면서 해결해야 할 문제점들을 도출했다. 그리고 다음 두 가지 핵심 기준을 바탕으로 그 문제들에 대한 우선순위를 설정했다. 첫째, 문제가 되고 있는 프로세스가 밴시티의 고객들에게 직접적인 영향을 주는가? 둘째, 그 프로세스가 회사의 중대한 요구사항을 해결하는가?

그들은 우선순위를 설정하고 난 후에 곧바로 쾌속순환에 돌입했다. 처음 몇 차례의 사이클은 매우 성공적으로 진행됐다. 몇 달이 지나자 프로젝트를 통해 도출된 변화가 조직 전반에 확대된다는 증거가 쌓여갔다. 예를 들어, 일부 관리자가 부서 간의 폐쇄성이 줄어들고 직원들의 참여나 변화에 대한 수용도가 증가한다는 사실을 체감하기 시작했다. 조직의 프로세스는 명확해지고 일관성이 생겼으며, 직원들은 쾌속순환 워크숍에서 다뤄지지 않은 업무영역들에도 자기 나름대로 단순화 방법론을 적용해나갔다. 워크숍을 아직 진행하지 않은 부서들도 프로젝트의 성과를 알게 되면서 자기 부서를 대상으로 이를 시행하는 데 큰 관심을 나타냈다. 수석컨설턴트 크리스티나 페이는 이렇게 말했다. "일이 잘 되어간다는 사실을 느낄 수 있었습니다. 직원들이 우리에게 '우리가 이 워크숍을 왜 해야 하죠?'라고 묻는 대신 '언제쯤 우리 팀을 대상으로 워크숍을 해줄 수 있나요?' 하고 질문하게 됐거든요."

밴시티는 쾌속순환을 통해 단순화 업무에 정통하고 이를 다른 부서로 확산시킬 능력이 있는 직원들을 풍부하게 양성할 수 있었다. 뿐만 아니라 다른 금융기관들이 어떤 방식으로 비즈니스를 하는지 주의 깊게 관찰함으로써 그 회사들의 경험을 밴시티의 단순화 노력에 활용할 방법을

심플, 강력한 승리의 전략

검토하기도 했다. 마치 시간이 지나면서 몸의 근육이 서서히 만들어지는 것과 같이, 밴시티도 쾌속순환을 통해 성과를 내는 일에 갈수록 능숙해졌다. 점점 더 많은 직원이 쾌속순환 방법론을 직접 경험하게 되면서, 단순화에 동참하는 직원들의 수는 계속 늘어갔다. 길포이는 이렇게 말했다. "사람들은 어떤 일을 직접 경험하지 않으면 그 일을 받아들이거나 지지하기가 어렵습니다."

또한 길포이는 최고의 아이디어를 제공하는 사람들이 일선 직원들인 경우가 많다는 사실을 발견했다. 복잡성을 직접 경험한 사람이 그 복잡성을 제거할 최선의 방법을 찾아내는 것은 당연한 일이었다. 일선에서 근무하는 직원들이 제공한 훌륭한 아이디어는 모든 조직구성원을 자극했다. 신참 직원들은 회사의 운영에 의미 있는 기여를 하면서 한껏 신이 났다. 경영진도 덩달아 신이 났다. 경영진은 또한 단순화 프로젝트를 통해 이루어진 몇 건의 단기 성공사례를 접하고 크게 고무됐다. 그들이 목격한 단순화의 위력은 검정색과 흰색처럼 뚜렷했다. 처음에는 반신반의하는 사람들도 있었지만, 조직 내의 작은 업무들을 집중적으로 단순화해나가는 이 방식이 보다 유용하고 지속적인 성과를 낳는다는 사실이 갈수록 분명해졌다. 복잡성을 직접 경험한 직원들의 통찰을 바탕으로 여러 업무가 신속하게 처리되면서 조직에 커다란 변화가 찾아왔다.

처음에는 단순화팀 멤버들도 프로젝트의 효과를 확신하지 못했다. 어떤 직원들은 쾌속순환이 하루아침에 회사를 마법처럼 바꿔놓을 것이라고 기대했다. 물론 그런 일은 일어나지 않았다. 팀 멤버들은 조금 실망했지만 의기소침하지는 않았다. 프로젝트에 탄력이 붙으면서 단순화로 인한 결과가 조금씩 눈에 띄기 시작했다. 수치로 표현할 수 없는 종류의 성과도 지속적으로 만들어졌다. 단순화팀이 수행한 몇 차례의 직원 의견조사에 따르면, 직원들이 생각하는 단순화의 최대 효과는 고객들에게 보다 유익한 금융서비스를 제공할 시간이 늘어난 것이었다.

그렇다고 이 워크숍에 개선할 점이 없었던 것은 아니다. 길포이와 그녀의 동료들은 쾌속순환을 시작하자마자 프로젝트의 장기적인 성공에 지장을 줄 수 있는 중대한 장애물을 발견했다. 바로 공포였다. 그들은 이 프로젝트를 시작할 때부터 단순화팀은 일자리를 없앨 계획이 없다는 사실을 직원들에게 이해시켜야 했다. 사실 그 프로젝트의 목적은 정반대였다.

길포이는 단순화에 대한 직원들의 본능적인 공포를 해소할 수 있는 가장 근본적인 방법은, 업무 프로세스를 단순화하면 회사의 역량이 한층 강화되리라는 사실을 설명하는 것이라고 생각했다. 단순화는 직원들을 잡다한 업무들에서 해방시켜, 그들의 관심을 회사의 전략적 우선순위(밴시티의 경우 '고객 경험')에 집중하도록 만들기 위한 수단이었다. 물론 정책이나 프로세스에 사용되는 시간이 줄면 업무효율성이 증가하고 이에 따라 인력의 필요성이 감소할 수도 있겠지만, 이는 단순화의 부수적인 혜택에 불과했다. 쾌속순환의 궁극적인 목표는 직원 개개인이 가장 중요한 일에 집중할 수 있도록 힘을 실어주는 것이었다. 길포이는 이렇게 설명했다. "단순화 프로젝트가 끝나면 자신들에게 해고통지서가 배달될지도 모른다는 공포심을 해결하지 않고서는 직원들에게 적극적인 참여나 아이디어를 끌어낼 수 없었습니다. 당연히 프로젝트의 성과를 기대할 수도 없었죠."

또 단순화의 대상이 된 복잡한 프로세스를 직접 만들었던 사람들이 워크숍에서 방어적인 태도를 취하기도 했다. 어떤 사람이 그 프로세스를 단순화하는 대안을 제시하면 그들은 이렇게 반응했다. "당신이 '우리가 일하는 방식'을 바꾸기 원한다는 게 무슨 뜻입니까? 당신이 뭔데 고치라 마라 하는 거죠?" 단순화팀이 워크숍의 마지막 시간에 경영진의 참석을 고집한 것도 바로 이런 이유 때문이었다. 물론 스케줄 과부하에 시달리는 임원들 입장에서는 적지 않은 부담일 수도 있었다. 하지만 조직의 최고 우두머리가 이 프로그램을 지원한다는 사실을 직원들이 믿지 않는다면, 길포이의 팀은 아무 권한이 없는 외부 컨설턴트들과 다를 바 없었다. 그러므로 어떤 임원이 길포이에게 찾아와서 직원들을 불러모으지 않고 프로세스를 단순화할 수 없느냐고 물었을 때, 길포이는 단호하게 말했다. "안 됩니다. 돌아가서 직원들과 함께하시죠. 이 프로젝트에는 모든 사람이 참여해야 합니다."

최고경영진이 확고한 지지를 표명하자, 처음에는 이 프로젝트에 대해 회의적이었던 사람들이 가장 훌륭한 참가자로 변신했다. 물론 현재 운영되고 있는 규칙을 처음 만들었던 사람들이 처음부터 워크숍에 자발적으로 참석하는 경우는 드물었다. 하지만 워크숍 참석자들이 동료들에게 해결책에 대한 피드백을 요청하는 '전화 테스트' 과정에서, 단순화에 회의적이었던 많은 직원이 생각을 바꿨다. 그들은 그 뒤에 열린 워크숍에 자발적으로 참석해서, 이번에는 자신이 만든 개선안에 대해 다른 직원들의 의견을 구했다. 단순화 담당 임원 시마 다노아는 직원들 입장에서 변화를 받아들이는 일이 쉽지 않다는 사실을 잘 알고 있었다. 그녀는 단순화를 위한 해결책이 결국 직원들과 고객들에게 의미 있는 결과로 이어진다는 증거를 동료들과 임원들에게 지속적으로 제시함으로써 회의론자들을 설득했다. 회사의 경영진은 다노아가 거둔 성과를 인정해 그녀를 부사장에 임명함으로써 회사가 단순화를 얼마나 중요한 운영 원칙으로 생각하는지 입증했다.

밴시티는 1년도 안 되는 시간에 25차례의 쾌속순환 워크숍을 운영하면서, 그동안 사전승인 지불이나 스케줄 약속 같은 다양한 업무에 지장을 초래했던 수많은 단계, 서류양식, 절차 등을 단순화하거나 폐기했다.

예를 들어, 밴시티의 콜센터 직원이나 모바일영업 직원이 어떤 고객의 계좌 개설을 돕고자 했을 때, 그 직원은 지점의 계좌 업무 담당자와 이 고객의 약속을 임의로 잡을 수 없었다. 대신 고객과 가장 가까운 지점에 전화를 하거나 이메일을 보내 계좌 업무 담당자가 언제 시간이 나는지 문의해야 했다. 그야말로 번거롭고 불필요한 절차였다. 고객들은 지점의 담당자나 콜센터 직원이 가능한 시간을 잡을 때까지 마냥 기다려야 했다.

이 문제는 쾌속순환 워크숍에서 바로 지적됐다. 그리고 해결책이 나왔다. 만일 콜센터 또는 모바일영업 직원이 모든 계좌 업무 담당자의 아웃룩 일정에 접근해서 직접 약속을 잡으면 어떨까? 밴시티는 IT팀과 함께 이 기능을 실제로 구축했다. 이제 영업 직원들은 잠재 고객의 계좌를 개설할 수 있는 시간을 쉽고 빠르게 결정할 수 있게 됐다.

25차례의 사이클마다 이런 식으로 업무가 달라졌다면 조직 전체적으

심플, 강력한 승리의 전략

로 어떤 변화가 일어났을지 상상해보라. 오랫동안 누적된 복잡한 프로세스들이 수없이 제거되거나 간소화되자, 일선 직원들은 훨씬 의미 있는 일에 집중할 기회가 생겼다. 그동안 쾌속순환을 통해 다음과 같이 놀라운 성과가 달성됐다.

- 간소화한 프로세스와 절차: 133건
- 제거한 프로세스와 절차: 134건
- 간소화한 서류양식: 41건
- 제거한 서류양식: 53건
- 간소화한 업무 단계: 80건
- 제거한 업무 단계: 35건

이뿐만이 아니다. 이 프로젝트가 가져온 '감정적' 효과는 더욱 컸다. 직원들은 복잡한 서류에 시달리는 시간이 줄어들면서 자신에게 권한이 주어졌다는 느낌을 갖게 됐으며, 이는 모든 사람에게 긍정적인 영향을 미쳤다. 길포이는 이렇게 설명했다. "이를 통해 밴시티 구성원들의 집단적 관심사는 자신이 진정으로 원하는 업무로 바뀌었습니다. 예를 들어, '고객에게 봉사하는 일'처럼 말이죠." 어떤 분석 자료는 이렇게 기술했다. "승인이나 서명 절차를 줄임으로써 일부 거래는 처리시간이 50퍼센트나 단축됐다. 또 프로세스가 간소화되고 규칙이 폐지되면서 직원들은 고객과 보다 의미 있는 대화를 나눌 수 있게 됐다."

성공의 열쇠

\

길포이의 말처럼 밴시티의 성공에 마법의 공식은 없었다. 조직을 단순화하기 위해서는 리더십, 회복력, 끈기, 유연성, 그리고 힘겨운 노력이 필요하다. 하지만 밴시티의 경험은 우리에게 다음과 같은 몇 가지 교훈을 제공한다. 어떤 조직이든 이 교훈들을 바탕으로 단순화의 노력을 경주한다면 성공에 이르는 길을 닦을 수 있을 것이다.

1. **단순화를 조직의 전략적 우선순위로 설정하라.** 단순화는 뒤로 미뤄두었다가 필요할 때 추가할 수 있는 일이 아니다. 단순화는 당신이 모든 문제를 바라보는 렌즈가 되어야 한다. 지금 바로 시작하라.
2. **단순화 프로세스의 내용을 분명히 정의하고 소통하라.** 단순화는 평범한 직원들을 우려에 빠뜨릴 수 있다. 이 프로세스가 인력을 줄이고 비용을 절감하기 위한 과정으로 비치기 때문이다. 그러므로 조직에서 단순화를 주도하는 사람들은 일선 직원들의 우려를 불식시키기 위해 많은 노력을 기울여야 한다. 직원들은 단순화 과정에서 어떤 변화가 발생할지 더 많이 이해할수록 더 좋은 결과를 얻기 위해 적극적으로 참여할 것이다. 훌륭한 직원은 의미 있는 업무를 원한다. 모든 직원에게 단순화의 목적, 내용, 방법에 대한 통찰을 제공함으로써 그들이 보다 적극적으로 단순화 노력에 동참하도록 만들라.
3. **단순화를 이끄는 소규모의 핵심 조직을 운영하라.** 단순화는 저절로 이루어지지 않는다. 단순화가 결실을 맺기 위해서는 그 과정을 리드할 사

심플, 강력한 승리의 전략

람이 필요하다. 물론 단순화 작업은 몇몇 내부(또는 외부) 컨설턴트의 힘만으로 수행할 수 있는 프로젝트가 아니다. 일선에서 근무하는 직원들이 단순화가 바로 자신의 일이라는 사실을 깨달아야 한다. 하지만 회사의 규모가 클수록 조직의 단순화 프로세스를 조정하고 중재하는('소유'하는 것이 아니라) 역할을 수행할 소규모 팀이 필요하다.

4. **'모든 일'이 아닌 '소수의 일'을 단순화하는 데 집중하라.** 기업들은 어떤 영역에 가장 단순화가 필요한지 결정하기 어려울 때면 대체로 모든 문제를 단숨에 해결하려 한다. 이것은 잘못된 생각이다. 한 번에 하나의 문제를 순차적으로 처리하는 방법이 가장 효과적이다. 각각의 단순화 과정에서 작은 결실이 맺어지면 직원들이 그 성과를 느끼기 시작할 것이다. 그리고 조직 전체적으로 단순화에 탄력이 붙을 것이다.

5. **제너럴리스트와 스페셜리스트를 함께 활용하라.** 큰 그림을 생각하는 사람과 특정 영역에 전문화된 사람이 만나면 복잡성의 문제가 불거지는 경우가 많다. 제너럴리스트와 스페셜리스트는 종종 서로의 관점을 이해하는 데 실패한다. 그리고 상대방에 대한 지식 부족 때문에 복잡성의 필요성을 고집한다. 그들이 함께 단순화 노력을 수행하도록 만들라. 조직에서 뿌리뽑아야 할 복잡성들을 골라낼 수 있을 것이다.

6. **단순화 리더를 양성하라.** 단순화는 결코 타고나는 기술이 아니다. 앞에서도 살펴봤지만 사람들은 다양한 이유로 복잡성을 '선택'한다. 하지만 단순화는 일단 궤도에 오르면 강력한 전파력을 발휘한다. 몇 가지 단기적인 성공이 직원 전체를 단순화에 참여하게 만들 수도 있다. 이런 면에서 차세대 단순화 리더를 양성하는 것은 단순화의 추진력을

지속시키기 위한 전략의 핵심이라고 할 수 있다.

7. **시작하라.** 단순화를 시작하는 가장 좋은 방법은…… 그냥 시작하는 것이다. 눈앞의 덤불을 걷어버리고, 일단 길을 나서라. 행동하라.

길포이의 여정은 결코 쉽지 않았다. 그녀는 조직의 변화를 몰아붙였지만, 만일 회사의 핵심 프로세스가 제대로 작동하지 않았다면 책임을 져야 하는 입장이었다. 승진한 시마 다노아의 후임으로 새로 단순화 담당 이사에 임명된 데이비드 페리David Perri는 단순화팀이 했던 작업은 자동차를 시속 100킬로미터로 운전하면서 타이어를 교체하는 일과 같았다고 말했다. 하지만 조직의 핵심 프로세스가 간소화되고 단순화의 문화가 새로이 자리 잡으면서 밴시티는 이전보다 훨씬 빠르게 달릴 수 있게 됐다. 직원들은 회사가 도입한 방법론을 통해 부서의 경계를 넘어 신속하고 효과적으로 문제를 해결하는 기술을 배웠다. 페리는 이렇게 말했다. "단순화 프로젝트가 시작되고 몇 달이 지난 후 이 팀에 합류했을 때, 나는 그들이 이룩한 성과를 확인할 수 있었습니다. 그 프로세스를 정착시켜 회사의 역량을 더욱 강화하는 것이 나의 역할이라는 사실을 알고 있었어요. 눈앞에 어마어마한 긍정적 변화의 가능성이 보였죠."

오래도록 집중력을 유지하다

\

밴시티는 여전히 타이어를 교체하는 중이다. 단순화는 비즈니스의 새

심플, 강력한 승리의 전략

로운 방법과 새로운 영역에 끊임없이 적용할 수 있는 지속적인 심화 과정(이를 '혁신 역량'이라고도 한다)이다. 밴시티는 내가 이 책을 쓰는 시점에 쾌속순환의 첫 단계를 마무리하고 있다. 하지만 길포이와 그녀의 팀은 이미 다음 단계를 구상 중이다. 그들은 단순화를 밴시티의 핵심 프로세스에 적용한 데 이어, 미수금 추적 및 회수 등의 후선업무에 동일한 방법론을 적용할 계획을 세웠다. 또한 새로운 상품과 서비스를 개발하는 작업, 그리고 이를 지원하는 기반 프로세스와 기술들을 새롭게 구축하는 과정에도 단순화를 도입할 예정이다.

물론 그런 변화들이 회사에 큰 도움이 되겠지만, 길포이의 야망은 거기에서 그치지 않는다. 그녀는 밴시티의 모든 직원이 자발적으로 매일매일의 업무에서 단순화의 원칙을 실천하기를 희망했다. 이런 변화는 프로젝트 초창기부터 일찌감치 감지됐다. 재무부서나 위기관리부서는 단순화 프로세스에 참가하게 해달라고 요청했으며, 자신들의 업무를 스스로 간소화하기 시작했다. 단순화 프로세스가 시작되고 몇 달 후 길포이와 동료들이 직원들에게 이 프로세스를 어떻게 생각하느냐고 물었을 때, 모든 사람이 뜨거운 반응을 보였다. 이 때문에 임원들은 직원들에게 "이 일을 어떻게 단순화할 수 있을까?"라고 자문하게 만드는 일 자체가 회사 입장에서 커다란 기회라고 생각하게 됐다.

조직의 프로세스 개선을 위한 표준 접근방식이 모든 회사나 상황에 다 들어맞는 것은 아니다. 물론 린식스시그마Lean Six Sigma 같은 전통적인 경영혁신방법론도 올바르게 적용되기만 한다면 대부분의 조직에서 중요한 결과를 만들어낼 수 있다. 문제는 그런 혁신 프로세스들이 실행 단계에서 좌초되는(예를 들어, 개선 작업이 애초에 의도했던 방향에서 벗어날 때, 또는 개선 작업을 주도하는 사람들이 일선 직원들의 관점을 고려하는 데 실패할 때) 경우가 많다는 것이다. 그러므로 때로는 프로세스 자체의 개선을 생략하고 일상적인 업무를 단순화하는 데 집중하는 것이 최선의 방법일 수도 있다.

길포이의 말처럼 밴시티의 경우는 "조직을 개선한 것이 아니라 단순하게 만든 것이다. 목표는 제거였다. …… 줄임으로써 단순화한 것이다." 물론 단순화를 통해 이 신용협동조합의 운영이 개선됐다는 사실은 분명하다. 그동안 복잡성이 오랫동안 그들의 발목을 잡고 있었기 때문이다. 게다가 단순화는 직원들에게 활력을 불어넣는 역할을 했다. 길포이는 이렇게 말한다. "단순화의 최대 효과는 직원들의 참여도가 높아지고 변화에 대한 조직적 리더십이 강화된 것입니다. 우리는 초창기에 단순화 프로젝트에 참여했던 일부 직원이 이제 더욱 중요한 업무에도 단순화를 적용할 수 있다는 자신감을 갖게 되는 과정을 지켜봤습니다. 이는 실제적인 단순화 프로세스 자체만큼이나 강력한 효과라고 할 수 있죠."

길포이가 입증했듯이, 단순화는 모든 조직의 성과를 획기적으로 개선할 수 있는 강력하고, 값싸고, 손쉬운 방법이다. 기다리지 마라. 지금 당장 단순화를 시작하라. 다른 사람이 당신의 시간을 더 이상 낭비하게 만들지 마라. 당신에게 진정한 만족을 선사할 수 있는 의미 있는 일들로 돌아가라. 개인 차원이든 조직 차원이든, 사람들의 삶을 단순하게 만드는 일에는 충분히 비용을 투자할 가치가 있다.

길포이는 자신이 얻은 교훈을 다음과 같이 요약한다. "모든 직원이 진정으로 원하는 일에 사람들의 관심이 집중되면서 직원들에게는 힘이 실리고 조직 전체에는 많은 혜택이 주어졌습니다." 더 나은 방식으로 일하면 더 나은 문화가 만들어진다. 그리고 이 모든 것이 함께 조직의 발전을 이끌 것이다, 모두를 위해.

감사의 글

이 책을 쓰면서 느낀 가장 큰 아이러니는, 단순화에 대한 책을 저술하는 일이 그동안 내가 해온 어떤 일보다 복잡하다는 점이었다. 수많은 자료를 조사하고 다양한 사람들의 관점을 탐구하는 과정에서, 이 주제에 관해 가장 간단한 질문에 답하는 일조차 쉽지 않다는 사실이 갈수록 명백해졌다. 게다가 책을 쓰기 시작했을 때부터 느꼈지만, 주위에 복잡성에 대한 정보는 넘쳐나는 반면 단순함에 대한 자료는 놀라울 정도로 적었다. '도대체 단순함이란 무엇인가?'라는 질문을 두고도 많은 사람이 혼란을 겪었다.

그 모든 과정은 매우…… 복잡했다.

솔직하게 털어놓자면, 나는 과연 새 책을 써야 하는지에 대해서조차 확신이 없었다. 출판사나 고객, 그리고 친구들은 모두 내게 언제 책을 내느냐고 물었다. 그럴 때마다 나는 지금은 너무 바쁘니 조금만 기다려달라고 말했다. 사실 나는 남편이나 가까운 친구들에게 내가 다시 책을 쓰겠다고 말하면 뺨이라도 때려달라고 부탁한 참이었다. 책을 집필하는 일에는 엄청난 노력과 시간이 들어가지만, 나는 그럴 만한 형편이 아니었기 때문이다. 그러나 나는 그런 와중에도 책을 내겠다고 약속해버렸다. 그리고 이왕 이렇게 됐으니 출간 일정을 지켜야겠다고 다짐했다. 그리고 18개월이 지난 후, 이 책을 선보이게 됐다.

내가 책을 저술하는 이유는, 이력서를 화려하게 만들거나 명성을 쌓기 위해서가 아니다. 나는 문제를 해결하기 위해 책을 쓴다. 누구나 그렇듯이 나도 문제에 시달리는 것을 싫어하기 때문에, 문제가 생기면 가능한 한 빨리 제거하려 한다. 내 경우에는 사업체를 직접 운영하다 보니 '업무적' 문제와 '개인적' 문제가 복잡하게 얽히는 상황이 많이 발생한다 (요즘에는 독자들도 마찬가지일 것이다). 일단 문제가 닥치면, 나는 그 문제를 완전히 받아들이려 노력하는 편이다. 남편은 내가 문제를 해결하는 일에 늘 정신이 팔려 있다고 말한다. 나는 '문제야 물러가라. 나는 바빠서 너와 놀아줄 틈이 없다'라는 식으로 수선을 피우면서 연구와 조사에 돌입한다.

그런데 언제부턴가 나 자신과 고객들을 포함해서 모든 사람의 일(그리고 삶)이 점점 더 복잡해진다는 것을 느끼게 됐다. 나는 도대체 그 이유가 무엇인지 알고 싶었다. 다시 말해, 우리 모두는 현명하고, 이성적인 선택을 하고, 우선순위를 구분할 줄 아는 유능한 성인인가? 음…… 그렇지는 않은 것 같다. 그런데 사는 게 언제부터 이렇게 복잡해지기 시작한 거지?

끝도 없이 계속되는 아이의 체육 행사 도중 운동장 구석에 앉아 예상보다 45분이나 늘어지는 전화회의에 '참석'하고(멀티태스킹?), 아이들 학교 행사에 자원봉사자의 의무를 다하기 위해 헐레벌떡 달려가고, 고객의 납품 마감시간을 맞추기 위해 동분서주하는 가운데, 나는 그런 나 자신이 슈퍼히어로 같다고 자랑스럽게 여기는 대신, 과연 그 모든 일이 정말로 필요할까 자문하기 시작했다. 목록을 가득 채운 수많은 일을 해나가면서도 어쩌면 그토록 아무런 성취감을 느끼지 못할 수가 있을까?

우리가 삶을 살아가면서 복잡성을 보다 효과적으로 통제할 수 있는 비결은 분명히 있다. 어떤 방법은 쉽지만, 어떤 방법에는 용기와 집중이 필요하다. 나는 이 책을 쓰면서 참으로 많은 것을 배웠다. 그리고 그 과정에서 내 삶의 많은 부분을 단순화했다. 나는 우리의 삶을 지배하는 '많은 것이 좋은 것'이라는 문화보다 '제거'의 미학이 훨씬 강력하고 자유롭다는 사실을 알게 됐다. 또 따분한 업무, 의미 없는 일, 불필요한 사회적 의무 등을 없애버리면 진정으로 중요한 사안에 집중할 수 있다는 것을 배웠다.

나는 이 책을 쓰는 과정에서 많은 지혜로운 사람에게 통찰을 얻으며 시간을 효율적으로 사용했다고 믿는다. 그들이 아니었다면 아직도 내 길

심플, 강력한 승리의 전략

을 찾지 못하고 복잡성에 시달리고 있을 것이다. 먼저 복잡성을 제거하는 여정에서 내게 도움을 준 여러 고객과 파트너, 그리고 친구들께 감사를 전한다. 내게 소중한 기술, 지식, 경험을 아낌없이 나눠준 사람들이다. 애덤 그랜트Adam Grant, 알렉산드라 야구비Alexandra Yaghoobi, 에이미 이코니치Amy Ikonich, 앤드루 말킨Andrew Malkin, 에이제이 페이프AJ Pape, 앤디 거넷Andy Gurnett, 아유코 무엘러Ayuko Mueller, 어스 무엘러Urs Mueller, 빌 올리어리Bill O'Leary, 블레어 파울스티치Blair Faulstich, 밥 라인하이머Bob Rheinheimer, 카밀 머쇼크라이Camille Mirshokrai, 카터 버스Carter Busse, 셰릴 소렌슨Cheryl Sorenson, 다프네 카멜리Daphne Carmeli, 일레인 보어스 코벤트리Elaine Bowers Coventry, 에릭 로웬스타인Eric Lowenstein, 에린 소퍼트Erin Seuffert, 하이너 코퍼만Heiner Koppermann, 하워드 프레이저Howard Prager, 아이린 에츠콘Irene Etzkorn, 제임스 켈러James Kelleher, 존 영John Young, 지오트 차다Jyot Chada, 린다 사미오스Linda Samios, 루이스 카터Louis Carter, 매들린 델 몬테Madlyn Del Monte, 마리사 리카르디Marisa Ricciardi, 모리스 볼랜드Maurice Boland, 마유리 고시Mayuri Ghosh, 주디 브라운Judy Brown, 팜 놀리Pam Norley, 데브라 클라리Debra Clary, 샐리 레친Sally Lechin, 폴 슬론Paul Sloane, 바버라 프라이스Barbara Price, 조 레Joe Re, 레니타 칼혼Renita Kalhorn, 로버트 클로저Robert Clauser, 패티 너세르Patty Nusser, 마이클 번게이-스태니어Michael Bungay-Stanier, 루시 가렐릭Ruthie Garelik, 개리 골든Garry Golden, 러네이 앤더슨Renee Anderson, 스티븐 베인Steven Bain, 토드 프레스Todd Press, 로웨나 로스먼Rowena Rothman, 낸시 싱어Nancy Singer, 그 외 여러분.

다음으로 나의 아이디어를 함께 다듬어주고 내 열정에 불을 지펴준 동료들에게 심심한 사의를 표한다. 먼저 캐서린 그랜트Katherine Grant와 트레버 로튼Trevor Roten을 포함한 뉴욕 사무실 직원들은 수많은 원고 초안을 검토하고, 여러 단순화 도구에 대한 아이디어를 함께 나눴으며, 모든 문서의 교정을 봐주느라 눈이 빠지도록 고생했다. 고맙게 생각한다. 그리고 역동적이고 창의적인 커플 트레 밀러 로드리게즈Tré Miller Rodriguez와 케이티 웹Katie Webb에게도 감사한다. 마법처럼 멋진 글재주를 지닌 트레는 나에게서 늘 새로운 아이디어를 이끌어냈으며, 단순화 도구들을 강력하고, 유용하고, 재미있게 만들어주었다. 케이티는 뛰어난 디자인 솜씨로 나를 도왔다. 주말을 수없이 희생해가며 쏟아부은 그녀의 헌신적인 노력 덕분에 멋진 모습의 책이 탄생할 수 있었다. 또한 책을 쓰는 기간 내내 즐거운 유머와 맛있는 와인을 제공해준 사랑하는 친구 로버트 클로저와 패티 너세르에게도 감사의 말을 전한다.

우습게도 나는 늘 나 자신이 훌륭한 작가라는 착각에 빠져 살았다. 나의 창의적인 생각, 재치 있는 문장, 그리고 날카로운 풍자와 유머에 감동한 독자들은 내 글 속에 문법적인 실수나 비속어가 조금 있더라도 눈감아주리라고 생각했다. 하지만 막상 책을 쓰다 보니 진짜 문제는 문법적 실수나 비속어 따위가 아니었다. 이 점에서 나는 이 글을 쓰는 데 도움을 준 두 명의 뛰어난 작가에게 감사하고 싶다. 그들의 유려한 언어능력과 단순화에 대한 깊은 관심은 이 책을 훌륭하게 만드는 데 많은 기여를 했다. 먼저 세스 슐먼Seth Schulman은 끊임없이 나의 통찰을 불러일으켜 이 책이 '또 하나의 지루한 경영서적'이 되지 않도록 해주었다. 그는 책에

심플, 강력한 승리의 전략

담을 사례가 고갈되어버린 나를 위해 많은 이야기를 수집하고 조사해주었으며, 도발적인 질문과 재치 있는 아이디어로 내게 자신의 생각을 표현하는 방법을 가르쳐주었다. 또한 마크 덩클먼Marc Dunkleman에게도 고마움을 표한다. 그의 예술적인 능력 덕분에 수백 페이지에 달하는 나의 두서없는 조사 자료와 메모들이 빛을 발하게 됐다. 그의 간결한 문장, 깔끔한 요약, 그리고 날카로운 지적을 고맙게 생각한다.

그리고 이 책을 출판해준 에리카 헤일먼Erika Heilman과 질 프리랜더Jill Frielander 두 사람에게도 감사한다. 그들의 협조적인 자세, 변화에 대한 개방성, 그리고 아이디어에 대한 융통성(또 마감일에 대한 융통성)에 깊은 감사를 표한다.

마지막으로 남편 브라이언에게도 고맙다고 말하고 싶다. 다른 어떤 사람의 피드백도 그가 해준 말처럼 나를 자극하고 일깨워주지(또 좌절시키지) 못했다. 내가 쓴 짧은 문단을 보고 그가 자신의 생각을 말하면, 나는 그 말을 떠올리며 여러 페이지를 쓰는 동안 줄곧 표현을 어떻게 해야 할지 망설이곤 했다. 중요한 것은 그의 피드백이 항상 직설적이고, 정직하며, 현명했다는 사실이다. 그는 바쁜 중에도 시간을 쪼개 내 원고의 초안을 검토해주었으며, 이 주제에 대한 자신의 통찰과 경험담을 들려주었다. 우리 두 사람이 하는 일은 매우 다르기 때문에(나는 창의적인 일에 종사하고, 그는 기술기업을 경영한다) 그의 관점은 종종 나와 달랐으며, 그 때문에 내게는 그의 견해를 참고하는 일이 매우 중요했다. 나는 독자들도 남편에 대해 고맙게 생각할 거라고 믿는다. 적어도 나는 그렇다. 그가 내 인생에 함께 해주어 무척 다행이다. 브라이언에게 다시 한번 감사한다.

만일 이 책이 당신의 일과 삶을 단순화하는 데 도움을 주었다면, 그리고 그로 인해 당신이 중요한 일에 더욱 많은 시간을 보낼 수 있게 되었다면, 그동안 내가 힘들여 쏟은 시간은 가치가 있었다고 믿는다.

부록

단순화를 위한 50가지 질문

다음은 당신이 이 도구를 시행하는 과정에서 사용할 질문 목록이다. 이 도구에 대해 자세히 알고 싶으면 6장을 참조하라.

가치가 있나?

(해당 업무의 단순화가 꼭 필요한지, 또는 시간을 투자할 가치가 있는지 판단할 때 이 질문들을 사용하라.)

1. 내가 하는 업무나 활동 중에 이해당사자(고객, 파트너 등)에게 가장 많은 가치를 제공하는 일은 무엇인가?

2. 만일 우리 회사에 밤새 자연재해가 발생했다면, 직원들이 가장 먼저 되살려야 하는 핵심 비즈니스 영역은 무엇인가?

---

3. 나는 어떤 업무나 활동을 할 때 조직의 사명에 진정으로 기여한다고 느끼나?

4. 나는 출근할 때 어떤 일을 가장 하고 싶다는 생각이 드나? 그 이유는?

5. 어떤 제품이나 서비스가 고객 및 잠재 고객들로부터 가장 열정적인 관심과 구매를 불러일으키는가?

6. 직원과 고객의 만족도와 참여도를 높일 수 있는 가장 중요한 활동은 무엇인가?

7. 80대 20의 원칙에 따르면, 보통의 직원은 80퍼센트의 시간에 20퍼센트의 일을 한다고 한다. 어떻게 하면 이 비율을 바꿔 더 많은 시간 동안 더 가치 있는 일을 할 수 있을까?

8. 나는 방금 24시간 안에 출발해야 하는 여행상품에 당첨됐다. 출발 전에 끝내야 할 가장 중요한 업무는 무엇인가?

   1)

   2)

   3)

   4)

   5)

9. 내가 여행 중일 때, 동료들에게 어떤 업무를 대신 맡기겠는가? 그 이유는 무엇인가? 그 일들을 가치 있는 일, 그리고 필요한 일/일상적인 일/시간을 다투는 일로 구분할 수 있나?

   • 가치 있는 일

   1)

심플, 강력한 승리의 전략

2)

3)

• 필요한 일/일상적인 일/시간을 다투는 일

1)

2)

3)

4)

5)

10. 만일 내가 참석하는 회의를 두 종류(시간을 들여 참석할 가치가 있는 회의와

이메일을 보내는 것으로 충분히 대체할 수 있는 회의)로 구분한다면, 어떤 회

의를 어디에 포함시켜야 할까?

• 시간을 들여 참석할 가치가 있는 회의

1)

2)

3)

• 이메일로 대체할 수 있는 회의

1)

2)

3)

4)

5)

이들 중 어느 회의를 오늘 당장 이메일로 대체할 수 있을까?

11. 내가 수행하는 업무들을 즐거운 일과 짜증나는 일로 나눴을 때, 어떻게 하면 짜증나는 일들을 없애거나, 바꾸거나, 또는 덜 짜증나게 만들 수 있을까?

- 즐거운 일

  1)

  2)

  3)

- 짜증나는 일

  1)

  2)

  3)

  4)

  5)

  이 일들을 즐거운 일 목록에 포함시키려면 어떻게 해야 할까?

12. 나의 중요한 목표를 달성하기 위한 시간과 에너지를 빼앗아가는 업무는 무엇인가?

13. 오늘 내가 나의 복제인간을 만들었다면, 어떤 일을 첫 번째로 그에게 맡기고 싶은가? 오늘 당장 그 일을 다른 사람에게 위임하지 못하는 이유는 무엇인가?

14. 내일 우리 회사가 1만 달러를 절약하게 만들려면, 나는 어떤 한 가지 일을 해야 할까?

15. 나는 하루 업무시간의 몇 퍼센트를 중요한 일을 하는 데 사용하나? 그

비중을 높이려면 어떻게 해야 할까?

16. 내가 전화, 회의, 이메일 등을 포함해서 한 주의 모든 업무를 항목별로 나열했을 때, 어떤 일들이 실제로 고객에게 혜택을 주는가?

- 고객에게 혜택을 주는 일

    1)

    2)

    3)

- 고객에게 혜택을 주는 것과 상관없는 일

    1)

    2)

    3)

    4)

    5)

    이 업무들 중 어떤 항목을 없앰으로써 고객에게 혜택을 주는 일을 위한 시간을 더 많이 확보할 수 있을까?

17. 내가 소속된 조직의 구성원들은 어떤 방식으로 복잡성을 만들어내나? 그들의 행동을 바꾸기 위해서는 어떤 조언을 해야 할까?

18. 우리는 이 _____(제품/서비스/프로세스)를 없애는 일에 기꺼이 대가를 치를 것인가? 얼마나 큰 금액을 지불할 준비가 되어 있는가?

기타 질문 _____

기타 질문 _____

기타 질문 _____

최소화되어 있나?

(해당 업무가 간소화됐는지, 또는 가장 단순한 형태로 구성되었는지 판단할 때 이 질문들을 사용하라.)

19. 내가 당장 중단해야 하는 업무는 어떤 것인가?

20. 내가 하지 않겠다고 거부해야 하는 업무는 어떤 것인가?

21. 내가 효과적이고 생산적인 업무를 방해하는 규칙들을 없앨 수 있다면, 어떤 것들을 먼저 제거할 것인가?

22. 내일 회사에 새로운 CEO가 부임한다고 가정해보자. 그 사람 입장에서 가장 많은 시간이 낭비된다고 즉시 지적할 프로세스는 무엇인가?

23. 새로운 제품을 개발하는 과정에서 우리가 계속 추가한 여러 업무 가운데 줄일 수 있는 일은 없나? (프로세스, 미팅, 정기적 전화회의 등)

24. 만일 이 규칙이나 프로세스가 없다면 어떤 일이 생길까?

25. 만일 내가 하루 업무 중 25퍼센트를 없애야 한다면, 어떤 일들을 선택할 것인가? 그 이유는 무엇인가?

26. 회사가 특정 행위나 비용에 대해 단일 승인 또는 자동 승인(설정된 한도 내에서)이 가능한 경우에도 굳이 여러 차례의 승인을 요구하는 것은 무엇 때문인가?

27. 제품/서비스/프로세스를 개선하기 위한 직원들의 제안이 여러 단계의 검토를 거쳐야 한다면, 이 단계를 줄이고 프로세스를 신속하게 진행할 수 있는 방법은 무엇일까?

28. 내가 다른 부서나 팀에 부과하는 업무를 줄일 수 있다면, 먼저 어떤 일들을 당장 중단할 것인가?

심플, 강력한 승리의 전략

29. 다른 사람(내부 또는 외부)이 내가 수행하는 업무의 일부를 대신할 수 있다고 생각하는가? 만일 그렇다면 그 일들을 나열해보라.

1)

2)

3)

이들 중 어느 한 가지라도 오늘 당장 다른 사람에게 위임하지 못하는 이유는 무엇인가?

30. 어떻게 하면 이 서류/제안서/계약서/발표 자료 등을 한 페이지로 줄일 수 있을까?

31. 내 일에서 가장 복잡한 부분은 무엇인가?

1)

2)

3)

32. 내 일에서 당장 없앨 수 있는 중복 업무는 어떤 것들인가?

1)

2)

3)

이들 중 어느 한 가지라도 오늘 당장 없애지 못하는 이유는 무엇인가?

33. 회사의 목표를 달성하기 위해 우리에게 요구되는 데이터의 양은 최소한 어느 정도인가? 만일 우리가 이보다 더 많은 데이터를 제공하고 있다면, 오늘 당장 줄이기로 사람들과 합의할 수 있나?

34. 만일 내가 같은 양의 업무를 절반의 시간 동안 수행해야 한다면, 어떤 방식으로 일해야 할까?

35. 내가 작은 부분을 바꿈으로써 큰 효과를 거둘 수 있는 일을 하나만 고른다면? 그런 변화를 제안하거나 실행하는 데 지장을 주는 요소는 무엇인가?

기타 질문 _____

기타 질문 _____

기타 질문 _____

이해할 수 있나?

(해당 업무에 관련된 소통이 분명하게 이루어지는지 판단할 때 이 질문들을 사용하라.)

36. 이 일을 우리 부서 외부 사람에게 분명하게 설명할 수 있나?

37. 이 서류나 메시지에서 어떤 전문용어를 제거할 수 있을까?

38. 이 메시지를 어떻게 한 문장으로 요약할 수 있을까?

39. 소통을 어떻게 단순화하면 사람들이 쉽게 이해하고 필요한 조치를 취할 수 있을까?

40. 우리는 이 서류나 문서를 작성할 책임을 특정한 개인이나 팀에 명확하게 부여했는가? 또 적절한 마감시간을 설정했나?

기타 질문 _____

기타 질문 _____

기타 질문 _____

반복적인가?

(해당 업무가 자동적이고, 정형화됐는지, 또 더 포괄적인 업무로 확대될 수 있는지 판단할 때 이 질문들을 사용하라.)

41. 만일 우리가 이 프로세스나 과업을 자동화한다면 어떤 사람이 혜택을 받게 될까?

42. 이 프로세스는 다른 조직이나 다른 산업에서 쉽게 반복할 수 있나?

43. 다른 사람들이 이 업무를 보다 반복적이고 쉽게 활용하도록 만들기 위해서는 무엇이 필요한가?

44. 사람들이 이 업무 프로세스를 익히는 데 많은 훈련이 필요하다면, 어떻게 이 업무를 바꿔서 더 적은 훈련을 받고도 수행할 수 있게 만들 것인가?

45. 이 업무나 프로세스에 관한 템플리트나 견본을 만들어 다른 사람이 사용하게 만들 수 있을까?

46. 우리가 이 업무를 자동화하면 1년에 얼마나 많은 시간 또는 돈을 절약할 수 있을까?

기타 질문 _____

기타 질문 _____

기타 질문 _____

접근하기 쉬운가?

(다른 사람들이 해당 업무에 대한 정보를 쉽게 얻을 수 있는지 판단할 때 이 질문들을 사용하라.)

47. 직원들은 실시간으로 필요한 정보에 접근할 수 있나? 만약 그렇지 않다면 어떻게 접근성을 향상시킬 수 있을까?

48. 어떻게 하면 고객들이 우리 회사와 보다 쉽게 일하도록 만들 수 있을까?

49. 다른 부서나 사업부가 우리 시스템이나 데이터를 사용하면 그들에게 도움이 될까? 또 그들에게 권한을 위임하면 우리에게 도움이 될까?

50. 이 제품/서비스/프로세스를 더 많은 직원이나 고객들이 사용하게 만들면 가치나 효율성이 증가할까? 만일 그렇다면, 어떻게 해야 할까?

기타 질문 _____

기타 질문 _____

기타 질문 _____

심플, 강력한 승리의 전략